教育部哲学社会科学研究重大课题攻关项目"中国共产党经济理论创新的百年道路与经验总结研究"（21JZD008）阶段性成果

中国政治经济学
学术影响力评价报告

2022
ERLINGERER

主编／王立胜 程恩富

执行主编／周绍东

山东城市出版传媒集团·济南出版社

编　委　会

目　录

第一部分　中国政治经济学最具影响力的学术论文（2017—2021）

一、 开展中国政治经济学学术影响力评价工作的意义

中国政治经济学是对新中国成立以来特别是改革开放以来我国经济建设的经验总结和理论概括，是对新时代中国特色社会主义重大经济现实问题的时代回应。2016 年 7 月 8 日，习近平总书记在主持经济形势专家座谈会时指出："要加强研究和探索，加强对规律性认识的总结，不断完善中国特色社会主义政治经济学理论体系，推进充分体现中国特色、中国风格、中国气派的经济学科建设。"

2017 年 5 月，中共中央印发的《关于加快构建中国特色哲学社会科学的意见》中明确提出：要发展中国特色社会主义政治经济学，丰富发展马克思主义哲学、政治经济学、科学社会主义。

近年来，学界围绕"建设和发展中国特色社会主义政治经济学"这一重大命题，开展了持续而深入的研究，促成了广泛而热烈的讨论，形成了大量学术成果，政治经济学迎来了新中国成立以来的第三次研究高潮。目前，"中国特色社会主义政治经济学"已形成了一系列相对固定的研究主题、学者群体、研究机构和传播载体，呈现出良好的发展势头，为中国特色哲学社会科学体系的建设竖立了重要标杆。2017 年，本课题组首次开展

了中国特色社会主义政治经济学的学术影响力评价工作，取得了良好的社会反响。2019 年以来，为进一步扩大学术评价范围，拓宽学科视野，年度评价报告更名为《中国政治经济学学术影响力评价报告》。

本年度评价报告研究样本的发表时间为 2017 年 1 月 1 日至 2021 年 12 月 31 日，主要反映党的十九大以来中国政治经济学学科发展的新动态，并作出相应评价。

二、 中国政治经济学学术影响力评价的基本思路

党的十八大以来，以习近平同志为核心的党中央将马克思主义政治经济学基本原理同中国特色社会主义建设实践紧密结合，提出了一系列新思想新论断，形成了当代中国特色社会主义政治经济学的创新成果，开辟了马克思主义政治经济学的新境界。从独立的学科范畴来看，开展中国政治经济学学术评价，呈现出以下几个方面的特点。

第一，中国政治经济学学术评价的文献覆盖面较广。根据研究对象的历史阶段差异，马克思主义政治经济学自然地分为资本主义政治经济学和社会主义政治经济学两个部分。中国政治经济学是社会主义政治经济学的"中国版本"，是马克思主义政治经济学的中国化。因此，在理论体系和学科内容上，中国政治经济学与马克思主义政治经济学、社会主义政治经济学既相互联系又存在差别，体现了一般性与特殊性的结合。因此，在对中国政治经济学进行影响力评价时，文献收集范围就不能仅仅局限于"中国政治经济学"这个名词，还要涵盖"马克思主义政治经济学""社会主义政治经济学""社会主义经济理论""《资本论》""习近平新时代中国特色社会主义经济思想"等多个学术范畴。当然，需要对以上这些主题的文献进行甄别和梳理。需要明确指出的是，"中国政治经济学"的文献谱系是以坚持辩证唯物主义和历史唯物主义等马克思主义分析方法作为基本特点的，

超出这个范围的文献，本报告就不再将其归于"中国政治经济学"的学术体系。

第二，中国政治经济学学术评价的文献基础是在期刊上公开发表的学术论文。学术影响力评价的标准是多样的，不同学科的影响力评价标准具有很大差异。对于人文社会科学特别是理论性较强的学科而言，学术论著的影响力是学术影响力评价的重要标准。学术论著主要包括期刊刊载的学术论文、公开出版的专著（包括教材或其他形式的书籍）。从影响力评价的角度而言，这两类论著的重要性都是不言而喻的。但是，专著被引用的数据难以收集且不宜进行标准化处理，因此也是难以作为学术影响力评价标准的。因此，本报告的学术影响力评价是以学者在期刊上发表的学术论文作为评价基础的，即以期刊论文作为评价的数据源头。在此基础上，测算了中国政治经济学研究机构、学术刊物以及研究主题的学术影响力。

第三，在学术评价中同等重视理论性研究和应用性研究。在学科归属上，政治经济学属于理论经济学范畴，但是，政治经济学对于分析和研究现实经济问题具有重要意义，特别是在中国经济发展和改革的进程中，政治经济学理论创新发挥着重要的指导作用。为此，在学术影响力评价中，本报告不仅关注了那些纯理论研究，同时也注意收集和整理那些运用政治经济学理论方法研究中国现实问题和政策问题的文献，将"经济高质量发展""国有企业改革""收入分配""现代化经济体系""供给侧结构性改革""乡村振兴和精准扶贫""全面建成小康社会""'一带一路'倡议""新发展格局""中国式现代化道路""共同富裕"等主题词纳入学术影响力评价范围。

第四，涵盖了中国学者研究当代资本主义经济的文献。中国学者运用政治经济学方法，对当代资本主义经济新变化的研究，也应被涵盖在中国政治经济学的范围里。因此，这里的"中国"，并不是研究对象意义上的中国，而主要是指"中国"学者。当然，我们也十分希望在今后的研究中，能够把国际化视野的中国政治经济学文献纳入评价体系中,特别是国外学者开展的"中国模式""中国道路""中国经验""中国奇迹"等主题的研究。此外,在选择"当代资本主义经济"的研究文献时,我们重点关注了那些联系中国经济问题和社会主义经济建设的研究,特别是把那些进行当代资本主义与社会主义经济运行方式比较研究的文献纳入了评价范围。

第五,对部分主题的研究文献进行了拓展。本年度评价报告选择了三十个政治经济学研究主题进行影响力评价,需要说明的是,部分主题并不完全局限于政治经济学范畴,典型的如"唯物史观""社会主义主要矛盾""以人民为中心的发展思想"等。在选取这些主题的文献时,本报告采取的原则和程序是:在根据主题词搜索得到的文献中,首先选择那些从政治经济学视野出发进行的研究,其次选择那些运用马克思主义方法论而开展的交叉研究文献、多学科研究文献、整体性研究文献,最后剔除那些局限于哲学、法学、政治学和历史学等单一学科的文献。

三、 中国政治经济学最具影响力的 200 篇学术论文 (2017—2021)

本报告通过定量定性相结合的方式评选最具影响力论文,所选取的文献来自中国知网(中国知识基础设施工程,China National Knowledge Infrastructure,CNKI)下属的中国期刊全文数据库(CJFD)。在文献搜索方面,本报告采取了"单主题"和"双主题"两种不同的搜索方式。单主题搜索方式是在中国期刊全文数据库中采用文献检索方式,在检索"主题"项中选用"中国政治经济学""当代中国马克思主义政治经济学""中国社会主义政治经济学""社会主义经济理论""习近平新时代中国特色社会主义经济思想"等关键词进行搜索;双主题搜索方式是在中国期刊全文数据库中采用高级检索方式,在检索"主题"项中选用"公有制""按劳分配""新发展理念""《资本论》""生产力—生产关系""以人民为中心""供给侧结构性改革""现代化经济体系""高质量发展""乡村振兴战略"" '一带一路'倡议""当代资本主义经济""新发展格局""数字经济和平台经济""全面建成小康社会""共同富裕""中国式现代化道路""遏制资本无序扩张"等关键词，并加入"政治经济学"这一关键词进行搜索。文献覆盖时间段为 2017 年 1 月 1 日至 2021 年 12 月 31 日。根据以上方法，剔除短讯、会议综述、书评、广告等信息含量较少的以及重复的篇目，最终得到 3037 篇文献。这些文献构成了整个评价的文献基础。

　　本报告选取下载量、引用量以及期刊影响因子等指标，定量计算了所有文献的影响力，构建了评价样本库。在此基础上，邀请本学科知名专家对样本库中的文献进行定性评价。在综合考虑文献的选题意义、学术水平、理论深度、资政作用等各方面因素的基础上，评选出 2017—2021 年政治经济学学科最具学术影响力的 200 篇论文（见表 1）。考虑到最具影响力论文的覆盖面和代表性，每位作者的作品入选篇数不超过三篇（合著除外）。

表 1　中国政治经济学最具影响力的 200 篇学术论文（2017—2021）

序号	题目	作者	刊物	年份
1	人民主体论：中国特色社会主义政治经济学的逻辑起点	白暴力 方凤玲	《中国特色社会主义研究》	2017
2	对资本主义私有制的批判和未来社会公有制的构想——研究《资本论》所有制理论	白雪秋 余志利	《经济纵横》	2019
3	全面建成小康社会后我国城乡反贫困的特点、难点与重点	白永秀 刘盼	《改革》	2019
4	政府与市场关系的演变和突破——兼论中国特色社会主义政治经济学的国家主体性	包炜杰 周文	《学术研究》	2020
5	《资本论》理论定向的阐释维度	卜祥记	《中国社会科学》	2020

续表

序号	题目	作者	刊物	年份
6	从"现实的人"到"以人民为中心"——马克思主义政治经济学根本立场探析	常庆欣 张旭	《经济学家》	2020
7	习近平新时代精准扶贫思想形成的现实逻辑与实践路径	陈健	《财经科学》	2018
8	循着马克思的路径完成马克思的工作——价值转形理论再探	陈旸 荣兆梓	《经济研究》	2018
9	中国特色社会主义政治经济学研究十大要义	程恩富	《理论月刊》	2021
10	改革开放以来新马克思经济学综合学派的十大政策创新	程恩富	《河北经贸大学学报》	2021
11	论新帝国主义的五大特征和特性——以列宁的帝国主义理论为基础	程恩富 鲁保林 俞使超	《马克思主义研究》	2019
12	中国经济学的探索：一个历史考察	程霖 张申 陈旭东	《经济研究》	2020
13	资源型国有企业摆脱转型困境的路径选择	程娜	《经济纵横》	2017
14	逆全球化与中国开放发展道路再思考	戴翔 张二震	《经济学家》	2018
15	以人民为中心：中国特色社会主义政治经济学的根本立场	段学慧 程恩富	《福建论坛（人文社会科学版）》	2017
16	论习近平新时代中国特色社会主义经济思想	邱乘光	《新疆师范大学学报（哲学社会科学版）》	2019

续表

序号	题目	作者	刊物	年份
17	马克思恩格斯对《共产党宣言》与时俱进的发展及其当代启示	丁堡骏	《马克思主义研究》	2018
18	供给侧结构性改革的马克思主义政治经济学分析	丁任重 李标	《中国经济问题》	2017
19	数字资本主义的兴起及其引发的社会变革——兼论社会主义中国如何发展数字经济	丁晓钦 柴巧燕	《毛泽东邓小平理论研究》	2020
20	国内国际双循环新发展格局：历史溯源、逻辑阐释与政策导向	董志勇 李成明	《中共中央党校（国家行政学院）学报》	2020
21	论建设中国特色社会主义政治经济学为何和如何借用西方经济学	方福前	《经济研究》	2019
22	基本经济制度是所有制关系、分配关系、交换关系的有机统一	方敏	《政治经济学评论》	2020
23	从"塘约经验"看乡村振兴战略的内生实施路径	冯道杰 程恩富	《中国社会科学院研究生院学报》	2018
24	以人民为中心和以资本为中心：两种发展道路的比较——基于劳动价值论的若干思考	冯金华	《学术研究》	2020
25	人工智能的政治经济学批判	付文军	《内蒙古社会科学（汉文版）》	2019
26	《资本论》视域下的供给侧结构性改革——基于马克思社会总资本再生产理论	盖凯程 冉梨	《财经科学》	2019

续表

序号	题目	作者	刊物	年份
27	中国乡村振兴战略视域下的农民分化及其引申含义	高帆	《复旦学报（社会科学版）》	2018
28	现代化经济体系八大横向核心子系统建设重点研究	高建昆	《经济纵横》	2018
29	当代中国阶层关系演化、经济增长影响及制度渊薮——基于积累的社会结构理论	甘梅霞	《浙江社会科学》	2017
30	社会主义基本经济制度的重大理论问题研究	葛扬	《经济学家》	2020
31	数字经济发展的理论逻辑与现实路径研究	龚晓莺 杨柔	《当代经济研究》	2021
32	习近平新时代中国特色社会主义经济思想与"系统化的经济学说"的开拓	顾海良	《马克思主义与现实》	2018
33	新发展理念的新时代政治经济学意义	顾海良	《经济研究》	2017
34	基本经济制度新概括与中国特色社会主义政治经济学新发展	顾海良	《毛泽东邓小平理论研究》	2020
35	回到马克思：对生产力——生产方式——生产关系原理再解读	郭冠清	《当代经济研究》	2020
36	从经济学的价值属性看中国特色社会主义政治经济学的国家主体性	郭冠清	《经济纵横》	2019
37	习近平新时代中国特色社会主义经济思想的源流和主线	韩保江 王佳宁	《改革》	2018

续表

序号	题目	作者	刊物	年份
38	中国特色社会主义政治经济学对西方经济学理论的借鉴与超越——学习习近平总书记关于中国特色社会主义政治经济学的论述	韩保江 张慧君	《管理世界》	2017
39	宅基地"三权分置"的权能困境与实现	韩文龙 谢璐	《农业经济问题》	2018
40	人类文明形态变革与中国式现代化道路	韩喜平 郝婧智	《当代世界与社会主义》	2021
41	习近平新时代绿色发展的理论创新研究	何爱平 李雪娇 邓金钱	《经济学家》	2018
42	社会主义公有制是建设现代化经济体系实现高质量发展的基础	何干强	《西部论坛》	2019
43	唯物史观视角下马克思所有制理论的科学内涵及其当代价值研究——兼评"取消所有制分类"等错误观点	何召鹏	《政治经济学评论》	2019
44	建设现代化经济体系，增强我国经济创新力和竞争力	何自力 乔晓楠	《马克思主义研究》	2017
45	改革开放40年中国经济发展模式形成的基本经验	何自力	《政治经济学评论》	2018
46	乡村振兴的学术脉络与时代逻辑：一个经济学视角	贺立龙	《四川大学学报（哲学社会科学版）》	2019

续表

序号	题目	作者	刊物	年份
47	改革开放以来发展理念和相应的经济发展理论的演进——兼论高质量发展的理论渊源	洪银兴	《经济学动态》	2019
48	中国特色社会主义政治经济学财富理论的探讨——基于马克思的财富理论的延展性思考	洪银兴	《经济研究》	2020
49	进入新阶段后中国经济发展理论的重大创新	洪银兴	《中国工业经济》	2017
50	新时代中国特色社会主义政治经济学的发展	洪远朋	《经济研究》	2017
51	为什么用物质利益关系而不用生产关系——政治经济学研究对象的进一步讨论	侯风云	《河北经贸大学学报》	2017
52	习近平新时代中国特色社会主义经济思想的历史维度与理论内涵	侯为民	《思想战线》	2018
53	"供给侧结构性改革"背景下我国金融业不良资产的"处置之道"	侯亚景 罗玉辉	《经济学家》	2017
54	中国特色社会主义政治经济学国家主体性的历史逻辑与思想史基础	胡怀国	《经济纵横》	2019
55	改革开放40年中国所有制理论的创新和发展	胡家勇	《中州学刊》	2018
56	"生活需要"的政治经济学分析	胡乐明	《马克思主义研究》	2019

续表

序号	题目	作者	刊物	年份
57	改革开放以来我国劳动报酬的变动分析——基于以人民为中心发展思想的视角	胡莹 郑礼肖	《经济学家》	2019
58	马克思超越古典政治经济学探赜——基于经济危机的视角	胡岳岷 胡慧欣 吴薇	《西北大学学报（哲学社会科学版）》	2020
59	试论中国特色社会主义政治经济学的理论创新方向——基于马克思政治经济学批判的分析	黄华 程承坪	《经济学家》	2017
60	唯物史观论域中的分配正义及历史生成逻辑	黄建军	《中国社会科学》	2021
61	马克思恩格斯自由贸易思想及当代启示	黄瑾 王敢	《经济学家》	2020
62	在发展实践中推进经济理论创新	黄泰岩	《经济研究》	2017
63	论坚持"以人民为中心"和"以经济建设为中心"两个指导方针的一致性	黄雯	《经济纵横》	2017
64	防范化解金融风险的政治经济学研究	姬旭辉	《经济学家》	2019
65	我国社会主要矛盾的变化与全面深化改革的纵深推进	季正聚 许可	《中共中央党校学报》	2018
66	习近平以人民为中心的经济思想研究	纪志耿 祝林林	《改革与战略》	2017
67	贸易平衡、财政赤字与国内大循环经济发展战略	贾根良	《财经问题研究》	2020

序号	题目	作者	刊物	年份
68	数字技术助力中国技术赶超：理论逻辑与政策取向	贾利军 陈恒炬	《政治经济学评论》	2021
69	中国经济改革是在什么经济学指导下取得巨大成就的？——纪念中国改革开放40周年	简新华	《经济与管理研究》	2018
70	中国高质量发展的测度：1978—2018	简新华 聂长飞	《经济学家》	2020
71	建立解决相对贫困的长效机制	蒋永穆	《政治经济学评论》	2020
72	推动新时代农业合作化，需要发扬高举旗帜敢于担当的精神——烟台实践的启示	江宇 李玲 徐俊忠	《世界社会主义研究》	2021
73	防止资本无序扩张　引导各类资本健康发展	江宇	《中国党政干部论坛》	2021
74	生产结构、收入分配与宏观效率——一个马克思主义政治经济学的分析框架与经验研究	李帮喜 刘充 赵峰 黄阳华	《经济研究》	2019
75	中国特色社会主义政治经济学史研究的新阶段新使命	李家祥	《南开经济研究》	2019
76	论中国特色社会主义政治经济学的逻辑主线和体系结构	李建平	《理论与评论》	2018
77	虚拟经济背离与回归实体经济的政治经济学分析	李连波	《马克思主义研究》	2020
78	明斯基的经济学研究方法论	李黎力	《当代经济研究》	2017

续表

序号	题目	作者	刊物	年份
79	马克思主义基本原理和经典著作研究	李琼 余清霜	《政治经济学评论》	2021
80	利润率趋向下降规律新一轮争论的数理与经验考察	李亚伟	《海派经济学》	2018
81	数据作为生产要素参与分配的政治经济学分析	李政 周希祯	《学习与探索》	2020
82	新时代真的需要"消灭私有制"？——纪念马克思恩格斯《共产党宣言》发表170周年	李正图	《人文杂志》	2018
83	新结构经济学视角下的国有企业改革	林毅夫	《社会科学战线》	2019
84	我国供给侧结构性改革总体关系域的历史向度	刘爱文	《当代财经》	2018
85	马克思关于收入分配的公平正义思想与中国特色社会主义实践探索	刘灿	《当代经济研究》	2018
86	共同富裕思想探源	刘长明 周明珠	《当代经济研究》	2020
87	论社会主义市场经济中政府和市场的关系	刘凤义	《马克思主义研究》	2020
88	我国住房问题的政治经济学分析	刘凤义 杨善奇	《当代经济研究》	2017
89	中国经济体制改革的方向、目标和核心议题	刘国光 王佳宁	《改革》	2018
90	信息产品与平台经济中的非雇佣剥削	刘皓琰	《马克思主义研究》	2019

续表

序号	题目	作者	刊物	年份
91	中国特色社会主义政治经济学核心理论定位研究	刘谦 裴小革	《经济学家》	2019
92	中国特色社会主义政治经济学史建设中需侧重的几个问题	刘清田	《经济学家》	2019
93	中国特色社会主义基本经济制度是解放和发展生产力的历史要求	刘伟	《政治经济学评论》	2020
94	中国经济改革对社会主义政治经济学根本性难题的突破	刘伟	《中国社会科学》	2017
95	中国收入分配差距：现状、原因和对策研究	刘伟 王灿 赵晓军 张辉	《中国人民大学学报》	2018
96	《资本论》中的虚拟资本范畴及其中国语境	刘新刚	《马克思主义与现实》	2020
97	虚拟经济与实体经济的关联性——主要资本主义国家比较研究	刘晓欣 田恒	《中国社会科学》	2021
98	基于社会生产和再生产模型的国际价值量决定机理研究	刘晓音 宋树理	《世界经济》	2017
99	中国特色社会主义政治经济学研究对象的探索	刘学梅 郭冠清	《经济学家》	2019
100	农民权益：农村土地增值收益分配的根本问题	刘元胜 胡岳岷	《财经科学》	2017
101	政治经济学视角下互联网平台经济的金融化	刘震 蔡之骥	《政治经济学评论》	2020

续表

序号	题目	作者	刊物	年份
102	经济脱实向虚倾向的根源、表现和矫正措施	卢映西 陈乐毅	《当代经济研究》	2018
103	畅通国民经济循环：基于政治经济学的分析	鲁保林 王朝科	《经济学家》	2021
104	"供给侧结构性改革"在思想和实践上的新贡献	鲁品越	《马克思主义研究》	2020
105	当代资本主义经济体系发展新趋势	鲁品越 姚黎明	《上海财经大学学报》	2019
106	"新发展理念"的马克思政治经济学解读	陆夏	《厦门大学学报（哲学社会科学版)》	2018
107	论双重结构下的混合所有制改革——从微观资源配置到宏观制度稳定	卢江	《经济学家》	2018
108	中国共产党关于新发展理念的现实逻辑与理论创新	马艳 李皎	《税务与经济》	2021
109	对逻辑与历史相一致原则的批判性反思——以中国特色社会主义政治经济学若干争论为参照	孟捷	《财政问题研究》	2019
110	中国特色社会主义政治经济学的国家理论：源流、对象和体系	孟捷	《清华大学学报（哲学社会科学版)》	2020
111	构建和发展中国特色社会主义政治经济学的三个重大问题	逄锦聚	《经济研究》	2018
112	《资本论》的体系结构与中国特色社会主义政治经济学的关系	逄锦聚	《政治经济学评论》	2017

续表

序号	题目	作者	刊物	年份
113	中国共产党带领人民为共同富裕百年奋斗的理论与实践	逄锦聚	《经济学动态》	2021
114	数字经济的政治经济学分析	裴长洪 倪江飞 李越	《财贸经济》	2018
115	网约车平台与不稳定劳工——基于南京市网约车司机的调查	齐昊 马梦挺 包倩文	《政治经济学评论》	2019
116	唯物史观、动态优化与经济增长——兼评马克思主义政治经济学的数学化	乔晓楠 何自力	《经济研究》	2017
117	新发展理念的重大理论和实践价值——习近平新时代中国特色社会主义经济思想研究	邱海平	《政治经济学评论》	2019
118	《资本论》的创新性研究对于构建中国特色社会主义政治经济学的重大意义	邱海平	《马克思主义研究》	2020
119	新时代中国经济从高速增长转向高质量发展：理论阐释与实践取向	任保平	《学术月刊》	2018
120	我国新经济高质量发展的困境及其路径选择	任保平 何苗	《西北大学学报（哲学社会科学版）》	2020
121	公有资本与平等劳动——中国特色社会主义政治经济学的主线	荣兆梓	《上海经济研究》	2018

续表

序号	题目	作者	刊物	年份
122	《共产党宣言》中的经济全球化思想及其继承与发展	舒展	《马克思主义研究》	2019
123	新帝国主义的危机与新社会主义的使命——兼论21世纪马克思主义的核心问题与应对	宋朝龙	《探索》	2020
124	数据成为现代生产要素的政治经济学分析	宋冬林 孙尚斌 范欣	《经济学家》	2021
125	习近平国有经济思想研究略论	宋方敏	《政治经济学评论》	2017
126	当代国际价值量的新变化及其成因探析	宋树理	《管理学刊》	2018
127	全球价值链的深度嵌入与技术进步关系的机理与测算	宋宪萍 贾芸菲	《经济纵横》	2019
128	论中国经济学现代化的马克思主义发展道路——质疑洪永淼西方经济学中国化观点	孙立冰	《马克思主义研究》	2020
129	消费主义的内在机理及其意识形态逻辑透析	孙绍勇	《理论学刊》	2019
130	新时代坚持创新引领发展：内在逻辑与实践指向	孙亚南 王晓策 刘岩	《管理学刊》	2019
131	论马克思的生产力理论与中国特色社会主义政治经济学的构建	田超伟 卫兴华	《教学与研究》	2017
132	新时代社会主要矛盾转化与新要求	田鹏颖	《中国特色社会主义研究》	2018

序号	题目	作者	刊物	年份
133	互联网平台组织的源起、本质、缺陷与制度重构	王彬彬 李晓燕	《马克思主义研究》	2018
134	分配制度上升为基本经济制度的理论必然和实践必然	王朝科	《上海经济研究》	2020
135	新时代中国特色农业现代化"第二次飞跃"的逻辑必然及实践模式	王丰	《经济学家》	2018
136	马克思主义政治经济学基本理论研究	王金秋 赵敏	《政治经济学评论》	2019
137	深刻把握乡村振兴战略——政治经济学视角的解读	王立胜 陈健 张彩云	《经济与管理评论》	2018
138	马克思主义政治经济学视角下两种数字货币的本质及发展趋势	王娜	《经济纵横》	2017
139	价值决定向价值实现的蜕化：置盐定理的逻辑推理困境	王生升 李帮喜 顾珊	《世界经济》	2019
140	党的十八届三中全会以来国有企业混合所有制改革研究进展与述评	王婷 李政	《政治经济学评论》	2020
141	经济金融化趋向及其对我国实体经济发展的启示——基于1973—2017年美国经济发展数据的分析	王守义	《马克思主义研究》	2018

续表

序号	题目	作者	刊物	年份
142	社会再生产中的流通职能与劳动价值论	王晓东 谢莉娟	《中国社会科学》	2020
143	剩余价值国际转移与一般利润率变动：41个国家的经验证据	王智强	《世界经济》	2018
144	马克思主义经济危机理论体系的构成与发展	王中保 程恩富	《经济纵横》	2018
145	关于中国特色社会主义政治经济学的一些新思考	卫兴华	《经济研究》	2017
146	怎样认识我国社会主要矛盾的转化	卫兴华 赵海虹	《经济纵横》	2018
147	应准确解读我国新时代社会主要矛盾的科学内涵	卫兴华	《马克思主义研究》	2018
148	数字资本主义下的价值生产、度量与分配——对"价值规律失效论"的批判	魏旭	《马克思主义研究》	2021
149	马克思的产业升级思想及其对当代中国结构转型的指导意义	魏旭	《毛泽东邓小平理论研究》	2018
150	改革开放四十年的城乡关系：历史脉络、阶段特征和未来展望	吴丰华 韩文龙	《学术月刊》	2018
151	新时代的共同富裕：实现的前提与四维逻辑	吴文新 程恩富	《上海经济研究》	2021
152	习近平总书记关于人类命运共同体重要论述的最新研究动态与展望	吴庆军 王振中	《毛泽东邓小平理论研究》	2019

序号	题目	作者	刊物	年份
153	新发展格局及对构建中国特色社会主义政治经济学体系的启示	吴宣恭	《经济纵横》	2021
154	我国相对贫困的内涵特点、现状研判与治理重点	吴振磊 王莉	《西北大学学报（哲学社会科学版)》	2020
155	中国特色共同富裕理论的新境界	武建奇	《河北经贸大学学报》	2021
156	劳动形态对工资形态的影响及其对零工经济剥削研究的价值——基于王亚南《中国经济原论》文本的分析	肖斌 李旭娇	《当代经济研究》	2020
157	"分享经济"背景下劳资关系的演变趋势探析	肖潇	《探索》	2018
158	中美贸易摩擦的政治经济学分析	谢地 张巩	《政治经济学评论》	2018
159	平台经济全球化的政治经济学分析	谢富胜 吴越 王生升	《中国社会科学》	2019
160	《资本论》在中国的翻译、传播和接受（1899—2017）	徐洋 林芳芳	《马克思主义与现实》	2017
161	中国特色社会主义政治经济学方法论研究——兼对生产一般与资本一般机理关系的考订	许光伟	《经济纵横》	2019
162	乡村振兴战略实施与宅基地"三权分置"改革的深化	严金明 迪力沙提 夏方舟	《改革》	2019

续表

序号	题目	作者	刊物	年份
163	新时代中国特色社会主义政治经济学研究对象和逻辑起点——马克思《资本论》及其手稿再研究	颜鹏飞	《内蒙古社会科学（汉文版）》	2018
164	内循环为主双循环互动的理论创新——中国特色社会主义政治经济学的时代课题	杨承训	《上海经济研究》	2020
165	论公有制理论的发展	杨春学	《中国工业经济》	2017
166	全球价值链的空间拓展机理探究——兼论"一带一路"建设的路径构想	杨静 徐曼	《中国特色社会主义研究》	2017
167	马克思世界市场理论及其现实意义——兼论"逆全球化"思潮的谬误	杨圣明 王茜	《经济研究》	2018
168	流域分工视角下长江经济带高质量发展初探——一个马克思主义政治经济学的解读	易淼	《经济学家》	2019
169	论《资本论》的整体性	余斌	《经济纵横》	2017
170	农村土地"三权分置"与新型农业经营主体培育	张广辉 方达	《经济学家》	2018
171	方法论的格式化与社会主义政治经济学的发展境遇——基于新中国成立以来政治经济学的发展历程的讨论	张晖明 任瑞敏	《复旦学报（社会科学版）》	2020

序号	题目	作者	刊物	年份
172	坚持"两个毫不动摇"是新时代经济发展的必然抉择——警惕"所有制中性论"带来的思想混乱	张嘉昕 王庆琦	《毛泽东邓小平理论研究》	2019
173	新时代乡村振兴战略实施路径——产业振兴	张建刚	《经济研究参考》	2018
174	对经济高质量发展的马克思主义政治经济学解析	张俊山	《经济纵横》	2019
175	对新时代中国特色社会主义现代化经济体系建设的几点认识	张俊山	《经济纵横》	2018
176	用马克思再生产理论指导我国的"供给侧结构性改革"	张俊山	《当代经济研究》	2017
177	理解习近平新时代中国特色社会主义经济思想的六个维度	张开 顾梦佳 王声啸	《政治经济学评论》	2019
178	研究马克思主义整体性的三大视角	张雷声	《思想理论教育导刊》	2018
179	开拓政治经济学中国话语新境界——中国民营经济理论的创新发展	张苑洺 刘迎秋	《中国社会科学》	2021
180	功能性与规模性收入分配关系的实证分析：马克思经济学视角	张衔 蒙长玉	《社会科学战线》	2017
181	农地"三权分置"改革中的潜在风险及对策	张衔 吴先强	《社会科学战线》	2019

续表

序号	题目	作者	刊物	年份
182	人工智能技术条件下"人的全面发展"向何处去——兼论新技术下劳动的一般特征	张新春 董长瑞	《经济学家》	2019
183	《资本论》是光辉的政治经济学著作——驳《资本论》哲学化	张旭 常庆欣	《当代经济研究》	2019
184	壮大集体经济、实施乡村振兴战略的原则与路径——从邓小平"第二次飞跃"论到习近平"统"的思想	张杨 程恩富	《现代哲学》	2018
185	中国特色社会主义政治经济学的科学内涵	张宇	《经济研究》	2017
186	论构建中国特色社会主义政治经济学	张占斌 钱路波	《管理世界》	2018
187	《资本论》、经济运行与新时代的政策选择	赵峰 李彬	《经济学家》	2018
188	马克思主义政治经济学何以"实证"	赵磊	《政治经济学评论》	2020
189	"我不是马克思主义者"的方法论意蕴——基于《资本论》的方法论	赵磊	《政治经济学评论》	2018
190	"双循环"新发展格局的马克思主义政治经济学分析	郑尚植 常晶	《当代经济管理》	2021
191	《资本论》的反贫困哲学及其新时代价值	周露平	《马克思主义研究》	2019
192	现代化经济体系：生产力、生产方式与生产关系的协同整体	周绍东 王立胜	《中国高校社会科学》	2019

续表

序号	题目	作者	刊物	年份
193	再论中国特色社会主义市场经济体制	周文 包炜杰	《经济学家》	2019
194	中国特色社会主义政治经济学研究对象探析——基于马克思生产方式理论的当代借鉴	周文 代红豆	《河北经贸大学学报》	2020
195	关于中国特色社会主义政治经济学的几点思考	周新城	《政治经济学评论》	2017
196	新自由主义的新阶段与资本主义的系统性危机	朱安东 王娜	《经济社会体制比较》	2017
197	《资本论》中的虚拟资本理论研究	朱炳元 陈冶风	《马克思主义与现实》	2019
198	西方主流经济学为何一再遭到质疑——基于哈佛大学学生罢课的分析	朱富强	《当代经济研究》	2019
199	共享经济的现代发展及其潜在问题：以共享单车为例的分析	朱富强	《南方经济》	2017
200	马克思的经济发展理论与西方经济发展理论比较——兼论中国经济高质量发展的路径	朱方明 刘丸源	《政治经济学评论》	2019

四、 中国政治经济学最具影响力的 200 篇学术论文摘要

1. 《人民主体论：中国特色社会主义政治经济学的逻辑起点》

作者：白暴力、方凤玲

期刊：《中国特色社会主义研究》

刊期：2017 年第 1 期

生产力是推动整个社会存在和发展的最终决定力量，是整个政治经济学的出发点。生产关系是政治经济学的研究对象，生产资料所有制是生产关系的核心，社会主义公有制则是社会主义生产关系的核心，是中国特色社会主义经济制度的基础。社会生产的目的决定着经济过程的各种宏观与微观的经济行为，是政治经济学分析的行为基础。劳动价值理论是政治经济学的基础范畴，为科学阐明政治经济学的一系列经济范畴和经济规律提供了理论基础。以生产力、生产关系、生产目的和劳动价值理论等为基础，马克思构建了宏大的政治经济学体系。党的十八大以来，以习近平同志为核心的党中央所提出的"人民主体论"是对马克思主义政治经济学的丰富和发展，构成了中国特色政治经济学体系的逻辑起点。"人民主体论"以历史唯物主义为哲学基础，明确了劳动者是生产力中最活跃最根本的因素，揭示了生产资料公有制的社会基础和历史必然性，进一步确立了社会主义生产的目的，夯实了劳动价值理论的学术基础。

2.《对资本主义私有制的批判和未来社会公有制的构想——研究〈资本论〉所有制理论》

作者：白雪秋、余志利

期刊：《经济纵横》

刊期：2019 年第 4 期

《资本论》中的所有制理论系统而完整。《资本论》论述的是产生于私有制并承载着劳资双方对立关系的"资本"。由于私有制和社会化大生产间的基本矛盾，资本主义社会产生了种种不可克服的矛盾和弊端，当矛盾激化到一定程度时，作为私有制对立物的公有制必将取而代之。公有制可以有多种多样的实现形式，马克思基于生产力和生产关系间的辩证关系原理，设想了未来社会公有制的实现形式是重新建立个人所有制。当然，在从资本主义私有制走向未来社会公有制的过程中，有无数的中间层色，股份制和工人合作工厂作为资本主义在自身范围内进行"扬弃"的结果，就是资本主义私有制向未来社会公有制的过渡形式，而最终完成其"过渡"将是一个长期、艰巨的过程。尽管150多年过去了，但《资本论》的所有制理论仍然闪烁着真理的光芒，依然是指导我们建设中国特色社会主义的理论基础，对于完善社会主义初级阶段所有制结构具有重要的当代价值。

3.《全面建成小康社会后我国城乡反贫困的特点、难点与重点》

作者：白永秀、刘盼

期刊：《改革》

刊期：2019 年第 5 期

新中国成立以来，我国的扶贫工作大致可划分为三个阶段：计划经济体制下的以救济性为主的扶贫阶段；改革开放以来以小康性为主的扶贫阶段；全面建成小康社会背景下的以共富性为主的扶贫阶段。扶贫措施逐步从以政府包揽、物质帮扶、区域瞄准、大水漫灌、救济式扶贫为主转变为以多元共治、扶志扶智、个体瞄准、精准滴灌、开发式扶贫为主，扶贫工作取得前所未有的辉煌成绩。到 2020 年，我国现行贫困标准下的贫困人口将全面脱贫，但相对于全面建成小康社会后的新标准，相对贫困将长期存在。全面建成小康社会后，我国将进入城市贫困和农村贫困并重的贫困分布的第二阶段，反贫困也将面临如何制定新贫困标准、促进扶贫产业可持续发展、建立完整的城市反贫困体系、将农民工贫困治理纳入我国反贫困体系四大难点。与此对应，反贫困的战略重点应集中在新贫困标准的制定、反贫困产业的可持续发展、城乡一体化反贫困体系的建立、农民工市民化配套设施的完善四个方面，以巩固脱贫攻坚成果，实现共同富裕。

4.《政府与市场关系的演变和突破——兼论中国特色社会主义政治经济学的国家主体性》

作者：包炜杰、周文

期刊：《学术研究》

刊期：2020 年第 11 期

改革开放 40 多年来，中国 GDP 年均增长率接近 10%，被外界誉为
"中国奇迹"，这成为国内外学界的一个热点议题。作为我国经济体制改革
的核心命题，政府与市场关系是解读"中国奇迹"的关键。一方面，在西
方主流经济学的理论嬗变过程中，始终存在着政府与市场二元对立的倾向，
企图割裂政治与经济的内在联系，这导致其无法有效解释现代混合经济；
另一方面，改革开放以来我国政府与市场关系经历了"政府放开市场"—
"政府调控市场"—"市场约束政府"—"市场起决定性作用，更好地发挥
政府作用"的阶段变迁，实现了从"替代论"到"辩证法"的演进和突破。
在对西方传统和中国经验的比较分析中发现，政府与市场关系的"辩证法"
恰恰是中国特色社会主义政治经济学国家主体性的体现。立足于"中国特
色社会主义最本质的特征是中国共产党领导"，我们可以形成中国特色社会
主义政治经济学国家主体性的"三维系谱"，提升对"中国奇迹"的解
释力。

5. 《〈资本论〉理论定向的阐释维度》

作者：卜祥记

期刊：《中国社会科学》

刊期：2020 年第 8 期

《资本论》具有多样化的理论定向，并在后世解读中呈现出经济学、哲
学、政治哲学等多样化的阐释维度。作为两种最具有影响力的阐释方式，
对《资本论》的经济学理论定向和哲学理论定向的阐释，不仅各具理论合
理性，而且具有很强的互补性。当基于经济学理论及其技术层面的《资本
论》研究致力于完善与推进马克思政治经济学理论体系时，哲学理论定向
的阐释维度将有助于更为全面地呈现《资本论》的当代价值。但是，由于
对马克思哲学基本性质认知的差异性，因而在《资本论》的哲学理论定向
的阐释维度上形成了多样化的解释方案。只有立足于唯物史观，才能真正

呈现马克思哲学与《资本论》的内在性关联，并实质性地彰显《资本论》的当代价值；而要立足于唯物史观以确立马克思哲学与《资本论》的内在性关联，则必须首先明确唯物史观的《资本论》指向，即唯物史观是从黑格尔哲学体系中挣脱出来的伟大成果，是服务并从属于《资本论》研究课题的理论创立，真正的唯物史观就存在于《资本论》中。这是《资本论》的唯物史观理论定向。就此而言，《资本论》既是一部伟大的经济学著作，又是一部唯物史观的理论巨著。

6.《从"现实的人"到"以人民为中心"——马克思主义政治经济学根本立场探析》

作者：常庆欣、张旭

期刊：《经济学家》

刊期：2020 年第 5 期

中国特色社会主义政治经济学的根本要义，就是以马克思主义为指导，贯彻以人民为中心这一根本立场。"以人民为中心"的发展思想，是在避免马克思指出的"经济人"的缺陷的基础上，在遵循他关于"人的一般本性"的基本规定的前提下，对马克思考察的"变化的人的本性"的变化趋势的深刻把握中，结合中国特色社会主义经济建设和改革实践，对"发展为了谁、发展依靠谁、发展成果由谁享有"这个根本问题做出回答。从马克思关于"现实的人"的思想到以"人民为中心"的发展思想之间，存在着运用、发展与创新的关系。证明"以人民为中心"这一"马克思主义政治经济学的根本立场"，坚持"以人民为中心"的发展思想，是马克思主义理论尤其是中国特色社会主义政治经济学创新的重要成果和我国经济社会建设的基本指南。

7.《习近平新时代精准扶贫思想形成的现实逻辑与实践路径》

作者：陈健

期刊：《财经科学》

刊期：2018 年第 7 期

习近平新时代精准扶贫思想的形成主要是基于全面建成小康社会、破解发展不平衡不充分短板等现实需要，这一思想的形成不仅是现实的选择，也是对中国特色社会主义政治经济学的创新与发展，其形成有着深厚的理论基石与现实逻辑，但是这一思想在实践中也会遇到一系列困境，基于此，拟通过如下举措实践习近平新时代精准扶贫思想。第一，大力推进产业扶贫，筑牢精准脱贫的长效动力机制。大力推进产业扶贫不仅必要而且必须，只有大力推进产业扶贫，才能为精准脱贫构建长效动力机制。第二，着力推进生态扶贫，构筑精准脱贫的绿色可持续发展机制。新时代推动生态扶贫，构建精准脱贫的绿色可持续发展机制，已经成为新时代实施精准扶贫的重要举措。第三，深入实施教育扶贫，培育精准脱贫的内生动力。在推进精准扶贫中必须坚持扶贫和扶志、扶智相结合的原则，激发贫困群众主动脱贫、积极脱贫的积极性，通过扶贫与扶志、扶智相结合，实现扶贫的外在力量与扶贫主体这一内在力量的协同联动。第四，精准实施社会保障兜底扶贫，筑牢精准脱贫的社会保障安全网。

8.《循着马克思的路径完成马克思的工作——价值转形理论再探》

作者：陈旸、荣兆梓

期刊：《经济研究》

刊期：2018 年第 4 期

马克思在价值转形研究中运用五（多）部门数值例模型，说明了商品价值通过利润平均化转形为生产价格的数理关系。但他没有用这个数值例模型进一步推进按生产价格计算成本的转形研究。一个重要原因是，马克思数值例模型没有给出计算不变资本价值转形和可变资本价值转形的必要条件和方法。马克思的数值例模型不包含生产技术构成的完整信息，无法计算不变资本的生产价格，也不能确定净产品生产价格总量偏离其价值总量的必然性。转形理论必须在解决这一工具性缺失的前提下沿着马克思的研究路径继续推进。首先，需要添加生产的物质消耗矩阵；其次，净产品生产价格总量偏离其价值总量是沿着马克思研究路径继续前进的关键节点。本文从这一关键节点出发，用总剩余价值率不变取代剩余价值总量不变，构建广义转形数理模型，完成了马克思转形理论的数理推导；并且用中国与美国的投入产出表数据进行试算，得出若干初步结论。

9.《中国特色社会主义政治经济学研究十大要义》

作者：程恩富

期刊：《理论月刊》

刊期：2021 年第 1 期

当代马克思主义政治经济学主要包含马克思主义的资本主义政治经济学和社会主义政治经济学，尤其是中国特色社会主义政治经济学。中国特色社会主义政治经济学需要在各种思想和实践的比较分析中进行方法、理论和政策的实质性发展创新，并构建多种理论体系。参照马克思《资本论》的理论逻辑，中国特色社会主义政治经济学研究须把握十大要义：一是以马列主义及其中国化经济理论为研究导引；二是以初级社会主义物质和文化领域的经济关系或经济制度为研究对象；三是以唯物史观和唯物辩证法为研究要法；四是以揭示初级社会主义社会不同的经济规律为研究任务；五是以公私商品及其内部矛盾运动为研究起点；六是以劳动为研究元概念，以公有剩余价值理论为研究主线；七是以主体性公有资本与自由联合劳动的关系为研究轴心；八是以维护工人阶级和劳动人民根本利益为研究立场；九是以不断满足全体人民日益增长的美好生活需要为研究目的；十是以完善社会主义经济关系促进生产力和上层建筑的现代化发展为研究方针。

10.《改革开放以来新马克思经济学综合学派的十大政策创新》

作者：程恩富

期刊：《河北经贸大学学报》

刊期：2021 年第 3 期

马克思主义学者应把对马克思主义的学术研究、理论宣传和政策探讨三者有机结合起来，而不宜只进行现有马克思主义理论的宣传教育，相对忽视马克思主义的学术研究创新，尤其是相对忽视探讨和创新与马克思主义理论密切相关的政策。改革开放以来新马克思经济学综合学派进行了十大政策创新：一是幸福指数政策，以人民为中心的经济社会全面发展是最佳目标；二是立新核算政策，用"国内生产福利总值"替代"国内生产总值"指标；三是为民财税政策，协调全面建设与民生共享的关系；四是金融实化政策，从脱实向虚转向脱虚向实的举措；五是知识产权政策，自主创新关键核心科技和世界名牌；六是公主私辅政策，公有制主体的多种所有制共同发展；七是改善分配政策，按劳分配为主体的缩差共富；八是提高福利政策，较快增加免费公共福利的项目和比重；九是抑制通胀政策，将其作为有利于国计民生的宏观调控重要手段；十是对等开放政策，积极反制外国遏制和追求高质量开放。

11.《论新帝国主义的五大特征和特性——以列宁的帝国主义理论为基础》

作者：程恩富、鲁保林、俞使超

期刊：《马克思主义研究》

刊期：2019 年第 5 期

资本主义的历史演进形成了若干个不同的具体阶段。20 世纪初，资本主义由自由竞争阶段发展到私人垄断阶段，列宁称其为帝国主义阶段。新帝国主义是垄断资本主义在当代经济全球化、金融化条件下的特殊历史发展阶段，其特征和性质可以概括为五个方面。一是生产和流通的新垄断：生产和流通的国际化和资本集中的强化，形成富可敌国的巨型跨国垄断公司。二是金融资本的新垄断：金融垄断资本在全球经济活动中起决定性作用，形成畸形发展的经济金融化。三是美元和知识产权的垄断：形成不平等的国际分工和两极分化的全球经济和财富分配。四是国际寡头同盟的新垄断："一霸数强"结成的国际资本主义寡头垄断同盟，形成全球垄断剥削和压迫的金钱政治、庸俗文化和军事威胁的经济基础。五是经济本质和大趋势：全球化资本主义矛盾和各种危机时常激化，形成当代资本主义垄断性和掠夺性、腐朽性和寄生性、过渡性和垂危性的新态势。

12. 《中国经济学的探索：一个历史考察》

作者：程霖、张申、陈旭东

期刊：《经济研究》

刊期：2020 年第 9 期

中国经济学探索延续百年，历经近代在传播与转型中孕育、20 世纪 90 年代在选择与实践中争鸣、党的十八大以来在积累与创新中厘清这三次学术讨论高潮。本文对百年来中国经济学概念的提出过程、表述方式、具体界定、理论逻辑及特征演变等进行了全面回顾，对其间涌现的各种提法加以梳理统计，揭示了概念的演变趋势与基本要素，并给出关于中国经济学概念界定的标准与建议。研究发现：第一，中国经济学概念界定发展于马克思主义经济学中国化、西方经济学中国化、中国传统经济思想现代化和中国经济改革发展实践理论化这四条线索的相互交织；第二，学界对经济学二元学科特质的认知虽持续存在差异，但对中国经济学研究目的、主体、对象和方法等特有属性的共识逐步加强，促使其概念轮廓不断清晰，并在新时代以中国特色社会主义政治经济学为落脚点；第三，中国经济学应至少满足以下标准：中国经济学人以马克思主义为指导，批判吸收各种已有经济思想并实现创新，致力揭示中国经济规律，解释中国经济问题，指导中国经济发展，并寻求更具一般性和广泛解释力的理论提炼，最终形成一套内在逻辑自洽的理论体系。

13. 《资源型国有企业摆脱转型困境的路径选择》

作者：程娜

期刊：《经济纵横》

刊期：2017 年第 6 期

当前，我国经济发展进入经济增速换挡期、结构调整阵痛期与前期刺激政策消化期"三期叠加"的经济新常态。随着经济增速的显著放缓，由传统粗放型增长模式或经济驱动机制所引致并长期积累的各种弊端凸显，集中表现为总量繁荣与结构失衡的突出矛盾。其中，以资源型行业为代表的一些国内产业部门严重的总量或结构性产能过剩问题，被纳入新常态阶段宏观经济治理的主要议题中。在资源环境与体制机制约束的双重压力下，产能过剩的"屡化不解"与低效企业的"退出困境"是国有资源型企业转型发展的主要障碍。应在决策层对供给侧结构性改革与深化国有企业改革顶层设计的基础上，明确资源型国有企业转型发展的定位与方向，这意味着以结构优化为主要内容、从完善产业结构与所有制结构两个层面推进的资源型国有企业深化改革，是实现企业转型发展的路径选择。在此基础上，还应从政府职能转型与完善市场机制两个层面采取措施，加快推进国有资源型企业转型发展。

14.《逆全球化与中国开放发展道路再思考》

作者：戴翔、张二震

期刊：《经济学家》

刊期：2018 年第 1 期

开放发展道路的选择不仅取决于自身情况，也受制于外部环境。中国改革开放近 40 年来所取得的斐然成绩，不仅与中国选择了开放发展战略有关，更受益于前一轮经济全球化快速发展的良好外部环境。当前逆全球化思潮兴起，本质上是全球化红利在国家间和国家内分配失衡及全球治理失序的负面性，被世界经济周期作用放大的结果。目前，世界经济虽已进入长周期衰退阶段，但从错位发展角度看，前一轮产业革命为中国带来的开放发展红利尚未结束，中国面临着从以往全面摘取全球产业技术"低垂果实"向全面摘取"高悬果实"的重要机遇；新一轮产业革命和技术革命正处于孕育阶段，融入全球创新链中无疑有助于实现开拓性技术进步。不幸的是，上述战略机遇正面临着被"逆全球化"浪潮吞噬的风险。为有效化解可能的风险和挑战，需要秉持习近平总书记提出的"全球增长共赢链"开放发展理念，走出一条与世界互利共赢、和谐发展的开放格局新道路。

15. 《以人民为中心：中国特色社会主义政治经济学的根本立场》

作者：段学慧、程恩富

期刊：《福建论坛（人文社会科学版）》

刊期：2017 年第 12 期

立场问题是政治经济学的首要问题，其实质是阶级问题。在构建中国特色社会主义政治经济学的过程中，国际范围内的阶级斗争日趋激烈，我国社会主义初级阶段阶级和阶级矛盾依然存在，各种思潮泛滥，在这些情况下，立场问题显得尤其紧迫和重要。不是任何社会任何阶级都可以做到"以人民为中心"，"以人民为中心"是马克思主义的世界观和基本立场，是中国特色社会主义政治经济学的根本立场，其制度基础是生产资料公有制。人民是一个具体的历史的概念，人民内部存在多个阶级阶层，但是人民的主体始终是代表占绝大多数的劳动者阶级，马克思主义和无产阶级政党要始终把广大劳动人民的利益放在首位。"以人民为中心"确立了人民在生产关系中的主体地位，是解决社会主义基本矛盾、实现社会主义生产目的的需要，是社会主义初级阶段的必然选择。构建中国特色社会主义政治经济学要坚持人民立场，必须坚持唯物史观、科学的劳动价值论一元论、公有制的主体地位和阶级分析法这四个基本原则和底线。

16. 《论习近平新时代中国特色社会主义经济思想》

作者：邱乘光

期刊：《新疆师范大学学报（哲学社会科学版）》

刊期：2019 年第 1 期

习近平新时代中国特色社会主义经济思想是党的十八大以来以习近平

同志为核心的党中央推动我国经济发展实践的理论结晶。就其历史形成而言，"中国特色社会主义进入新时代"是这一思想形成的时代条件，"以马克思主义政治经济学为指导"是这一思想形成的理论依据，新时代"推动我国经济发展实践"是这一思想形成的实践基础。就其基本内涵而言，这一思想是以"新发展理念"为主要内容、以"七个坚持"为基本要求的，"新发展理念"和"七个坚持"是这一思想的基本内涵。就其地位意义而言，习近平新时代中国特色社会主义经济思想源于新时代中国特色社会主义经济发展的伟大实践，也必将随着新时代中国特色社会主义经济发展伟大实践的持续推进而不断丰富发展，并指引着新时代中国特色社会主义经济持续健康前行，不断开创新局面、跨上新台阶、创造新辉煌，同时也为解决人类发展问题贡献中国智慧和中国方案。

17.《马克思恩格斯对〈共产党宣言〉与时俱进的发展及其当代启示》

作者：丁堡骏

期刊：《马克思主义研究》

刊期：2018 年第 12 期

《共产党宣言》是马克思主义的奠基著作，第一次全面系统地阐述了科学社会主义的基本原理。当代马克思主义者必须要始终坚持和不断完善、发展这些基本理论和基本方法。此外，《共产党宣言》又是面对 1848 年欧洲革命为世界第一个共产党组织——共产主义者同盟成立而撰写的一部纲领，因而它包含了一些具体政策措施，有较强的现实针对性。在纪念《共产党宣言》发表 170 周年、纪念马克思诞辰 200 周年之际，马克思主义者首先要肯定《共产党宣言》所阐述的全新无产阶级的世界观和科学社会主义的基本理论。但是，无论是作为马克思主义基本理论阐述，还是作为共产主义者同盟面对 1848 年革命而做出的政策阐述，《共产党宣言》都必须要与时俱进。作为政策阐述，要随着共产党组织的发展变化和其所处的社会历史条件的变化而产生新的宣言。作为马克思主义基本理论和基本方法阐述的宣言，也要不断地向前发展。习近平新时代中国特色社会主义思想，是当代中国发展着的马克思主义，是实现两个一百年的奋斗目标、实现中华民族伟大复兴的中国梦的根本思想保证。

18.《供给侧结构性改革的马克思主义政治经济学分析》

作者：丁任重、李标

期刊：《中国经济问题》

刊期：2017 年第 1 期

马克思主义视角下，供给和需求具有同一性，需求决定供给，供给创造需求。基于此辩证关系，中共中央提出了供给侧结构性改革。这一提法与西方供给学派不是一回事，它超越并丰富了西方供给理论。二者存在显著的不同，主要表现在制度基础、政市关系与经济背景三个方面。我国经济发展的结构问题突出：既存在总需求不足与需求转移外溢并存的供需间不对称，也存在有效供给不足与相对过剩并存的供需内部不对称；三次产业结构有所优化，但改善的空间依然较大；传统产品供给过剩，以需求为核心、精益求精的新兴产品供给不足；供给端质量安全制度建设的滞后加剧了结构失衡。因此，供给侧结构性改革的关键与核心是优化经济结构。要加快推进供给侧结构性改革，应树立正确的宏观调控，需求与供给两侧同时发力；做好加减乘除法，优化经济结构；正视投资与转型的关系，增投资与调结构并举；多角度推进科技创新，全力培育供给新优势；以多元化改革为抓手，优化供给端的制度环境。

19.《数字资本主义的兴起及其引发的社会变革——兼论社会主义中国如何发展数字经济》

作者：丁晓钦、柴巧燕

期刊：《毛泽东邓小平理论研究》

刊期：2020 年第 6 期

20 世纪末兴起的数字资本主义深刻改变了资本主义世界的消费方式、

就业方式、生产组织方式和投资方式。数字资本主义似乎异军突起，但早在 20 世纪 90 年代初，以互联网为依托的信息技术革命就带来了"新经济"的迷思。而 2000 年的互联网泡沫和 2008 年的世界金融危机，又证明了数字资本主义仍然无法使资本主义摆脱危机。资本主义只是以一种更加深入、广泛和隐蔽的方式进行剥削和积累。进入新时代，社会主义中国的经济建设要善于利用数字经济平台，坚持以人民为中心，发展由全体人民共建、共享、共治的数字经济，用更现代化的数字治理能力、更高质量的数字经济发展，不断满足全体人民日益增长的美好生活需要。当前，世界面临百年未有之大变局，需要我们站在新的历史高度，认清数字资本主义给人们的生活生产方式带来的变化，科学合理地加强数字治理，高质高效地发展数字经济，以推动我国社会主义经济建设迈上一个新的台阶。

20.《国内国际双循环新发展格局：历史溯源、逻辑阐释与政策导向》

作者：董志勇、李成明

期刊：《中共中央党校（国家行政学院）学报》

刊期：2020 年第 5 期

面对国内社会主要矛盾的变化和国际不确定性增加，我国适时提出了构建国内国际双循环新发展格局。双循环虽然是一个新概念，但并不是一个临时创造的概念。中国发展格局的确定是国内经济条件和国际经济环境共同决定的，是中国寻求实现工业化过程中基于国内发展需要和国际形势变化作出的战略选择。在双循环中，国内大循环与国际大循环是辩证统一的，畅通国内大循环是双循环的前提，而畅通国际大循环则是双循环的支撑和保障。我国正处在全面深化改革和全方位对外开放的关键期，要以长期全局视角认识双循环的自主性和必然性，加快推进形成新发展格局。一方面，重点畅通国内大循环，以供给侧结构性改革为重点推进国内经济充分平衡发展；另一方面，稳步推进国际大循环，以规则制度型开放为重点推动构建更高层次的开放型经济。从长远看，我国应积极推进构建人类命运共同体，以新的基于规则的国际治理为重点建设开放型世界经济。

21.《论建设中国特色社会主义政治经济学为何和如何借用西方经济学》

作者：方福前

期刊：《经济研究》

刊期：2019 年第 5 期

随着资本主义市场经济兴起而产生的西方经济学，出生伊始便具有二重性：为资本主义市场经济制度提供理论支柱的辩护性和揭示资本主义市场经济内在联系和运行规律的科学性。19 世纪 30 年代以后这种辩护性又演变成庸俗性。20 世纪 30 年代以来的现代西方主流经济学主要是在资本主义制度不变的假设前提下研究市场经济，这些研究成果许多是积极的、有益的。中国特色社会主义政治经济学在现阶段主要是中国社会主义市场经济学，它以马克思主义政治经济学为指导，扎根于中国改革开放和社会主义现代化建设伟大实践。根据理论的政治性色彩，西方经济学的理论可以划分为政治性的经济理论、主干性的经济理论和基础性的经济理论，通过对这三类理论相应地实施"剔除术""整形术"和"移植术"，吸收和融通其有益成分用于创建中国特色社会主义政治经济学，将会有益于中国特色社会主义政治经济学发展繁荣。

22.《基本经济制度是所有制关系、分配关系、交换关系的有机统一》

作者：方敏

期刊：《政治经济学评论》

刊期：2020 年第 2 期

《中共中央关于坚持和完善中国特色社会主义制度推进国家治理体系和治理能力现代化若干重大问题的决定》明确提出，公有制为主体、多种所有制经济共同发展，按劳分配为主体、多种分配方式并存，社会主义市场经济体制等社会主义基本经济制度，既体现了社会主义制度的优越性，又同我国社会主义初级阶段的社会生产力发展水平相适应，是党和人民的伟大创造。这一重要论断是马克思主义政治经济学在当代中国改革与发展实践中的具体运用，是中国特色社会主义政治经济学的一个重大理论命题。经济制度，不论其层次高低和涉及范围如何，都是关于人们的经济行为和经济利益的规定，属于生产关系的范畴。基本经济制度规定了社会中最核心的生产关系，包括最基本的所有制关系、分配关系和交换关系等。由所有制关系、分配关系、交换关系构成的基本经济制度，与我国社会主义初级阶段的社会生产力水平相适应，鲜明地体现了中国特色社会主义生产方式的基本特征。

23.《从"塘约经验"看乡村振兴战略的内生实施路径》

作者：冯道杰、程恩富

期刊：《中国社会科学院研究生院学报》

刊期：2018 年第 1 期

农业农村农民问题是关系国计民生的根本性问题，必须始终把解决好"三农"问题作为全党工作的重中之重。乡村振兴战略作为党的十九大提出的全面建成小康社会决胜期实施的重大战略之一，对于打好防范化解重大风险、精准脱贫、污染防治的攻坚战具有重要意义。当前，中国特色社会主义进入新时代，农村经济社会发展进入新阶段，"有分无统"的个体经营越来越难以适应新的发展要求，党的十九大做出实施乡村振兴战略的伟大部署。贵州省塘约村在党组织领导下，在确保农民群众当家做主的基础上，把村庄文化建设与经济发展统一起来，实现物质文明、精神文明齐头并进，实现了集体快速脱贫奔小康，走上共同富裕道路，为现阶段贯彻乡村振兴战略和实现邓小平关于农业的"第二个飞跃"思想，提供了成功的经验借鉴。

24. 《以人民为中心和以资本为中心：两种发展道路的比较——基于劳动价值论的若干思考》

作者：冯金华

期刊：《学术研究》

刊期：2020 年第 12 期

无论是当代资本主义，还是现阶段中国特色社会主义，实行的都是市场经济或商品经济，都要受到商品经济的基本规律——价值规律的支配和制约。但在不同的社会制度特别是不同的生产资料所有制下，同样的价值规律却会导致完全不同的结果。资本主义市场经济以资本为中心，生产目的是尽可能多地榨取剩余价值，具体表现为剩余价值的增长率总是大于而劳动力价值的增长率总是小于名义国内生产总值的增长率。社会主义市场经济以人民为中心，生产目的是"共同富裕"。在社会主义市场经济中，由于劳动者的个人利益和整体利益、当前利益和长远利益在根本上是一致的，故劳动力价值和剩余价值的增长率通常总是等于名义国内生产总值的增长率。本文首先根据价值规律的两个基本内容（即劳动决定价值和等价交换），讨论如何从商品价格出发，探索隐藏在其中的价值，然后根据价值与价格的关系，进一步确定资本主义经济中的剩余价值和剩余价值增长率，以及社会主义经济中的劳动力价值、劳动力价值增长率和劳动者收入增长率，从而说明以人民为中心和以资本为中心这两种发展道路的客观基础和根本区别。

25. 《人工智能的政治经济学批判》

作者：付文军

期刊：《内蒙古社会科学（汉文版）》

刊期：2019 年第 6 期

信息时代赋予我们一个新课题，即妥善处理好人与人工智能之间的关系。而要处理好人与人工智能的关系就要对人工智能有一个整体性的认知，要在对人工智能的本质和逻辑、积极效应和消极效应、远虑和近忧等问题进行批判性反思之后，再对其进行综合而理性的评判。作为信息时代的"新景观"，人工智能使"人是机器"的时代隐喻翻转过来而成了"机器是人"。究其本质，人工智能是以大数据为"原料"，以复杂计算为"运行方式"，以模仿人的智能为"特征"，以智能系统为"根基"，以达到求解问题答案之目的的"技术人工物"。在人工智能的现实应用中，技术和资本的"共谋"造成了"权力化""工具化"和"异化"等负面效应。应当善用人工智能，使其在物质财富的创造和精神境界的提升方面充分地展现其应有的潜力，从而为达到"自由王国"而不断努力。

26.《〈资本论〉视域下的供给侧结构性改革——基于马克思社会总资本再生产理论》

作者：盖凯程、冉梨

期刊：《财经科学》

刊期：2019 年第 8 期

改革开放以来，我国经济取得了举世瞩目的成绩，综合国力明显增强。然而，粗放式的发展方式使得经济运行出现一些深层次矛盾，这些矛盾集中体现在供给侧的结构性失衡方面。如何解决这一矛盾，习近平总书记指出要积极"推进供给侧结构性改革"。供给侧结构性改革不是供给经济学在中国的再现，而是结合我国经济新常态这一现状所提出的新观念、新思想。这是马克思主义中国化的最新成果，是基于对 40 年来改革发展规律、推动高质量发展的深刻认识，是适应、把握、引领新常态的理论指导，是中国特色社会主义政治经济学的重要内容。在《资本论》中，马克思社会总资本再生产理论充分阐述了在社会再生产过程中，供求平衡和结构均衡至关重要，也成为当前我国供给侧结构性改革的理论指导。本文运用其理论，从两大部类均衡的视角分析了我国经济目前存在的两类供需失衡，主张用改革的方法着眼于结构的调整和优化，通过实施提高供给体系质量、破除无效供给、培育新动能、强化科技创新、降低实体经济成本等措施，建立高水平和高质量的供需动态平衡体系。

27.《中国乡村振兴战略视域下的农民分化及其引申含义》

作者：高帆

期刊：《复旦学报（社会科学版）》

刊期：2018 年第 5 期

改革开放以来，中国的市场化体制转型不仅导致了经济总量的持续高速增长，而且伴随着经济系统中不同组成部分的结构发生动态变迁。作为世界上最大的发展中国家，中国长期以来存在着城乡之间的二元结构特征，在市场化体制转型背景下，导源于商品流动性的提高和要素再配置功能的增强，我国城乡两大部门的经济社会关系发生了深刻变化，这种变化同时伴随着农村内部不同成员的行为方式的转变。本文在辨析农民和农民分化概念的基础上，指出在经济学维度，要素配置方式是分析我国农民分化的恰当切入点。依据要素配置方式，可以将我国农民划分为传统农民、离乡农民、离土农民、内源式新型农民、外源式新型农民五种类型。这种类型分化是农民个体差异性与制度变革因素交互作用的结果，我国农民分化在优化资源配置的同时也加剧了农村内部的经济不平等。实施乡村振兴战略必须注意从农民分化中引申的理论和政策含义，在理论层面要形成耦合本土化特征的城乡关系分析框架，在实践层面要着力提高涉农政策的系统性、瞄准性和针对性。

28.《现代化经济体系八大横向核心子系统建设重点研究》

作者：高建昆

期刊：《经济纵横》

刊期：2018 年第 6 期

党的十九大报告提出了"贯彻新发展理念，建设现代化经济体系"的战略目标。以习近平新时代中国特色社会主义经济思想为指导，界定阐释现代化经济体系的基本内涵与核心要义，系统解析我国现代化经济体系建设中的关键问题，是以新发展理念推进现代化经济体系建设的客观要求。现代化经济体系是以高质量发展为基本运行特征的动态有机系统。我国现代化经济体系建设是一个复杂的系统工程。从纵向看，我国现代化经济体系的基本运行特征是以创新力和竞争力的不断增强为核心的高质量发展。其中，经济体系的竞争力以创新力为基础。从横向看，我国现代化经济体系包括产业体系、市场体系、收入分配体系、城乡区域发展体系、绿色发展体系、开放体系、资源配置体系和产权体系等不同层面的核心子系统。建设现代化经济体系，应从这些子系统的内在结构性特点出发进行系统推进。

29. 《当代中国阶层关系演化、经济增长影响及制度渊薮——基于积累的社会结构理论》

作者：甘梅霞

期刊：《浙江社会科学》

刊期：2017 年第 8 期

关于经济结构对经济增长的影响的研究，经济学提供了两个不同的研究视角：西方经济学强调以技术维度划分经济结构，如不同的要素禀赋结构、技术进步偏向和产业结构等，从而研究这些经济的技术结构对经济增长的影响；而马克思主义经济学以社会维度划分经济结构，如生产资料所有制结构、劳资分配结构等，从而突出经济的社会结构对经济增长的影响。本文基于积累的社会结构理论视角，研究了 1978—2013 年中国阶层关系的演化，并据此分为 SSA1 和 SSA2 两个阶段，发现 SSA2 阶段存在强资弱劳、低个人收入 - 高国家积累、财权与事权的错配、积累和投资主体错位、金融侵蚀产业资本利润、劳动分化问题。经过统计分析，发现 SSA2 阶段中国的劳资关系对经济增长由 SSA1 阶段中的促进作用转变为抑制作用，其他阶层关系对劳资关系的影响由不显著变为显著。制度原因包括国企改革、社会福利改革、大规模投资和城市化战略、金融垄断、劳动者福利二元化等。最后提出了政策建议。

30. 《社会主义基本经济制度的重大理论问题研究》

作者：葛扬

期刊：《经济学家》

刊期：2020 年第 10 期

新中国建立社会主义制度之后，我国经济学理论研究在马克思主义政治经济学指导下逐步展开，政治经济学成为我国主流经济学。1978 年 12 月党的十一届三中全会后，我国政治经济学理论研究伴随着改革开放不断深入取得了长足发展。党的十八大以来，我们党提出的中国特色社会主义政治经济学，标志着中国特色经济学的基本形成。中国特色社会主义政治经济学是我们党和人民集体智慧的结晶，我们在改革开放实践中开拓创新、与时俱进，创造性地发展了马克思主义政治经济学，尤其在社会主义所有制、分配制度和市场经济体制等基本理论问题上取得了重大突破：从单一公有制到公有制为主体、多种所有制经济共同发展的所有制；从平均主义分配制度到按劳分配为主体、多种分配方式并存的分配制度；从计划经济体制到市场经济体制。政治经济学中这些基本理论问题的重大突破，有力地推动了我国改革开放不断深入和国民经济快速发展，是我国改革开放实践经验的总结提炼，是中国特色社会主义政治经济学的重要理论成果。

31. 《数字经济发展的理论逻辑与现实路径研究》

作者：龚晓莺、杨柔

期刊：《当代经济研究》

刊期：2021 年第 1 期

生产力与生产关系的矛盾运动是人类社会不断发展的根本动力。生产力的变化首先表现在技术进步上，生产力的发展带来生产关系的变革，从而形成新的经济形态。数字经济作为继原始经济、农业经济、工业经济后的新经济形态，其产生与发展必然符合这一理论逻辑。基于这一数字经济发展的理论逻辑，从数字生产（环节）关系、数字交换关系、数字分配关系、数字消费关系对我国数字经济发展的现实路径展开分析更符合马克思的理论逻辑。数字生产力与数字生产关系的不协调发展是当前制约我国数字经济发展的根源，数字生产（环节）关系、数字交换关系、数字分配关系和数字消费关系中存在的突出矛盾构成了制约我国数字经济进一步发展的瓶颈。为此，应采取以下措施破除制约我国数字经济发展的瓶颈：加速数字技术自主创新，加快传统产业数字化转型，完善数字劳动相关法律法规；促进数字分配更为公平，缩小我国数字鸿沟；破除数字交换的数据孤岛与数据烟囱现象；拓展居民数字消费空间，引导正确数字消费观。

32.《习近平新时代中国特色社会主义经济思想与"系统化的经济学说"的开拓》

作者：顾海良

期刊：《马克思主义与现实》

刊期：2018 年第 5 期

2015 年 11 月，习近平总书记在主题为"不断开拓当代中国马克思主义政治经济学新境界"的讲话中，对中国特色"系统化的经济学说"发展的历史背景和社会根源及其实践基础和基本特征、时代意义和思想境界等问题作了阐释。党的十八大以来，中国特色"系统化的经济学说"的发展，是以"进行第二次结合"即马克思主义政治经济学基本原理与当代中国实际相结合为基本特征和学理依循，以解放和发展生产力为根本指向和重大原则，以新发展理念为主导理念和主要内容的。对中国特色"系统化的经济学说"，习近平新时代经济思想作过两次重要概括。这两次概括交相辉映、结为一体，开拓了中国特色"系统化的经济学说"探索的新境界。党的十九大之后，以现代化经济体系建设为新课题，习近平新时代中国特色社会主义经济思想对"系统化的经济学说"作了新的探索。

33.《新发展理念的新时代政治经济学意义》

作者：顾海良

期刊：《经济研究》

刊期：2017 年第 11 期

在党的十九大报告中，习近平总书记对新时代中国特色社会主义思想的系统阐述，包含着新时代中国特色政治经济学的多方面的重要理论观点，特别是在新发展理念的新时代意蕴上作出多方面的新的论述，极大地拓展了新发展理念的中国特色政治经济学的意蕴。新发展理念的新时代政治经济学意义主要包括：第一，新发展理念是习近平新时代中国特色社会主义思想中政治经济学的标志性成果；第二，新发展理念是党的十八大以来中国特色社会主义历史性变革的重要指导原则；第三，新发展理念是正确处理和解决社会主义社会主要矛盾的根本方法和路径；第四，新发展理念是新时代中国特色社会主义思想根本要义和基本方略的重要组成部分；第五，新发展理念是新时代中国特色社会主义现代化经济体系建设的重要指导原则；第六，新发展理念在新时代"建设现代经济体系"中将发挥主导和引导作用；第七，新发展理念还是新时代不断提高党的执政能力和领导水平的重要方面；第八，新发展理念作为习近平新时代中国特色社会主义思想的重要内涵，不仅在中国特色社会主义全面发展上有着重要的意义，而且在世界发展问题的探索上也有着重要的意义。

34.《基本经济制度新概括与中国特色社会主义政治经济学新发展》

作者：顾海良

期刊：《毛泽东邓小平理论研究》

刊期：2020 年第 1 期

马克思主义认为，从总体上看，社会基本经济制度具有显著的历史规定性，在内涵上具有生产关系、分配关系以及与之相适应的经济运行体制规定性。党的十九届四中全会对社会基本经济制度的新概括，是以中国社会主义初级阶段社会经济关系为基本事实，以改革开放以来特别是党的十八大以来中国特色社会主义经济关系发展为实践过程，以马克思主义政治经济学基本理论的当代发展为思想指导的。习近平新时代中国特色社会主义经济思想对中国特色社会主义基本经济制度规定性的探索，已呈现思想先觉，已开创理论先河。党的十九届四中全会对基本经济制度的新概括，对于中国特色社会主义政治经济学来说，无论在"系统化的经济学说"还是在"理性概括"上都具有重要意义。

35.《回到马克思：对生产力——生产方式——生产关系原理再解读》

作者：郭冠清

期刊：《当代经济研究》

刊期：2020 年第 3 期

对于社会发展究竟是否存在"生产力——生产方式——生产关系"原理，学术界分歧依然严重。除了对"生产力——生产关系"原理的认知根深蒂固的原因，分歧的主要原因之一是对马克思的手稿、书信和著作寻章摘句的论述方法，不足以使反对者信服，因为反对者同样可以找到反证，这些反证不仅在马克思 1846 年 12 月 28 日致安年科夫的信中存在，在《哲学的贫困》中存在，而且在《政治经济学批判》（1861—1863 年手稿）、《资本论》中同样存在。《马克思恩格斯全集》历史考证版（MEGA2）的"全面性、完整性、客观性、过程性"特征为重新解读"生产力——生产方式——生产关系"原理创造了条件。摒弃先入为主的错误观念，通过考证不难发现，唯物史观核心命题"生产力——生产方式——生产关系"贯串从《德意志意识形态》手稿到《资本论》的始终。正确理解关键范畴"生产方式"不仅可以消除"反证"问题，而且也助于从"生产力决定论"中走出来。重新解读的"生产力——生产方式——生产关系"原理为新时代中国特色社会主义市场经济建设提供了方法论指导。

36.《从经济学的价值属性看中国特色社会主义政治经济学的国家主体性》

作者：郭冠清

期刊：《经济纵横》

刊期：2019 年第 7 期

在西方主流经济学和"苏联模式"社会主义政治经济学"超越国界"的共同影响下，我国的政治经济学教科书中几乎找不到"国家"的影子，"国家"成了一个被长期掩盖或忽视的重大命题。虽然新出版的中国特色社会主义政治经济学相关著作注入了一些中国的要素，但从已有的文献看，也未将国家作为一个主体去研究。因此，本文从经济学的价值属性视角，结合经济思想史和经济史，对西方主流经济学对国家主体掩盖的本质进行了揭露，对传统社会主义政治经济学对国家主体忽视的潜在原因和隐藏的动机进行了分析，对比较优势理论进行了批判，并对被误读的李斯特的国民经济学的理论和实践价值进行了研究，最后在重新解读唯物史观的基础上，提出以唯物史观为方法论基础，借鉴和吸收国民经济学的工具属性的成果，以"国家"为重要独立变量，构建中国特色社会主义政治经济学。

37.《习近平新时代中国特色社会主义经济思想的源流和主线》

作者：韩保江、王佳宁

期刊：《改革》

刊期：2018 年第 3 期

习近平新时代中国特色社会主义经济思想是中国特色社会主义政治经济学的最新成果，是党和国家十分宝贵的精神财富，必须长期坚持、不断丰富发展。深入系统地研究习近平新时代中国特色社会主义经济思想形成的实践基础、理论渊源，全面把握其科学内涵和理论特色，对于学好、用好习近平新时代中国特色社会主义经济思想，具有重要的理论价值和现实意义。从理论渊源来看，它不仅充分继承了马克思主义政治经济学的立场、观点和方法，而且充分继承了中国特色社会主义经济发展思想，同时注意吸收了中国优秀传统文化和当代西方经济学中的有益成果。从科学内涵来看，它是涵盖了"一个新发展理念"和"七个坚持"的有机整体。习近平新时代中国特色社会主义经济思想需要在决胜全面建成小康社会和全面建设现代化强国新实践中坚持和发展。

38.《中国特色社会主义政治经济学对西方经济学理论的借鉴与超越——学习习近平总书记关于中国特色社会主义政治经济学的论述》

作者：韩保江、张慧君

期刊：《管理世界》

刊期：2017 年第 7 期

坚持和发展中国特色社会主义政治经济学，要以马克思主义政治经济学为指导，同时借鉴西方经济学的有益成分。西方经济学中的市场经济理论、现代产权理论、政府干预理论、经济增长与发展理论、收入分配理论、国际经济理论等，在一定程度上对于我们研究中国改革发展以及社会主义市场经济的建立和完善具有重要借鉴意义。在借鉴西方经济学的过程中，我们也要坚决摒弃其庸俗成分，避免照搬照抄，关键是紧密结合中国实际，具有敏锐的中国问题意识，聚焦中国改革和发展的重大理论和现实问题，着力提出能够体现中国立场、中国智慧、中国价值的理念、主张、方案。只有在比较、对照、批判、吸收、升华的基础上，才能真正构建起科学的中国特色社会主义政治经济学理论体系。

39.《宅基地"三权分置"的权能困境与实现》

作者：韩文龙、谢璐

期刊：《农业经济问题》

刊期：2018 年第 5 期

长期以来，中国农村居民的宅基地具有保障农民基本居住需求和维护农村社会稳定的功能。随着工业化和城市化的发展，一方面，大量农村居民进城务工甚至部分农村居民落户城市，农村出现了大量闲置宅基地和农房，造成了资源浪费；另一方面，城市化过程中对土地要素的需求越来越大，城市国有土地供给已经出现了瓶颈。制度变迁是解决"三农"问题的关键。宅基地"三权分置"既要从理论上厘清所有权、资格权和使用权权能边界、内涵及相互关系，也要从实践中探索各项权能的实现机制。宅基地"三权分置"面临着所有权主体虚置和处分权缺失、资格权界定和退出机制不健全、使用权流转范围受限等权能困境。落实所有权需要实现所有权主体一元化和所有权主体法律化，还权赋能、给予所有权主体一定的处分权；稳定资格权需要严格界定资格权的取得范围，探索宅基地资格权有偿退出机制；放活使用权应该允许宅基地使用权在单个"农民集体"和多个"农民集体"内部流转、租赁和入股，允许农民在宅基地上建房自住或营商，探索闲置宅基地直接入市的实现机制和风险防范机制。

40.《人类文明形态变革与中国式现代化道路》

作者：韩喜平、郝婧智

期刊：《当代世界与社会主义》

刊期：2021 年第 4 期

人类社会的进步过程就是人类文明的演进过程。各个国家在现代化进程中对发展道路的甄选加速了人类文明形态的变革，深刻影响着处于人类文明形态之中的社会发展走向与个体存在方式。近现代以来，人类文明形态的历史演进与各国对现代化道路的甄选紧密相关，相较于资本逻辑下对人与社会存在发展的禁锢，中国式现代化道路的探索、确立、发展从目标旨趣、发展理念、原则方法等方面展示出了"新"意，丰富了现代化理念与实践，打破了西方现代化道路对人类文明形态 200 余年的垄断，实现了对人类文明形态的变革。中国式现代化道路落实以人民为中心的发展思想，探索人类的自由解放，从人与自身、人与人、人与社会、人与自然、人与世界关系等多种角度，不仅实现了人口规模最大的现代化，而且以共同富裕、两个文明、绿色发展、和平道路等根本特质，赋予人类文明新形态。

41.《习近平新时代绿色发展的理论创新研究》

作者：何爱平、李雪娇、邓金钱

期刊：《经济学家》

刊期：2018 年第 6 期

绿色发展就是要解决好人与自然的和谐共生问题。人民对美好生活的需求离不开优质的生态产品和优美的生活环境，同时生态资源和自然环境的双重约束也使得我国的经济发展面临瓶颈，要实现经济从高增长向高质量的转化，必须坚持绿色发展理念。绿色发展理念旨在解决人与自然的和谐共生问题，是新时代建设美丽中国的行动指南，也为世界范围内解决生态环境问题提供了中国方案。从生产力角度看，新时代下治理环境就是解放生产力，改善环境就是发展生产力，保护环境就是保护生产力，因此绿色发展理念继承和发展了马克思的生产力理论，是马克思主义政治经济学时代化和中国化的新成果。从生产关系角度看，社会主义生产关系的先进性决定了在面临资源环境瓶颈的当代中国必须要推进绿色发展，这也是保持和发展社会主义生产关系先进性的现实需要，因此绿色发展理念拓展了社会主义生产关系理论，是对中国特色社会主义政治经济学的丰富和发展。

42.《社会主义公有制是建设现代化经济体系实现高质量发展的基础》

作者：何干强

期刊：《西部论坛》

刊期：2019 年第 3 期

科学地研究中国建设现代化经济体系和高质量发展，必须以唯物史观为指导，高度重视它们与巩固和发展社会主义公有制之间的内在联系。现代化经济体系是现时代的先进生产方式体系，包含与先进社会生产力相适应的社会生产关系，因此，建设现代化经济体系，必须建立和完善社会主义的生产关系，消除现代发达资本主义经济体系的固有弊病。经济的高质量发展是建设现代化经济体系的内在要求，不但要遵循社会生产力起决定性作用的规律，增强我国经济质量优势；还要遵循社会生产关系对社会生产力的发展起反作用的规律，巩固和发展以生产资料公有制为基础的社会主义制度，促进社会生产关系高质量发展。在现实经济中，目前我国公有制经济比重显著降低，非公有制经济比重显著上升，为此，建议把巩固和发展公有制经济作为坚持社会主义基本经济制度的重点，引导非公有制经济走社会主义道路，从整体上振兴国有经济，引导农村集体经济实现"第二个飞跃"。

43.《唯物史观视角下马克思所有制理论的科学内涵及其当代价值研究——兼评"取消所有制分类"等错误观点》

作者：何召鹏

期刊：《政治经济学评论》

刊期：2019 年第 4 期

生产资料所有制是生产关系的基础，决定经济社会制度的性质，因此，所有制问题在理论上和实践上都非常值得关注。在唯物史观视角下，生产过程中产生的作为"法律用语"的所有权和其他权利，是建立在作为经济关系的生产资料所有制基础之上的。生产资料所有制的内涵不是孤立的生产资料所有权的归属关系，还和生产资料与劳动者结合的社会方式紧密联系。生产资料所有制的性质由生产资料与劳动者结合的社会方式决定。根据所有制理论，国有企业深化改革应当坚持社会主义公有制的内在要求，使劳动者真正作为国家和企业的主人与归全民所有的生产资料相结合。同时，应当从马克思所有制理论出发，认清"取消所有制分类"等错误观点的本质，厘清国有企业深化改革的方向和思路，使国有企业真正做强做优做大，成为中国特色社会主义经济和社会建设的坚实根基。

44.《建设现代化经济体系，增强我国经济创新力和竞争力》

作者：何自力、乔晓楠

期刊：《马克思主义研究》

刊期：2017 年第 12 期

习近平总书记在党的十九大报告中提出建设现代化经济体系，这是对新时代中国特色社会主义经济建设提出的新要求新任务，具有十分重要的理论意义和重大战略意义。建设现代化经济体系的主要内容包括以下几点：第一，建设现代化经济体系的目的是解决新时代社会的主要矛盾；第二，建设现代化经济体系的根本任务是实现由数量型增长转变为质量型增长；第三，建设现代化经济体系的着力点是强化实体经济；第四，建设现代化经济体系的方针是提高经济的质量和效益，重点是强化实体经济，目标是实现创新驱动发展，而完善的社会主义市场经济体制是制度保证。建设现代化经济体系是新时代全面推进社会主义现代化强国建设的重大战略决策，是习近平新时代中国特色社会主义思想的重要组成部分，我们要深刻领会建设现代化经济体系的科学内涵和战略意义。

45. 《改革开放 40 年中国经济发展模式形成的基本经验》

作者：何自力

期刊：《政治经济学评论》

刊期：2018 年第 6 期

1978 年召开的党的十一届三中全会开启了我国改革开放的历史征程，40 年来，党领导全国人民高举中国特色社会主义伟大旗帜，不懈奋斗，努力进取，克服艰难险阻，越过急流险滩，经济建设取得了伟大成就，形成了富有中国特色的经济发展模式。中国经济发展模式是中国实现社会主义现代化的理论、制度、体制、政策的总和，中国经济发展模式是中国共产党团结带领全体人民把马克思主义基本原理与中国实际相结合，总结、吸取苏联和东欧国家进行社会主义建设的经验和教训，经过不懈努力形成的。在推进中国特色社会主义经济建设实践中，我们党依据历史唯物主义揭示的社会发展基本规律，确立了一系列根本原则，积极探索和处理诸如科学社会主义与中国特色社会主义、党的集中统一领导与发挥各方面积极性、公有制与非公有制等重大关系，走出了一条中国特色社会主义经济建设和发展道路，丰富和发展了马克思主义的科学社会主义理论。深入总结中国经济发展模式形成的经验，对于坚持和发展中国特色社会主义、开辟中国特色社会主义新境界、进一步取得经济建设新成就，具有十分重要的理论和实践意义。

46.《乡村振兴的学术脉络与时代逻辑：一个经济学视角》

作者：贺立龙

期刊：《四川大学学报（哲学社会科学版)》

刊期：2019 年第 5 期

农业与乡村研究的学术史表明，乡村振兴是现代城乡关系由分工对立到融合共生的演进结果，是人力资本投资、技术进步内生驱动的农业农村现代化，是以人为本发展思想的乡村实现。中国乡村振兴战略的实施，是脱贫攻坚成果在新时代的巩固、供给侧结构性改革在农业的落实、国家治理现代化在乡村的推进，关系到全面小康社会的建成、高质量发展与国家的长治久安。推进乡村产业培育与市场体系建设、农业科技创新与经济组织变革、集体所有制改革，有助于培育乡村振兴的经济动能，提升其战略实施成效。在决战脱贫攻坚、推进乡村振兴的交汇期，推动脱贫农户融入乡村产业振兴，既是农户现代化转型的内在需求，又能为乡村振兴提供主体支撑。从乡村产业与脱贫农户融合共生的经济性质出发，要提升农户的经营能力，优化机制设计，推进不同脱贫农户经营乡村产业链的适宜环节，切实推动高质量脱贫与乡村产业振兴有序衔接。

47.《改革开放以来发展理念和相应的经济发展理论的演进——兼论高质量发展的理论渊源》

作者：洪银兴

期刊：《经济学动态》

刊期：2019 年第 8 期

经济发展理论是中国特色经济学的重要组成部分。我国经济发展由高速增长转向高质量发展，是中国经济发展实践和发展理论演进的结果，符合量变到质变的发展规律。发展从邓小平提出是"硬道理"到习近平强调为"执政兴国第一要务"，意味着高质量发展的基础是发展。现代化是发展中国家的发展目标。现代化从"三步走"到"两个一百年"奋斗目标不仅表明了中国特色社会主义现代化的进程，也指出了高质量发展的目标：从科学发展观到新发展理念指出了高质量发展的内涵；从需求侧改革到供给侧结构性改革指出了实现高质量发展的基本路径；从对外开放到开放发展指出了经济全球化新背景下高质量发展的要求。研究经济发展思想的演进可以加深对习近平新时代中国特色社会主义经济思想的理解，同时成为建构系统的中国特色发展经济学的理论指导。

48.《中国特色社会主义政治经济学财富理论的探讨——基于马克思的财富理论的延展性思考》

作者：洪银兴

期刊：《经济研究》

刊期：2020 年第 5 期

中国特色社会主义政治经济学是解放、发展和保护生产力的系统性经济学说，与此相对应，需要把财富作为基本经济范畴，并且把财富分析贯串于中国特色社会主义政治经济学的始终，系统研究财富的生产、交换、分配和消费。马克思的经济学理论中既有价值论分析又有财富论分析，中国特色社会主义政治经济学中的财富理论可以从马克思的财富理论中得到滋养，并且财富概念不只具有马克思的一般规定，还能反映新时代社会主义的本质特征。生产力水平的财富评价的重要意义是寻求发展生产力的动力，尤其是资本和科技对提高生产力水平的决定性作用。劳动是创造价值的唯一源泉，但不能孤立地创造财富，需要同其他要素结合起来创造财富，由此产生全要素生产率思想。财富创造是劳动、土地、资本、技术、管理等要素集合的过程。财富分配是按照参与财富创造的要素所有者各自对财富创造的贡献进行分配，使各个要素所有者各尽其能，各得其所，实现各种创造财富的要素充分涌流。财富及财富分析既要系统地揭示马克思主义政治经济学中包含的丰富的财富理论，又要反映习近平新时代中国特色社会主义经济思想，由此构建当代中国马克思主义政治经济学的理论体系。

49.《进入新阶段后中国经济发展理论的重大创新》

作者：洪银兴

期刊：《中国工业经济》

刊期：2017 年第 5 期

中国的经济发展需要中国特色社会主义政治经济学来指导，经济发展理论包含在中国特色社会主义政治经济学之中。随着中国告别低收入发展阶段而进入中等收入发展阶段，发展理论出现一系列的创新。相应地，要根据新发展理念改变传统的经济发展观，其中包括：发展任务由摆脱贫困转向富裕人民；发展引擎由外需转向内需；拉动增长的"三驾马车"中的主拉动力由投资转向消费；释放活力的改革着力点由需求侧转向供给侧；经济增长所追求的原则由效率型转向包容型；经济发展路径由依靠物质资源投入转向创新驱动；经济发展战略由不平衡战略转向平衡战略；二元结构现代化路径由非农带动"三农"转向直面"三农"发展；中国在全球经济中的地位由以比较优势融入全球化转向以竞争优势主导全球化。

50.《新时代中国特色社会主义政治经济学的发展》

作者：洪远朋

期刊：《经济研究》

刊期：2017 年第 11 期

习近平同志关于经济理论的论述是新时代中国特色社会主义思想的重要组成部分，是当代马克思主义政治经济学的新发展。新时代中国特色社会主义政治经济学的发展主要包括以下几个方面：第一，建立新时代中国特色社会主义政治经济学是历史的使命，是党的使命；第二，以人民为中心的中国特色社会主义政治经济学尚未完成，这是历史和党交给经济理论工作者的一个光荣任务，有待经济理论工作者们努力完成；第三，新发展理念集中反映了我们党对社会经济发展规律认识的深化，是中国特色社会主义思想的又一次重大创新；第四，社会主义社会主要矛盾的转化是从中国社会经济实际出发做出的科学判断，是对当代中国特色社会主义政治经济学的新发展；第五，十九大报告根据我国近年来的社会政治经济情况，对把我国建成富强、民主、文明、和谐、美丽的社会主义现代化强国的进程做了新的调整。

51.《为什么用物质利益关系而不用生产关系——政治经济学研究对象的进一步讨论》

作者：侯风云

期刊：《河北经贸大学学报》

刊期：2017 年第 2 期

将政治经济学研究对象定义为"生产关系及其变化规律"，这不利于对政治经济学学科性质的理解。因为马克思之前的政治经济学、同时代的政治经济学以及之后的政治经济学都没有用这样的概念来界定政治经济学的研究对象，如果仍用"生产关系"进行界定，就使人们将马克思之外的政治经济学排除在政治经济学之外。事实上，上面列举的政治经济学都讨论了与马克思生产关系概念基本相类似的物质利益关系，讨论了不同的政策或制度下对不同人的物质利益的影响，进而说明对整个社会财富增进的影响，因此都具有政治经济学的性质。马克思的政治经济学就是研究资本主义社会的物质利益关系，广义而言是研究不同社会中的物质利益关系，因此用"物质利益关系"代替"生产关系"，一是可以使政治经济学一贯起来，凸显其学科性质；二是使人们对政治经济学的研究对象有一个明确把握，从而有利于政治经济学的发展和理论体系的构建。

52.《习近平新时代中国特色社会主义经济思想的历史维度与理论内涵》

作者：侯为民

期刊：《思想战线》

刊期：2018 年第 2 期

习近平新时代中国特色社会主义经济思想是历史新阶段下社会主义经济建设的系统化学说。习近平总书记在党的十九大报告中，对中国特色社会主义事业做了时代化、系统化、理论化的全面阐述，指出我国已经"形成了新时代中国特色社会主义思想"。2017 年 12 月中央经济工作会议又提出了"习近平新时代中国特色社会主义经济思想"这一新的论断。这是中国共产党坚持用历史唯物主义方法论对中国特色社会主义伟大实践的经验提炼，是从当前实际出发对中国未来中长期发展做出的科学判断，是新时期马克思主义中国化的又一次飞跃。理解和领会习近平新时代中国特色社会主义经济思想，需要从历史维度出发，立足于马克思主义时代观，科学把握其理论特质和丰富内涵。在历史维度上，它是对中国特色社会主义经济理论的拓展，是从中国经济新的事实材料中总结的科学结论，也是中国马克思主义时代观的集中体现。习近平新时代中国特色社会主义经济思想的主要理论内涵包括中国特色社会主义的最本质特征、完善基本经济制度、坚持五大发展理念、以人民为中心的思想、协同发挥市场和政府二者的作用、重视民生建设、建设现代化经济体系等方面。这些科学论述，为中国特色社会主义事业开辟新境界奠定了重要基础。

53.《"供给侧结构性改革"背景下我国金融业不良资产的"处置之道"》

作者：侯亚景、罗玉辉

期刊：《经济学家》

刊期：2017 年第 1 期

一直以来，理论界及金融业界将不良资产视为金融业健康发展的一大毒瘤，世界各国也将防控和处置金融业不良资产作为金融工作的重点。受 2008 年全球金融危机影响，我国金融业的不良资产率及不良资产规模面临"双升"压力。基于这种现实背景，本文首先从政治经济学和西方经济学的双重视角对不良资产的生成背景进行理论回顾：马克思在《资本论》中提出了"社会总资本的再生产和流通"理论，该理论将整个社会经济划分为"生产资料商品"和"生活资料商品"两大部类；西方经济学在研究不良资产方面，主要从微观视角入手，通过研究金融行为各方的交易动机、博弈结果及操作过程等来阐述不良资产产生的逻辑路线。其次从宏观、微观两个层面分析我国不良资产产生的具体原因，进而对不良资产的具体特征进行剖析。最后从政府、金融机构及社会三个方面提出了我国金融业不良资产的"处置之道"。

54.《中国特色社会主义政治经济学国家主体性的历史逻辑与思想史基础》

作者：胡怀国

期刊：《经济纵横》

刊期：2019 年第 7 期

政治经济学自诞生之日起，就有着鲜明的时代特征和政策指向。不论是国王与商业资本结盟、寻求边际突破的重商主义，还是借助于国家提供的安全、正义和秩序实现普遍分工和自由交易的古典经济学体系，抑或利用国家力量推进工业化的李斯特国家经济学说，以及立足"人是人的最高本质"、旨在实现每个人自由而全面发展的马克思主义政治经济学说，国家都是其中必不可少的关键环节。改革开放开辟了中国特色社会主义道路，确立了中国特色社会主义制度，形成了中国特色社会主义理论体系。中国特色社会主义政治经济学是中国特色社会主义理论体系的重要组成部分，同时也是马克思主义政治经济学尤其是社会主义政治经济学的重大创新性发展，必然同样会涉及国家主体性问题。

55.《改革开放 40 年中国所有制理论的创新和发展》

作者：胡家勇

期刊：《中州学刊》

刊期：2018 年第 5 期

改革开放 40 年来，马克思主义政治经济学中国化、时代化取得了重大成就，形成了中国特色社会主义政治经济学，所有制理论的突破和发展是其中的重要组成部分，本文结合改革开放 40 年以来的发展历程，探索我国所有制理论的创新与发展。改革开放初期，个体经济破土而出，在"铁板一块"的所有制结构上打开了一个缺口，从此中国所有制结构的演进便获得了内生动力和呈现自身的规律性。所有制理论的重大创新是提出了社会主义基本经济制度理论。社会主义基本经济制度是中国特色社会主义制度的重要支柱，是社会主义市场经济体制的根基。基于改革开放的生动实践，我们对公有制、非公有制、混合所有制经济等中国特色政治经济学基本范畴的认识不断深化，开始形成比较系统的中国特色社会主义所有制理论。

56.《"生活需要"的政治经济学分析》

作者：胡乐明

期刊：《马克思主义研究》

刊期：2019 年第 11 期

"生活需要"是历史唯物主义和马克思主义政治经济学的基本范畴，也是中国特色社会主义政治经济学的逻辑起点。马克思虽未清晰界定"生活需要"，但是却从不同角度讨论了生活需要的类别和体系，使"生活需要"范畴在马克思从事劳动价值理论、剩余价值理论以及危机理论研究时发挥着"隐秘的主要作用"。借鉴马克思的理路，我们从需要的主体、客体、层次及其可满足性等角度来划分生活需要的类型，具体讨论共同需要、个体需要、家庭需要及其满足方式，即政府、企业和家庭等制度安排的作用。中国特色社会主义政治经济学的理论构建，必须坚持历史唯物主义的基本原则，吸收西方经济学的科学成分，以"生活需要"为逻辑起点，沿着"生活过程—生活需要—生产过程"的逻辑线索，全面剖析人们的各类生活需要与各类生产组织和生产活动及其调节机制，揭示中国特色社会主义市场经济运行的一般规律。

57.《改革开放以来我国劳动报酬的变动分析——基于以人民为中心发展思想的视角》

作者：胡莹、郑礼肖

期刊：《经济学家》

刊期：2019 年第 7 期

改革开放以来，我国劳动报酬总量快速提升，但劳动报酬份额处于相对较低水平，并呈现出缓慢下降的趋势。全员劳动生产率的增长率与劳动报酬增长率基本保持一致，劳动报酬份额与资本所得份额基本呈现负相关关系。从马克思主义政治经济学的角度来看，劳动力价值内容的变化、所有制改革的影响、经济发展方式的转变以及相关的政策因素等都是造成我国劳动报酬现状的主要原因。提高劳动报酬的绝对值与比重是坚持以人民为中心发展思想的基本要求。为此，需要处理好经济增长与劳动报酬之间的关系、处理好劳动生产率与劳动报酬之间的关系、处理好资本所得与劳动报酬之间的关系，实现经济增长与居民收入的同步增长、劳动生产率与劳动报酬的同步提高。

58.《马克思超越古典政治经济学探赜——基于经济危机的视角》

作者：胡岳岷、胡慧欣、吴薇

期刊：《西北大学学报（哲学社会科学版）》

刊期：2020 年第 5 期

为创立无产阶级政治经济学，马克思对萨伊、西斯蒙第和李嘉图等人的资产阶级古典政治经济学进行了认真的研究和深刻的批判，并在批判中扬弃，在扬弃中超越，从而创立了超越古典经济学的马克思经济危机理论。科学区分经济危机的可能性与现实性，是马克思经济危机理论的逻辑起点；明确指认危机的周期性与必然性，是对资本主义经济危机事实本身的确认；经济危机的实质及根源，乃资本主义经济危机制度基因所致。经济危机产生的根源在于资本主义制度本身，要消灭经济危机就必须消灭资本主义制度。马克思几乎通读了大英博物馆所有馆藏的古典经济学著作，对古典经济学做了相当细致的梳理和比较全面的分析批判。在此基础上，创立了马克思主义政治经济学。马克思对资产阶级古典政治经济学的扬弃与超越是全面的。限于篇幅，本文仅从经济危机的视角，讨论马克思对资产阶级古典经济学的超越问题。

59.《试论中国特色社会主义政治经济学的理论创新方向——基于马克思政治经济学批判的分析》

作者：黄华、程承坪

期刊：《经济学家》

刊期：2017 年 6 月

中国特色社会主义政治经济学是马克思主义政治经济学的继承和发展，只有在把握马克思主义政治经济学精髓的基础上才能实现理论创新。马克思通过对资本主义社会以物质财富为中心、以资本逻辑为主轴、以私有制为基础、以自由市场为理念的批判，为中国特色社会主义政治经济学的创新发展提供了启示。因此，中国特色社会主义政治经济学的理论创新方向可以从以人本为中心、以劳动逻辑为主轴、以公有制为主体多种所有制共同发展为基础、以市场有效和政府有为为理念来探寻。从整体上来看，马克思主义政治经济学与中国特色社会主义政治经济学是"源"与"流"的关系。中国特色社会主义政治经济学不仅来源于马克思对资本主义批判所创设的政治经济学的基本理论，还来源于以马克思主义理论为指导的中国特色社会主义经济实践。但是，理论来源与理论创新方向是不同的。

60.《唯物史观论域中的分配正义及历史生成逻辑》

作者：黄建军

期刊：《中国社会科学》

刊期：2021 年第 8 期

分配正义并非仅指涉"得其应得"和"个人所有权"，也并非仅是一条抽象的法权原则。分配正义归根到底是特定历史阶段生产方式的反映，是基于历史唯物主义所指涉的"物质生产方式"的事实原则和规范性价值，它与不同历史阶段的所有制形式、财产关系直接相关。马克思揭示"人的依赖关系"阶段的劳动所有权关系，批判"物的依赖性"阶段的资本正义和个人所有权，目的是倡扬"真正共同体"的按需分配正义和通达人的自我实现。只有从历史唯物主义和政治经济学批判所开创的哲学视角和理论视域中，才能真正理解分配正义的历史生成逻辑。中国的分配制度延展了马克思分配正义的层级和结构，既牢牢把握按劳分配的主动权，又有效抑制"资本逻辑"的负效应，从而使分配正义展现出特定历史阶段中的积极效应。

61.《马克思恩格斯自由贸易思想及当代启示》

作者：黄瑾、王敢

期刊：《经济学家》

刊期：2020 年第 3 期

自由贸易和关税保护是一国通常采用的两种对外贸易政策。2008 年国际金融危机爆发后，全球贸易和投资增速低迷，一些国家保护主义抬头，逆全球化潮流不断涌现。在深刻揭穿自由贸易论者所散播的贸易自由可以提高工人工资、消除资本主义经济危机谬论的同时，马克思恩格斯辛辣讽刺了自由贸易论者以"自由"之名掩盖剥削雇佣工人和殖民地人民之实。他们还揭示了自由贸易与现代资本主义制度的关系，以及自由贸易背后的工业垄断优势。针对有人提出中国主张自由贸易、反对逆全球化是一种"错位"的质疑，既要坚持马克思恩格斯的自由贸易思想，又要联系中国经济发展已经发生变化了的历史与现实条件。本文基于马克思恩格斯的自由贸易思想，提出自由贸易是中国经济发展的有利条件，也是构建人类命运共同体的重要内容。只有把中国自己的事办好，增强中国的综合国力，自由贸易乃至对外开放才能行稳致远。

62.《在发展实践中推进经济理论创新》

作者：黄泰岩

期刊：《经济研究》

刊期：2017 年第 1 期

中国创造了世界经济发展史上的奇迹，使中国具备了构建中国特色社会主义经济理论体系的典型条件。从实践经验中，中国已总结提升出一些中国特色社会主义经济理论。但是，在中国进入中高收入阶段后，面对跨越"中等收入陷阱"的严峻挑战，照搬新自由主义经济学、发展经济学、经济增长理论等学说难以指导中国新的实践，因此，已有的中国特色社会主义经济理论也需要与时俱进。为破解发展新难题，中国提出了许多指导中国新实践的新理论，主要包括经济发展新常态、新理念、新动力、新路径和新政策等内容，并将该新理论与十八大以前形成的理论进行系统化结合，形成了中国特色社会主义经济理论的新体系。最后指出了新体系具有的理论价值、世界价值和实践价值。

63.《论坚持"以人民为中心"和"以经济建设为中心"两个指导方针的一致性》

作者：黄雯

期刊：《经济纵横》

刊期：2017 年第 12 期

以人民为中心的发展思想和以经济建设为中心的发展任务都是中国特

色社会主义思想不可或缺的重要内容。习近平总书记多次强调，"以经济建设为中心是兴国之要"，"我们追求的发展是造福人民的发展，我们追求的富裕是全体人民共同富裕"。但实践中一些人对这两个"中心"的关系存在认识上的疑惑，不理解为何两个"中心"可以并存，二者是否存在矛盾；同为"中心"，二者的地位有无差异，究竟哪个"中心"更重要。事实上，二者在历史的发展中一脉相承，均体现着唯物史观的根本观点，在马克思主义政治经济学中是目的和手段的关系，因此具有本质上的一致性。只有从历史和现实、理论和实践的结合上进行思考，才能正确认识"以人民为中心"和"以经济建设为中心"的关系，把握二者本质上的一致性。而在中国特色社会主义发展的新阶段，继续"牢牢把握我国发展的阶段性特征，牢牢把握人民群众对美好生活的向往"，恰恰需要从这两个"中心"本质一致性的准确把握出发。

64. 《防范化解金融风险的政治经济学研究》

作者：姬旭辉

期刊：《经济学家》

刊期：2019 年第 2 期

金融在资本流通和经济增长中发挥着"调节中枢"的重要功能，能够促进利润率的平均化、提高资本的利用效率，但是金融活动是不创造价值的非生产活动，经济的过度金融化会侵蚀经济中可用于积累的剩余价值总量。由于金融和虚拟资本相对独立的运动规律，虚拟资本的价格容易与现实资本价值相背离，并引发金融风险。金融部门的膨胀会从生产部门转移大量利润，从而减少可用于积累和扩大再生产的剩余价值，不利于经济增长。金融风险的系统性爆发还会严重影响和拖累实体经济的发展，导致宏观经济的不稳定性和脆弱性。在资本市场逐步扩大开放的趋势下，中国与国际的金融联系越来越密切，虽然目前系统性风险总体可控，但是局部金融风险正在积累，因此，必须加强对金融的监管和引导，促使金融服务于实体经济，严格控制经济过度金融化的趋势，防范化解金融风险。

65.《我国社会主要矛盾的变化与全面深化改革的纵深推进》

作者：季正聚、许可

期刊：《中共中央党校学报》

刊期：2018 年第 1 期

科学判断和清醒把握我国社会主要矛盾是我们党制定正确路线方针政策的重要前提。党的十九大对社会主义初级阶段的社会主要矛盾作出了新的判断。我国社会主要矛盾的变化是关系全局的历史性变化，对党和国家工作提出了许多新要求，其中，把全面深化改革向纵深推进就是一项重要任务。回顾十八大后五年来的改革历程，全面深化改革有序展开，改革措施有效落实，改革的重点领域和关键环节取得实质性进展，改革的主体框架得以确立，全面深化改革取得了重大突破。科学判断社会主要矛盾的变化具有历史性的重大意义，不仅为新时代中国特色社会主义的继续发展开拓了前进的道路，也为全面深化改革向纵深推进指明了前行的方向。在全面深化改革的进程中必须紧紧围绕社会主要矛盾，以发展中不平衡不充分的问题作为全面深化改革的突破口，以更大的勇气与智慧向纵深推进改革，满足人民对美好生活的需要。

66.《习近平以人民为中心的经济思想研究》

作者：纪志耿、祝林林

期刊：《改革与战略》

刊期：2017 年第 12 期

习近平在坚持马克思主义政治经济学的根本立场、总结历史经验以及把准时代脉搏的基础上，提出了以人民为中心的经济思想。这一思想是对马克思主义人民大众立场的坚持与发展，是对苏联社会主义建设、我国革命和社会主义建设以及社会主义发展的经验总结与借鉴，是对我国经济发展中的现实问题的回应。习近平以人民为中心的经济思想作为治国理政的核心思想有着丰富内容，其主要内容包括：以国有企业保值增值改革为突破口，夯实全体人民共享的经济基础；以供给侧结构性改革为突破口，满足人民不断升级的有效需求；以土地"三权"分置改革为突破口，构建农民增收的长效机制；以脱贫攻坚和精准扶贫为突破口，补齐全面建成小康社会的短板；以"四化"同步发展为突破口，提升人民获得感。贯彻落实习近平以人民为中心的经济思想，要立足我国基本国情，坚持和完善社会主义制度，坚持全面从严治党，大力发展社会主义生产力。

67.《贸易平衡、财政赤字与国内大循环经济发展战略》

作者：贾根良

期刊：《财经问题研究》

刊期：2020 年第 8 期

贸易平衡是认识"国内大循环为主体、国内国际双循环相互促进的新发展格局"的基本出发点。与人们的直觉相反，贸易平衡或略有逆差的发展模式不仅能够比贸易顺差创造更多的就业机会、增加更多的国民收入，而且也可以解决中国贸易顺差时代的国内通货膨胀问题。在从国际大循环向国内大循环的战略大转型中，财政赤字发挥着关键性作用，它不仅可以使过剩产品的价值在国内得到实现，而且还会将其转变为强大的生产力，实现充分就业与物价稳定的双重政策目标，极大地促进国内经济的繁荣并持续提高人民的生活水平。为了确保主权政府赤字开支的财政能力、解放财政生产力、发挥其作为国内大循环新引擎的巨大作用，中国必须保障财政主权即基础货币发行垄断权的完整性，建立起人民币基础货币发行的新机制。

68.《数字技术助力中国技术赶超：理论逻辑与政策取向》

作者：贾利军、陈恒烜

期刊：《政治经济学评论》

刊期：2021 年第 6 期

历史上的每一次重大科技创新和产业变革都为后进国家实现赶超提供了机会窗口，而一个完备的机会窗口存在两个不可分割的维度，即与技术动态性相关的技术窗口，以及与政策动态性相关的政策窗口，两者协同发力促成新技术与新政策范式的正反馈是国家实现跨越式发展的关键。从历史上看，19 世纪的美国正是抓住了当时完备的机会窗口实现了技术赶超和跨越式发展。当前以数字技术为基础的数字经济在为中国经济增长提供了新动能的同时，更为国家实现技术赶超提供了重要的机会窗口，而要放大这个机会窗口推动效应的关键是要实现技术体系与政策体系的协同演变。这就要求我们必须在新发展理念的指导下，将数字技术与产业政策视为一个整体纳入构建新发展格局的路径之中加以考量，通过数字经济的发展为助力构建新发展格局从而最终实现技术赶超提供切实可行的政策手段。

69. 《中国经济改革是在什么经济学指导下取得巨大成就的？——纪念中国改革开放 40 周年》

作者：简新华

期刊：《经济与管理研究》

刊期：2018 年第 10 期

一国的经济改革必然会以一定的经济学理论为基础，只有在正确的经济学理论的指导下才能取得成功。中国经济改革开放 40 年来，取得了举世公认的巨大成就，回顾总结和正确认识中国经济改革是在什么经济学指导下取得巨大成就的，对于进一步明确改革的社会主义方向和更加合理有效地全面深化改革，具有重要意义。马克思主义政治经济学没有过时，因为其中所包含的科学的商品经济基本原理和资本主义市场经济理论，依然是关于资本主义生产方式和资本主义市场经济的科学理论，而关于社会主义和共产主义的基本原理同样也没有过时。中国经济改革是参考借鉴而不是以西方经济学为指导，因为参考借鉴不等于指导，中国经济改革和发展中遇到的许多问题在西方经济学中找不到答案，以西方经济学为指导可能使中国经济改革和发展误入歧途。实践证明，中国经济改革是在中国特色社会主义政治经济学指导下取得巨大成就的，而且全面深化改革更需要中国特色社会主义政治经济学指导。

70.《中国高质量发展的测度：1978—2018》

作者：简新华、聂长飞

期刊：《经济学家》

刊期：2020 年第 6 期

改革开放以来，中国在经济增长数量方面创造了举世公认的"经济奇迹"。然而，在经济数量快速扩张的同时，也伴随着一系列的经济发展问题和矛盾，如资源利用率较低、环境污染严重，一般产能过剩、高端产能不足，城乡差距扩大、地区发展不平衡、财产和收入差距扩大等，经济发展质量问题得到了越来越多的关注和思考。习近平同志在党的十九大报告中做出"我国经济已由高速增长阶段转向高质量发展阶段"的重要判断，并在此后多次对高质量发展的含义、战略目标、动力机制、着力点、突破口、外部条件、制度保障等展开论述。高质量发展是新时代中国经济发展的基本要求，要切实有效推动高质量发展，必须准确衡量中国高质量发展的实际状况。本文从产品和服务质量、经济效益、社会效益、生态效益、经济运行状态 5 个方面构建高质量发展指标体系，运用熵权 TOPSIS 法测度并深入分析了中国 1978—2018 年的高质量发展状况。研究结果显示：（1）改革开放以来中国高质量发展指数稳步提升，年均增长率为 2.51%。（2）中国高质量发展 5 个子系统之间的耦合协调度不断提高，由 1978 年的 0.489 上升至 2018 年的 0.836。（3）中国高质量发展的扩张速度明显滞后于经济增长数量的扩张速度。

71.《建立解决相对贫困的长效机制》

作者：蒋永穆

期刊：《政治经济学评论》

刊期：2020 年第 2 期

消除贫困，消除两极分化，实现全体人民共同富裕，是中国共产党人持之以恒的价值追求。新中国成立 70 多年来，党和国家领导人带领全国人民艰苦探索，持续破解贫困难题，走出了中国特色的减贫道路。改革开放40 多年来，8 亿多人口实现脱贫；全球范围内每 100 人脱贫，就有 70 多人来自中国；党的十八大以来，贫困人口由 9899 万人减少到 600 多万人，连续 7 年每年减贫规模都在 1000 万人以上，相当于欧洲一个中等国家的人口规模。2020 年，我们即将消除绝对贫困，实现全面小康。在这样的关键节点，党的十九届四中全会的《公报》强调，"坚决打赢脱贫攻坚战，巩固脱贫攻坚成果，建立解决相对贫困的长效机制"。明确提出并着力建立解决相对贫困的长效机制，既是马克思主义贫困理论中国化的科学应用，又是对人类社会减贫规律的基本遵循，还是构建中国特色社会主义制度体系的重要制度安排。

72.《推动新时代农业合作化，需要发扬高举旗帜敢于担当的精神——烟台实践的启示》

作者：江宇、李玲、徐俊忠

期刊：《世界社会主义研究》

刊期：2021 年第 10 期

2017 年以来，烟台市在全市农村开展"党支部领办合作社"的创造性实践，走出了一条依靠党的领导推动农业合作化、实现乡村振兴的道路，在全国率先把发展壮大集体经济由"星星之火"引向燎原之势。为什么烟台能率先走出一条特色农业合作化道路并在全国产生一定影响？根本原因在于有一批牢固树立"四个意识"、坚定"四个自信"、做到"两个维护"、传承红色基因、敢举旗帜、担当作为的优秀干部。烟台的许多具体做法，包括市委组织部门主动作为、充分进行思想动员、广泛发动群众、巩固基层阵地、传承红色基因、注重干部队伍建设等，完整地体现了习近平总书记关于加强党的建设和乡村振兴的重要指示，是落实习近平新时代中国特色社会主义思想的重要地方样板。烟台的实践表明，党管农村工作是新时代农业合作化道路必须坚持的一条根本原则，党的领导是实现乡村振兴的根本保证。

73.《防止资本无序扩张　引导各类资本健康发展》

作者：江宇

期刊：《中国党政干部论坛》

刊期：2021 年第 11 期

马克思主义政治经济学认为，资本不仅是一种生产资料，而且是一种社会关系，一部分人依靠占有生产资料而无偿占有劳动者的剩余价值。不断追求增殖扩张是资本的天性，否则就会被淘汰，这同资本家主观意愿没有关系。2008 年以来的国际金融危机，其根源就是资本无序扩张。我国改革开放以来，非公有制经济迅速发展，在促进经济增长和改善人民生活方面发挥了不可或缺的作用。由于种种原因，一些领域也出现资本无序扩张的现象，导致了一些负面后果。2020 年 12 月中央政治局会议首次提出要反垄断和防止资本无序扩张，随后召开的中央经济工作会议又将其明确为 2021 年经济工作 8 项重点任务之一。资本无序扩张有什么危害？如何防止资本无序扩张？2021 年以来，以习近平同志为核心的党中央多次对防止资本无序扩张作出部署。既发挥资本在促进生产力方面的积极作用，又防止资本无序扩张，限制其消极作用，是我国社会主义制度的重要优势，也是关系坚持和发展中国特色社会主义的一个重大问题。

74.《生产结构、收入分配与宏观效率——一个马克思主义政治经济学的分析框架与经验研究》

作者：李帮喜、刘充、赵峰、黄阳华

期刊：《经济研究》

刊期：2019 年第 3 期

现有文献对收入分配调整、经济结构变动和宏观效率提升三者之间的关系鲜有系统性研究。本文将马克思的再生产图式拓展为由固定资本、一般性生产资料、消费资料组成的"马克思—斯拉法"型三部类结构表，并利用中国1987—2015年的投入产出表，刻画投资驱动型增长下收入分配与宏观效率之间的关系。文章测算了中国经济的工资—利润曲线，再根据实际与潜在收入分配结构之间的偏离度，评价了中国宏观效率提升的空间。结果表明，利润率出现了下降的趋势，符合马克思的理论预测；利润率的下降主要归因于外延式增长方式下固定资本投资快速增长引起的资本有机构成提高；对宏观经济效率的分析表明，在传统增长方式之下，改善宏观经济效率的空间极为有限，必须转变经济发展方式，打造经济增长新动能。

75.《中国特色社会主义政治经济学史研究的新阶段新使命》

作者：李家祥

期刊：《南开经济研究》

刊期：2019年第4期

回顾中国特色社会主义政治经济学史学科的发展历程，认清其进入新阶段的发展变化与历史使命，有益于从学说史的角度促进中国特色社会主义政治经济学的建设。从学科产生、发展的角度看，中国社会主义政治经济学史在我国已经大体经过了产生形成和稳步发展两个阶段，开辟了新兴研究领域，提升了研究层次质量，但与中国特色社会主义政治经济学建设的需要相比，其作用没有发挥到位。在中国特色社会主义政治经济学建设进入新时期之际，社会主义政治经济学史的研究也步入新阶段，在研究目标、原则、规模、方法等方面呈现新特点。为此要高度重视中国特色社会主义政治经济学史研究，把聚焦服务中国特色社会主义政治经济学建设作为自身研究的历史使命与核心任务，注重做到转变观念、打好基础、突出重点、搭建平台、拓宽视野。

76.《论中国特色社会主义政治经济学的逻辑主线和体系结构》

作者：李建平

期刊：《理论与评论》

刊期：2018 年第 4 期

中国特色社会主义政治经济学的逻辑主线，目前理论界已有不同的观点。基于分析经济学界关于中国特色社会主义政治经济学逻辑主线的多种观点，提出应把物质利益作为中国特色社会主义政治经济学的逻辑主线，并从马克思主义基本原理、政治经济学的根本立场、重视国家利益、我们所要构建的人类命运共同体也是利益共同体等方面进行论述。在学习和借鉴国内有关中国特色社会主义政治经济学多种教材和论著的基础上，提出中国特色社会主义政治经济学的体系结构应分为导论、本论、余论三大部分。导论概述中国特色社会主义政治经济学的若干基础理论问题，主要回答什么是中国特色社会主义政治经济学。本论论述中国特色社会主义政治经济学的基本内容，主要回答三大问题：一是社会主义市场经济何以可能？如何结合？二是中国经济奇迹是如何被创造出来的？要从政治经济学的角度回答中国道路的自信问题。三是中国经济在世界经济中的地位和作用。余论强调中国特色社会主义政治经济学以人民为中心的根本立场。

77.《虚拟经济背离与回归实体经济的政治经济学分析》

作者：李连波

期刊：《马克思主义研究》

刊期：2020 年第 3 期

金融化是虚拟经济脱离实体经济而过度发展的结果，传统的解释往往将之归因于实体经济利润率下降后过剩资本在金融领域寻找出路。这种解释主要从周期性而非长期性的视角来理解金融化，忽视了资本主义信用制度和金融创新的长期发展。资本主义虚拟资本积累本身就具有脱离实际资本积累的内在冲动。在资本主义信用制度中，虚拟积累独立于现实积累的可能性已经具有了现实性。同时，资本主义信用制度的发展催生了一个新的阶级，即食利者阶级，他们在特定条件下能够占据统治地位。从资本的概念本身来看，资本具有摆脱一切物质束缚而实现自由逐利的欲望，即通过自主化运动逐渐远离价值增殖的物质基础。然而，虚拟资本的过度积累最终会回归其货币基础与价值基础。

78.《明斯基的经济学研究方法论》

作者：李黎力

期刊：《当代经济研究》

刊期：2017 年第 6 期

"大衰退"之后明斯基经济思想的复兴，与其独特的研究方法论密切相关。秉承着方法为图景服务的方法论原则，为了研究自己所设想的复杂而不断演化的发达金融资本主义经济图景，明斯基从整体上采用了制度的、演化的和历史的分析方法，依靠深入实践的参与观察，运用文字语言的叙述性方法，以辩证的视角来捕捉和阐释。具体而言，针对图景当中的要素特征，明斯基遵循了一条宏观—微观—宏观的研究进路。首先从宏观着眼，运用非均衡分析法来讨论图景当中内在的非均衡力量和趋势，并运用现金流分析方法将该图景抽象成一个现金流网络，然后从广义理性行为模式出发，剖析微观经济主体的经济行为和现金箱状况，最后探讨其宏观上的金融不稳定效应。这些与主流截然不同的研究方法，在很大程度上导致明斯基思想长期被忽视和压制，但未来的经济学重建却亟须大力重视和发展明斯基思想。

79.《马克思主义基本原理和经典著作研究》

作者：李琼、余清霜

期刊：《政治经济学评论》

刊期：2021 年第 3 期

在中国特色社会主义进入新时代这一新的历史方位上，要构建中国特色社会主义政治经济学理论体系，必须坚持以马克思主义为指导，通过学习马克思主义经典著作，领悟马克思主义基本原理，掌握马克思主义学说体系，无疑具有十分重要的作用。再加上 2020 年是恩格斯诞辰 200 周年和列宁诞辰 150 周年，为了深刻缅怀恩格斯和列宁的历史功绩，深化对马克思主义基本理论和发展历程的认识，推动中国特色社会主义政治经济学研究，本年度学术界在马克思主义基本原理和经典著作学习研究方面，特别是恩格斯和列宁的政治经济学思想研究方面发表了大量研究成果。2020 年理论界的研究依旧是围绕《资本论》中的基本原理与方法及其当代应用与价值、手稿文本等方面展开，虽然研究成果在数量方面比上年有所减少，但也取得了较好的研究进展。我国政治经济学学术界深入探讨并全面总结了恩格斯对发展和捍卫马克思主义政治经济学所作出的重大贡献，论述了列宁对马克思主义的主要贡献，系统梳理了恩格斯的论述和思想，阐释了马克思列宁主义对中国革命、建设和改革事业的指导意义。

80. 《利润率趋向下降规律新一轮争论的数理与经验考察》

作者：李亚伟

期刊：《海派经济学》

刊期：2018 年第 1 期

德国学者海因里希对利润率趋向下降规律的否定，引发了围绕此规律的新一轮争论。此轮争论有两个焦点问题，一个是资本构成和剩余价值率的共同作用是否会造成一般利润率趋向下降，另一个是能否以及如何对一般利润率进行经验考察。因无法推断剩余价值率增速和资本构成增速的确定关系而否定利润率趋向下降规律，是对马克思的误解。一般利润率的长期变动空间其实只取决于资本物化构成（生产资料的价值与活劳动创造的价值之比），不受剩余价值率的影响。资本物化构成随着劳动生产力水平的发展而提高，一般利润率的变动空间也随之而不断地被压缩。第二次世界大战后美国经济的经验事实表明，即使在剩余价值率增速超过资本构成增速时，一般利润率依然有可能呈现出下降趋势。

81. 《数据作为生产要素参与分配的政治经济学分析》

作者：李政、周希祯

期刊：《学习与探索》

刊期：2020 年第 1 期

党的十九届四中全会首次明确提出"数据"作为生产要素参与分配，是马克思主义政治经济学的重大理论创新，对我国经济实现创新驱动与高质量发展，特别是加快数字经济、智能经济发展具有十分重要的意义。随着科技进步和生产力发展，"数据"已成为日益重要的经济资源和生产资料，数据的生产和开放利用、数据相关技术及产业创新成为包括我国在内的全球经济发展的重要驱动力。我国数字经济及大数据相关产业发展正在由并跑变为领跑，未来发展空间巨大，因而数据作为生产要素参与分配具有必然性和必要性。数据作为一种特殊生产要素和国家基础性战略资源参与分配要遵循马克思主义政治经济学原理和"以按劳分配为主体，多种分配方式并存"的分配原则，市场在数据资源配置中起决定性作用的同时，政府要更好地发挥调控与监管作用。为此，要进一步完善和健全由数据要素市场决定的数据所有者和开发者报酬机制。当前，在数据作为生产要素参与分配的实践中，要尤其注意数据的权属、数据的利用和保护、数据的科学分类以及数据交易机制等问题，在建立好相应的法律法规的基础上，使数据要素在未来中国经济创新驱动和高质量发展中发挥最大的功用和价值。

82. 《新时代真的需要"消灭私有制"？——纪念马克思恩格斯〈共产党宣言〉发表 170 周年》

作者：李正图

期刊：《人文杂志》

刊期：2018 年第 11 期

本文从中国特色社会主义基本经济制度理论出发，围绕周新城《共产党人可以把自己的理论概括为一句话：消灭私有制》一文提出的观点，分析了"私有制万岁""消灭私有制""消灭公有制"等理论上的错误，本文完全同意"编者按"的看法且认为：应当明确反对上述思潮，因为上述思潮都与习近平新时代中国特色社会主义思想相悖，提出了正确运用"共产党人可以把自己的理论概括为一句话"的理论方法，回顾了马克思主义活的灵魂这一历史唯物主义原理的形成和运用的过程。新时代中国特色社会主义思想是马克思主义与中国实践相结合的新思想，是马克思主义"活的灵魂"原理的运用。在新时代，既要反对"消灭私有制"，也要反对"私有制万岁"，更要反对"消灭公有制"，要坚持以公有制为主体多种所有制经济共同发展的中国特色社会主义基本经济制度。

83. 《新结构经济学视角下的国有企业改革》

作者：林毅夫

期刊：《社会科学战线》

刊期：2019 年第 1 期

新结构经济学立足于中国及其他发展中国家的发展经验，以马克思历史唯物主义为指导，运用新古典经济学的研究方法，强调经济结构的内生性，以达到"认识世界、改造世界"的统一，实现"知成一体"的学术研究目标，并逐渐引领发展经济学的新思潮。新结构经济学认为，一个经济体应根据每一时点上给定的、可随时间变化的禀赋和禀赋结构所决定的比较优势来投资产业。首先，文章基于新结构经济学视角对改革开放 40 年来国有企业改革的各个阶段进行了回顾与反思，同时归纳了国有企业改革各阶段的特点。其次，文章解释了国有企业所承担的战略性政策负担和社会性政策负担是其效率低下和预算受约束的根源。最后，根据中国国有企业的改革现状，对进一步深化国有企业改革提出了相应的政策性建议。

84. 《我国供给侧结构性改革总体关系域的历史向度》

作者：刘爱文

期刊：《当代财经》

刊期：2018 年第 8 期

"供给侧结构性改革"概念第一次出现在我国经济生活中，就立即在全社会引起了热议。主流经济学家积极跟进，他们试图将西方供给学派作为我国供给侧结构性改革的工作原型，进而用供给学派思想对其进行诠释，鼓吹市场主导和政府退出，诸如给资本和富人减税、削减政府支出等，这就在一定程度上造成了对我国供给侧结构性改革的认知混乱。如何正确理解我国供给侧结构性改革对于继续推进中国特色社会主义事业具有里程碑式的意义。按照两点论和重点论的辩证统一关系，我国供给侧结构性改革是总体关系导向的，既统筹生产力与生产关系、政府与市场等，又突出重点，目的是实现社会生产力可持续发展。生产力具有经济形态嵌入性，改革开放进程以及国内外经济形势的变化不断改变着经济形态总体关系特征，因此，这些制约生产力发展的总体关系具有强烈的历史指向。总体关系域的历史向度使得我国供给侧结构性改革既具有一般性，又具有特殊性。新自由主义经济学家罔顾中国当前所面临的世情国情，企图全盘照搬西方供给学派的思想，这将极大地误导我国供给侧结构性改革。

85. 《马克思关于收入分配的公平正义思想与中国特色社会主义实践探索》

作者：刘灿

期刊：《当代经济研究》

刊期：2018 年第 2 期

公平正义是马克思按劳分配思想的价值取向和基本原则。马克思认为公平分配原则和方式是客观的而不是主观的、抽象的，分配公平与否取决于它是否与一定历史阶段由生产力水平决定的生产方式及生产关系相适应。在中国特色社会主义收入分配制度的构建上，我们要选择的是这种制度与现阶段生产力发展、增进经济效率的内洽性。公平正义的权利结构和分配结构是我国收入分配制度改革的目标，也是构建社会主义和谐社会的基础。在此基础上，要建立起一种新的利益均衡机制，建立起一种为社会大多数成员所接受的权利分布及收入分配状态，以体现社会主义共同富裕的基本方向。实现共享发展，对于抑制和缩小差距具有重要的意义。我们的道路选择应该是以包容性经济增长和共享式发展来解决收入分配领域中的矛盾，来解决社会公平正义问题。

86.《共同富裕思想探源》

作者：刘长明、周明珠

期刊：《当代经济研究》

刊期：2020 年第 5 期

共同富裕一直以来是人类社会的伟大理想和美好愿景。在求索之路上，形成了源远流长的共同富裕思想：中华文化中"天下物利天下人""损有余而补不足"的共同富裕思想萌芽，彰显了损益之道，引申出共享天下之利的微言大义；空想社会主义者对共同富裕的理论假想与局部试验，虽然空想但不失其华；马克思主义经典作家扬弃了人类历史上的全部共同富裕思想成果，明晰了人类走向共同富裕的方向和道路，实现了共同富裕思想从空想到科学的飞跃；中国特色社会主义对共同富裕的理论开拓与实践探索，与时俱进；新时代包括共享发展理念在内的共同富裕思想，大大丰富了共同富裕的理论内涵，开拓出共同富裕大道。厘清古往今来共同富裕思想的历史发展，既是一个重大理论问题，又关系到新时代共同富裕的现实选择。

87.《论社会主义市场经济中政府和市场的关系》

作者：刘凤义

期刊：《马克思主义研究》

刊期：2020 年第 2 期

政府和市场的关系是市场经济体制中的重要关系，无论是在资本主义市场经济中还是在社会主义市场经济中都是如此，习近平称之为一道"经济学上的世界性难题"，如何处理好二者的关系也始终是我国经济体制改革的核心问题。认识政府和市场的关系不能停留在"大政府小市场"或者

"小政府大市场"这种表面现象，而是要深入到政府和市场的关系背后的深层关系中去理解。依据马克思主义政治经济学基本原理和方法，政府和市场关系的实质是国家和市场的关系，国家性质、所有制性质决定了政府和市场关系的本质特征。我国社会主义市场经济是在中国共产党的领导下，坚持以人民为中心的发展思想，通过不断发展壮大公有制经济，做强做优做大国有企业和国有资本，制定经济计划、中长期规划、重大发展战略等，探索社会主义制度和市场经济两方面优势有机结合，构成了社会主义市场经济中政府和市场关系的显著特征。

88. 《我国住房问题的政治经济学分析》

作者：刘凤义、杨善奇

期刊：《当代经济研究》

刊期：2017 年第 3 期

住房是一种特殊商品，不能仅仅从住房市场的供求关系层面进行分析。2016 年 12 月召开的中央经济工作会议明确指出"房子是用来住的，不是用来炒的"。中央对住房商品的清晰定位，明确了我国住房的性质，这为下一步化解房地产库存、抑制住房价格指明了方向。研究住房问题，要区别住房商品满足"客观需要"和"市场需求"两种不同属性。住房首先是满足家庭劳动力再生产的必需品，是劳动者的一种"客观需要"，这是中国特色社会主义条件下制定住房政策的理论出发点。我国住房问题的产生与住房市场和住房政策背离满足"客观需要"这一本质属性直接相关，具体体现在住房在生产和流通领域的过度市场化；地方政府行为的企业化；住房属性的资本化。从根本上解决我国住房问题必须要回归住房商品满足"客观需要"的属性；合理匹配地方财权与事权；坚决打击住房投机行为，适时转变住房上涨预期以及培养"以租代购"的专业化住房租赁市场。

89. 《中国经济体制改革的方向、目标和核心议题》

作者：刘国光、王佳宁

期刊：《改革》

刊期：2018 年第 1 期

改革开放是当代中国最鲜明的特色，是决定当代中国命运的关键抉择。改革开放以来，我国经济发展取得了历史性成就、发生了历史性变革，经济实力不断增强，成为世界经济增长的主要动力源和稳定器，经济结构逐步优化。改革开放伟大成就的取得，与经济体制改革的持续推进、不断深化密切关联。党的十九大报告指出，要贯彻新发展理念，建设现代化经济体系，加快完善社会主义市场经济体制。经济体制改革是全面深化改革的重点，在全面深化改革中发挥着牵引作用。深化中国经济体制改革，应坚持社会主义市场经济体制改革方向，以坚持和完善社会主义基本经济制度为制度基础，抓住政府与市场关系这个核心问题，正确认识和处理好公平与效率、先富与共富、民富与国富的关系。在深化中国经济体制改革过程中，要不断发展完善中国特色社会主义政治经济学。

90.《信息产品与平台经济中的非雇佣剥削》

作者：刘皓琰

期刊：《马克思主义研究》

刊期：2019 年第 3 期

进入 21 世纪以来，随着数字信息技术的持续升级和在全球的全面普及，以互联网平台为核心技术依托的平台经济迅猛发展。数字信息技术的进步推动了平台经济的发展，并催生了信息产品的出现。信息产品的价值来源是数字劳动，数字劳动具备生产性劳动的特征，其价值量也同样由社会必要劳动时间决定。信息产品可以被划分为最终产品和流通工具两种形式，它们在资本积累的过程中起着不同的作用。通过对信息产品的占有和利用，平台经济中的价值剥削已经突破了雇佣劳动制度的范畴，剥削的深度和广度进一步提升，更多的普通用户作为免费劳工被纳入资本的剥削体系之中。在这种局面下，网络平台也应当成为数字劳工反抗资本剥削的重要工具。

从积累模式的变化来说，在平台经济中，一方面，从生产的角度看，生产的时空界限被打破，越来越多的数字工人包括普通网民加入生产过程当中，更多的信息产品被商品化；另一方面，从流通的角度看，信息的采集和处理能力成为加速商品流通和节省交易成本的关键要素，供需双方可以在短时间内快速对接，资本的周转能力得到了前所未有的强化。因此，随着数字信息技术和劳动组织形式的演进，提升对信息产品的关注，是我们理解平台经济和当代资本主义剥削方式的关键。

91. 《中国特色社会主义政治经济学核心理论定位研究》

作者：刘谦、裴小革

期刊：《经济学家》

刊期：2019 年第 1 期

中国特色社会主义政治经济学核心理论的定位需要考虑以下两个基本原则：一方面，核心理论的定位需要立足于社会主义初级阶段，鲜明体现这一理论体系所产生的时代背景的具体特征；另一方面，核心理论的定位同样需要从方法论意义上借鉴马克思在构建其经济学体系时所遵循的原则。以上述两个基本原则为依据，可以将社会主义市场经济理论确立为这一理论体系的核心。具体原因在于：首先，这一理论完整反映了现阶段我国在构建中国特色社会主义政治经济学理论体系时所处的具体时代特征——以市场经济为依托发展社会生产力；其次，我国对于社会主义与市场经济融合的可能性以及融合的具体方式的探索自完成社会主义三大改造时起就在持续进行；再次，在这一理论体系当中，生产资料所有制理论、宏观调控理论、经济发展理论以及收入分配理论等，都是围绕构建和完善社会主义市场经济理论而存在的。

92. 《中国特色社会主义政治经济学史建设中需侧重的几个问题》

作者：刘清田

期刊：《经济学家》

刊期：2019 年第 10 期

中国特色社会主义政治经济学史是中国社会主义基本经济制度确立以来中国社会主义经济建设和改革实践的思想史，也是继承马克思主义政治经济学原理基础上的理论创新发展史，构建系统全面的中国特色社会主义政治经济学史，已成为哲学社会科学领域的重要课题和经济学界的研究热点。本文结合中国特色社会主义政治经济学史的研究现状和最新成果，提出在发掘和建设中国特色社会主义政治经济学思想史的过程中，需要侧重和凸显四个方面的内容：（1）不仅要梳理中国特色社会主义政治经济学本身开创、形成和发展的历史，同时还要明确其历史发展的坐标系和对照组；（2）不仅要界定中国特色社会主义政治经济学史的历史起点，更要明晰起点界定的事实和学理依据；（3）不仅要构建叙述主线和内容结构，更要确立内在贯通始终的理论主线；（4）不仅要讲理论史，更要明确讲方法创新史。

93.《中国特色社会主义基本经济制度是解放和发展生产力的历史要求》

作者：刘伟

期刊：《政治经济学评论》

刊期：2020 年第 2 期

基本经济制度即生产关系的制度体现，生产关系的确立及其变革取决于生产力的性质和发展要求，一定国家一定历史时期基本经济制度的选择取决于解放和发展生产力的历史要求。第一，封建经济解体后中国为何没有走向资本主义经济社会？基于近代封建社会的发展历程，笔者认为中国的资本主义萌芽不可能成长为资本主义制度：一是帝国主义不允许，中国资本主义的成长只能在适应帝国主义要求范围之内；二是社会主要矛盾并非无产阶级与资产阶级之间的矛盾，矛盾运动的结果也不可能是资本主义生产方式的确立；三是民族资产阶级本身的软弱性使其根本难以战胜帝国主义和封建主义，不可能承担领导中国人民完成反帝反封建的民族和民主革命的历史使命。第二，社会主义社会为什么要建立公有制为主体的所有制结构和与之相适应的按劳分配为主体的分配方式？从理论上来说，根据马克思主义哲学、政治经济学和科学社会主义的基本原理，资本主义生产方式的内在制度性矛盾是生产资料私有制与社会化大生产之间的根本对立，要从根本上克服这种矛盾、适应生产力发展的历史要求，从根本上来说只能是彻底消灭私有制，实行社会共同占有的制度，相应地在分配制度上否定一切剥削。这是公有制社会取代资本主义私有制的最为深刻的制度逻辑。第三，中国特色社会主义基本经济制度是改革开放的实践创造的。

94.《中国经济改革对社会主义政治经济学根本性难题的突破》

作者：刘伟

期刊：《中国社会科学》

刊期：2017 年第 5 期

经过 30 多年改革开放的伟大实践，一方面，中国特色社会主义政治经济学的建设获得了很大的进展；另一方面，全面深化改革的实践为社会主义政治经济学的系统化发展，提出了更为深刻的历史要求，特别是我国经济发展进入新常态以来，所面临的机遇和挑战亟待运用社会主义政治经济学予以分析和回答。社会主义初级阶段公有制为主体、多种所有制经济共同发展的基本经济制度，与市场机制对资源配置起决定性作用，二者如何实现有效结合，是构建中国特色社会主义政治经济学的根本性难题。西方资产阶级经济学以及对马克思主义经典作家思想的传统理解，否认了二者统一的可能性。中东欧经济转轨国家关于二者结合的实践及理论探索，均以放弃公有制而告终。中国特色社会主义经济改革实践的根本特征，在于坚持二者的有机统一，已经取得了重大进展，同时面临一系列新的问题。

95.《中国收入分配差距：现状、原因和对策研究》

作者：刘伟、王灿、赵晓军、张辉

期刊：《中国人民大学学报》

刊期：2018 年第 5 期

改革开放以来，在我国经济迅速增长的同时，居民收入分配差距也在不断增大，收入分配结构调整已经迫在眉睫。从城乡间、地区间和行业间的收入分配差距三个维度分析我国收入分配结构的演变历程，可以发现，在我国经济发展中，存在制度约束的人口流动、与地区经济状况不匹配的区域发展战略、不合理的税收结构和税制设计以及贸易自由化都是加剧居民收入不平等的重要因素。因此，我国未来需要注重维持经济增长和收入结构调整的平衡，在短期内应加大转移支付的力度以实现合理的收入再分配，并谨慎使用总量宽松的货币政策以避免加剧收入不平等；在长期内应推动要素市场改革和供给侧改革，优化规模性和功能性收入分配结构。此外，还应通过征收财产税和推行教育均等化的方式避免收入分配差距的代际传递，提高我国经济增长的质量。

96.《〈资本论〉中的虚拟资本范畴及其中国语境》

作者：刘新刚

期刊：《马克思主义与现实》

刊期：2020 年第 2 期

金融问题已经极大地改变甚至在某种程度上决定着人类当前的生存状态，这使得金融虚拟化问题的研究受到越来越多的关注。全方位梳理金融虚拟化问题的研究能够发现，马克思在《资本论》中对虚拟资本问题的考察仍然雄踞金融问题认识的高峰。但是，马克思之后，人们越发关注金融的垄断属性，而对金融的虚拟属性的考察显得薄弱和不足。要合理利用金融工具达到其服务人类而非敌视人类的目的，亟须从"范畴发现史"和"范畴本质规定"两个层面深刻把握《资本论》中的虚拟资本范畴，以得出深刻的、整体的和全面的认识。当前，我国正致力于探索金融发展的中国方案，我们应该站在马克思的高度去解决马克思所处的时代尚未出现的金融极度虚拟化问题，并从人类生存与发展的角度探讨具有实践性的金融发展道路，这是当代马克思主义学者应有的担当。

97.《虚拟经济与实体经济的关联性——主要资本主义国家比较研究》

作者：刘晓欣、田恒

期刊：《中国社会科学》

刊期：2021 年第 10 期

为揭示资本主义生产方式的经济运动规律，马克思以毕生精力，创立了剩余价值理论。市场经济条件下作为整个社会发展的物质基础，社会总产品以生产资料和生活资料两大部类相互联系的总资本再生产，要求所有单个资本的循环及周转都能够在实物和价值上按比例地实现补偿。但是，作为生产、分配、交换和消费对立统一的有机体，上述实体经济大循环受到资本主义生产方式的基本矛盾，即生产的社会性与生产资料资本主义私人占有的根本制约，使社会总资本再生产需要的比例关系经常遭到破坏，集中表现为周期性的生产相对过剩危机。虚拟经济脱离实体经济独立运行，导致当今全球经济频发金融危机。马克思虚拟资本理论揭示了这种现象背后的资本主义经济规律。构建"虚拟经济—实体经济"投入产出模型，测度虚拟经济对实体经济前向与后向关联度，解析虚拟经济自我循环对 GDP 构成的影响，实证分析总体表明，2001—2016 年主要资本主义国家虚拟经济自我循环的规模仍在扩张，须对国际金融风险保持高度警惕。

98.《基于社会生产和再生产模型的国际价值量决定机理研究》

作者：刘晓音、宋树理

期刊：《世界经济》

刊期：2017 年第 10 期

国际价值量的决定机理一直是马克思劳动价值论在国际经济领域发展面临的重大课题。马克思曾指出，"国家不同，劳动的中等强度也就不同；有的国家高些，有的国家低些。于是各国的平均数形成一个阶梯，它的计量单位是世界劳动的平均单位"，即"世界市场上的平均必要劳动时间"。本文基于马克思的劳动价值论，利用社会生产和再生产模型，建立用于任意国际交换商品的单位国际价值量与其国际生产价格之间的比例关系，证明无论是从静态的生产过程来看，还是从动态的再生产过程来看，都可以确定任意国际交换商品的唯一单位国际价值量决定方程。进一步讨论，任意国际交换商品的单位国际价值量决定方程结合其行业国际价值总量决定方程，可以说明两种含义下世界必要劳动时间共同决定的任意国际交换商品的单位国际价值量的形成机理，并且可以更加合乎逻辑地解释钻石和水的价格决定、国际不平等交换等"经济之谜"。

99.《中国特色社会主义政治经济学研究对象的探索》

作者：刘学梅、郭冠清

期刊：《经济学家》

刊期：2019 年第 12 期

中国特色社会主义政治经济学是正在形成和发展的当代马克思主义政治经济学，要建立能阐释中国特色社会主义发展道路并指导中国经济发展的"系统化学说"，关键和难点是确立正确的研究对象。对于中国特色社会主义政治经济学的研究对象，大部分学者基于传统政治经济学教科书研究对象的规定，认为中国特色社会主义政治经济学的研究对象仍然是生产关系，但是"研究生产关系需要联系生产力"。本文结合对政治经济学的研究对象的探讨历程，对中国特色社会主义政治经济学研究对象所包含的历史阶段、社会主义性质、中国社会主义初级阶段下的政治经济学研究对象进行探索，研究发现，中国特色社会主义政治经济学研究的是中国社会主义初级阶段生产方式以及相应的生产和交换条件。

100.《农民权益：农村土地增值收益分配的根本问题》

作者：刘元胜、胡岳岷

期刊：《财经科学》

刊期：2017 年第 7 期

在现行土地管理体制下，土地市场供求结构严重失衡。本应成为农地市场化主体的农民，却没有得到主体应该享有的土地增值收益。那么，处理好农民、村集体和地方政府的关系，对城乡协调发展，社会和谐稳定，甚至党和国家的前途和命运却将起到决定性作用。因此，农村土地增值收益分配是农村土地制度改革的关键环节，对提高农业生产效率、增进农民福利水平、优化农村社会治理都至关重要，同时也关乎执政基础的稳固和国家的长治久安。构建合理的农村土地增值收益分配机制，应该坚持以人民为中心的根本立场，重视并保护农民权益，让农民享有更多的农村土地增值收益。然而，现行的农村土地增值收益分配不仅缺乏共享性，还缺乏可持续性，更缺乏精准性，导致农民的土地权益被损害。为此，需要在农民、集体和国家之间合理分配土地增值收益总量，切实保障农民的土地权益，提高农村集体经济组织的土地收益，积极推进农村土地管理制度根本性变革和构建农民跨期发展导向的土地增值收益分配机制。

101.《政治经济学视角下互联网平台经济的金融化》

作者：刘震、蔡之骥

期刊：《政治经济学评论》

刊期：2020 年第 4 期

经济的金融化表现之一即金融资本从服务于产业资本的系统转化成一套为自身服务的独立系统。由于自身的特殊性，互联网平台经济的金融化不仅在于其脱离了生产过程，且金融资本以一种新的形式融入资本循环中，并伴随着资本积累不断参与互联网平台经济的重构。在实际的发展中，互联网平台企业受到了金融资本的过度追捧，直接表现为各行业互联网平台企业的融资规模越来越大、产业集中越来越迅速，但与其相矛盾的是互联网平台企业利润实现危机的深化。本文从政治经济学的角度出发进行分析：首先，从互联网平台企业的相关数据入手，指出互联网平台企业长期无法实现利润的客观事实与不同组织形式平台之间的固有矛盾；其次，分析互联网平台企业中具体头部企业的相关数据，揭示在金融资本与互联网平台经济发展的无法分离的关系中，存在着资本间的竞争和新的估值模式；再次，从资本融入资本循环的新形式的视角，指出互联网平台成为资本增殖的工具，论证互联网平台经济的金融化是一种必然结果。

102.《经济脱实向虚倾向的根源、表现和矫正措施》

作者：卢映西、陈乐毅

期刊：《当代经济研究》

刊期：2018 年第 10 期

我国虚拟经济发展迅速，在为经济增长作贡献的同时，也积累了不少问题和风险，经济脱实向虚倾向日益明显，已引起中央高度重视。党的十九大提出了"健全金融监管体系，守住不发生系统性金融风险的底线"的任务，实际上也要求我们重视对虚拟经济的研究，提出夯实实体经济和防范金融风险的对策。各国经济实践的经验表明，实体经济是大国崛起之本，而自由放任的虚拟经济则是系统性金融风险之源。坚定发展实体经济，守住不发生系统性金融风险的底线，是中国特色社会主义经济发展的重要抓手，也是避免周期性经济危机的可靠保证。从理论上说，虚拟经济的产生和发展是实体经济利润率趋向下降导致的规律性现象，对经济增长有"双刃剑"效应，应当因势利导、扬长避短。马克思是经济金融化领域的理论先驱，要矫正虚拟经济过度发展特别是脱实向虚倾向，需要从马克思的虚拟资本理论出发，进一步考察现代市场经济中虚拟经济与实体经济的辩证关系，在抑制虚拟经济资本回报率和推动实体经济全方位创新两方面共同发力。

103.《畅通国民经济循环：基于政治经济学的分析》

作者：鲁保林、王朝科

期刊：《经济学家》

刊期：2021 年第 1 期

以畅通国民经济循环为主构建新发展格局，就是要建立一个有张力、有弹性、开放包容、自主可控的循环体系：纵向上，生产、分配、流通、消费相互促进、有机统一；横向上，各产业、各部门、各地区之间建立起分工有序、彼此支撑的技术经济联系和空间联系，总体上使国民经济循环体系成为一个纵向通畅、横向协调、纵横匹配的立体结构。当前，要围绕国民经济重大比例关系和生产力空间布局，采取有针对性的措施疏通国民经济各环节、各行业、各产业、各部门、各地区之间的堵点、淤点，使社会生产和再生产的循环更多地依托国内市场，从而加快形成以国内大循环为主体、国内国际双循环相互促进的新发展格局。需要注意的是，新发展格局不会自动形成，在加快构建新发展格局的过程中，我们既要发挥市场调节的决定性作用，更要发挥好国家的理性调节功能，坚持需求管理和供给管理并重，坚持以人民为中心，为实现中华民族的伟大复兴保驾护航。

104.《"供给侧结构性改革"在思想和实践上的新贡献》

作者：鲁品越

期刊：《马克思主义研究》

刊期：2020 年第 2 期

习近平总书记提出的"供给侧结构性改革"，立足于新时代中国特色社会主义市场经济实践，以马克思主义政治经济学理论为指导，批判吸收并彻底改造了西方经济学理论，从而对世界经济学，特别是马克思主义经济思想和实践作出新贡献，必将产生深远的影响。作为新时代经济工作主线的"供给侧结构性改革"，是应对社会主义市场经济中面临的过剩性产能问题的方案。它完全不同于西方经济学供给学派的观点和主张，在思想上与政策上对马克思主义政治经济学和世界经济学的理论与实践都作出了新贡献。其思想上的新贡献主要表现在确立以人民为中心的根本价值导向，以新发展理念为经济建设的遵循原则，以从速度型增长到高质量发展的转变为经济政策目标，以社会主义初级阶段基本经济制度为社会条件；其在具体政策中的新贡献包括"三去一降一补"、脱贫攻坚、发展科学技术供给、提高劳动者素质等一系列具体政策内容与实施方式，并且随着实践的发展而不断发展。

105.《当代资本主义经济体系发展新趋势》

作者：鲁品越、姚黎明

期刊：《上海财经大学学报》

刊期：2019 年第 6 期

资本是资产阶级社会支配一切的经济权力。资本主义经济体系自诞生至今发生了巨大变化，而私有资本以增殖最大化为唯一目的的本性并没有改变。正是在这种资本本性的支配下，产生了当代资本主义经济体系的一系列深刻变化：一是从"第一代全球化"发展为"第二代全球化"，二是从物质资本发展到人力"知识的资本化"，三是建立在贫穷的生产国与富裕的消费国对立基础上的发达国家的"福利化"，四是以分割和攫取剩余价值为目标的"脱实向虚"的"第二代金融化"。这四大变化及其产生的国际产业链与国际金融链，以及建立其上的国际政治军事链组成新的中心——边缘国际结构。所有这些转变，都是企图减轻与化解资本主义固有矛盾——生产的社会化与资本的私人占有制之间的矛盾，客观上扩展了资本主义生产关系对生产力发展的容量。但是它们并没有消除资本主义的根本矛盾，而只是使这种矛盾以越来越复杂的形式表现出来，由此产生了当今世界的复杂乱象。美国对中国主动发起的贸易战、科技战与金融战，便是美国遭遇的国内外困境的必然产物。

106.《"新发展理念"的马克思政治经济学解读》

作者：陆夏

期刊：《厦门大学学报（哲学社会科学版）》

刊期：2018 年第 5 期

在中国特色社会主义新时代的历史背景下，习近平在党的十九大报告中提出的"创新、协调、绿色、开放、共享"的"新发展理念"，成为化解我国当前人民日益增长的美好生活需要和不平衡不充分的发展之间的社会主要矛盾的法宝。"新发展理论"具有马克思主义政治经济学的深刻内涵。马克思政治经济学关于"创新"的新时代内涵体现在它揭示了生产力的根本变革以及将避免劳动异化和实现人的全面发展作为根本目标；关于"协调"的新时代内涵体现在从生产的角度而非市场供求的角度来实现按比例发展；关于"绿色"的新时代内涵体现在将自然界与人类社会的物质循环过程纳入经济增长模型中并改进对绿色成本的核算；关于"开放"的新时代内涵体现在从更高层次和战略意义上以抵制资本主义国际垄断为特征的开放；关于"共享"的新时代内涵则体现在将"六项扣除"和"劳动价值论"作为实现共享分配的根本基础。

107.《论双重结构下的混合所有制改革——从微观资源配置到宏观制度稳定》

作者：卢江

期刊：《经济学家》

刊期：2018 年第 8 期

混合所有制改革是中国特色社会主义市场经济建设的重大内容，也是全面深化经济体制改革的重要抓手。混合所有制包括两种内涵：一种是整个经济结构层面的，主要指存在着不同性质的所有制经济成分；另一种是企业股权结构层面的，主要指不同性质的出资人交叉持股，着重体现在国有企业改革上。从马克思主义政治经济学视角来看，混合所有制改革是社会主义初级阶段我国进一步发展生产力的必要之举，有利于微观资源合理配置，同时也是破除体制障碍，维护宏观制度稳定的有效途径。混合所有制改革的方向是要激发经济活力，从而更好地满足人民日益增长的美好生活需要。要坚决抵制以混合所有制改革为名的各种新自由主义思潮对我国经济体制改革的渗透和影响。混合所有制改革尚在进行中，而且还将在未来较长一段时间内持续推进，由于当前国内外经济形势处于深刻调整中，混合所有制改革也必将面临许多困难和新的课题，这些问题都要在混合所有制改革的过程中不断根据探索来总结。

108.《中国共产党关于新发展理念的现实逻辑与理论创新》

作者：马艳、李皎

期刊：《税务与经济》

刊期：2021 年第 4 期

新发展理念是中国共产党经过一般发展观、可持续发展观、科学发展观等持续探索之后形成的，旨在指导新时代中国经济改革实践的新发展思想。该理念是中国共产党在十八届五中全会上正式提出的，表达为"创新、协调、绿色、开放、共享的发展理念"。在新发展阶段下，习近平更是在十九届五中全会上指出，"不断提高贯彻新发展理念、构建新发展格局能力和水平，为实现高质量发展提供根本保证"。这一新思想的提出具有坚实的理论基础和深刻的现实依据，其在方法论基础和理论维度上继承了经典马克思主义基本逻辑，同时又进行了符合新时代中国特色社会主义实践要求的创新拓展，即新发展理念在马克思社会再生产四环节的逻辑基础上进行了新时代聚焦与延伸，将其拓展为五大支点，且五大支点与四个环节之间彼此支撑，构筑了中国共产党经济思想的立体化框架。新发展理念贯串于经济发展的各个环节，表现为生产过程更加聚焦创新，中间过程更加强调协调、绿色、开放，消费过程更加关注共享。

109.《对逻辑与历史相一致原则的批判性反思——以中国特色社会主义政治经济学若干争论为参照》

作者：孟捷

期刊：《财政问题研究》

刊期：2019 年第 1 期

将逻辑与历史相一致看作马克思经济学理论的叙述和建构原则，是在学术界长期流行的观点。近年来，这一观点更以各种不同方式影响了中国特色社会主义政治经济学的研究。批评者们提出，《资本论》在其叙述逻辑中的确结合了历史，但所谓逻辑与历史相一致则全然属于虚构，与马克思经济学的叙述和建构方法并不吻合。令人遗憾的是，尽管这类批判长期以来一直存在，但逻辑与历史相一致的观点在国内政治经济学方法论研究中依然占有重要地位，近年来更以不同方式影响了中国特色社会主义政治经济学的研究。例如，关于中国特色社会主义政治经济学应以国家为逻辑起点的主张，就是以逻辑与历史相一致原则为依据的。此外，为了论证市场在资源配置中的决定性作用，一些学者片面地诉诸价值规律，割裂了这一规律与市场经济其他运动规律的联系，这种对待马克思经济学体系的态度，也是以逻辑与历史相一致原则为前提的。对逻辑与历史相一致原则的重新反思和批判，不止涉及纯粹方法论层面的问题，而且具有多重理论和现实意义。

110.《中国特色社会主义政治经济学的国家理论：源流、对象和体系》

作者：孟捷

期刊：《清华大学学报（哲学社会科学版）》

刊期：2020 年第 3 期

中国特色社会主义政治经济学的国家理论，一方面与自由主义理论即市场经济 1.0 理论相对立，另一方面发展和超越了以凯恩斯为代表的市场经济 2.0 理论，成为一种新的市场经济理论类型，即本文所谓的市场经济 3.0 理论。在研究对象上，中国特色社会主义政治经济学的国家理论包含国家经济作用的内生性维度和外生性维度两个部分。国家经济作用的内生性难度旨在克服市场失灵，与此相对应的理论在体系上涉及参照系、市场失灵和国家的内生性作用这三个环节。国家经济作用的外生性维度涉及以下问题：第一，在现代市场经济中，国家发挥经济作用的目的不只是克服市失灵，而且在于维护和巩固特定阶级关系和权力的再生产，后者甚至是更为基本的目的；第二，社会主义意识形态和公有制等制度因素会决定性地影响国家的经济作用，使其超出单纯市场失灵所要求的范围，进一步服务于社会主义经济规律的要求。国家经济作用的外生性理论和内生性理论既有区别又相互联系，两者的有机结合构成了中国特色社会主义政治经济学的国家理论的整体。

111.《构建和发展中国特色社会主义政治经济学的三个重大问题》

作者：逄锦聚

期刊：《经济研究》

刊期：2018 年第 11 期

本文在充分肯定构建和发展中国特色社会主义政治经济学的必要性和现实可能性的前提下，阐释、回答了三个问题，即构建和发展什么样的中国特色社会主义政治经济学，怎样构建和发展中国特色社会主义政治经济学，谁来构建和发展中国特色社会主义政治经济学。本文认为，坚持科学性、人民性、实践性、发展性、开放性是中国特色社会主义政治经济学的本质要求，也是构建和发展中国特色社会主义政治经济学的方向和根本标准；坚持马克思主义为指导，总结好当代中国经济建设和改革开放的实践经验，坚持问题导向，加强对时代和实践发展提出的重大课题研究，吸收中国传统文化中的优秀经济思想，学习和借鉴世界各国文明成果，是构建中国特色社会主义政治经济学的根本途径；构建和发展中国特色社会主义政治经济学，不是单一学科和少数人的事情，而是需要多学科共同努力，汇聚广大的学者队伍，共创中国特色社会主义政治经济学的辉煌。

112.《〈资本论〉的体系结构与中国特色社会主义政治经济学的关系》

作者：逄锦聚

期刊：《政治经济学评论》

刊期：2017 年第 3 期

本文的基本观点是《资本论》构建体系结构的方法论是我们今天构建中国特色社会主义政治经济学理论体系的指导。《资本论》的体系结构可以为中国特色社会主义政治经济学理论体系的构建提供重要的借鉴。这又是一个定位，是借鉴而不是指导。中国特色社会主义政治经济学理论体系的构建重在创新，不能照抄照搬。笔者认为今天我们中国经济的实践、改革开放现代化建设的实践为中国特色社会主义政治经济学理论体系的构建提供了足够的实践基础；我们构建中国特色社会主义体系不能从商品、剩余价值讲起。关于中国特色社会主义政治经济学的主线问题，一以贯之的主线就是发展完善社会主义经济制度，促进解放生产力的发展，满足人民的需要，实现每个人自由全面发展，实现人民幸福。这大概就是主线。有了主线，有了对象，又有了目的，在《资本论》方法论的指导下借鉴它的方法，吸取人类其他经济学的文明成果，我们构建中国特色社会主义政治经济学理论体系和话语体系一定会实现一个新的飞跃。

113.《中国共产党带领人民为共同富裕百年奋斗的理论与实践》

作者：逄锦聚

期刊：《经济学动态》

刊期：2021 年第 5 期

以人民为中心，实现共同富裕，是中国共产党成立以来矢志不渝的神圣使命和奋斗目标。我们要追求的共同富裕是以人民为中心、消除两极分化和贫穷基础上的全体人民的普遍富裕；是以经济为基础，包括政治民主、文化繁荣、社会和谐、生态文明在内的不断满足人民对美好生活需要，人人都全面发展的共同富裕。共同富裕是社会主义的本质要求，实现共同富裕不仅是经济问题，而且是关系党的执政基础的重大政治问题。实现共同富裕是一个动态的、分阶段、先局部后全部、不断实现的过程。其实现的程度，一是取决于生产力发展水平，二是取决于经济社会制度。没有生产力发展，就根本谈不到富裕，没有好的经济制度和社会制度，即使富裕也是少数人的富裕而难以实现全体人民的共同富裕。成立百年以来的中国共产党，带领中国人民在共同富裕的道路上迈着坚实的步伐，取得了巨大成就，前进中出现的收入差距、城乡差距、地区差距拉大问题，是发展中的问题，发展中的问题要靠改革发展去解决。在新时代、新阶段全面建设社会主义现代化国家，实现共同富裕的过程中，要大力发展生产力，全面深化改革，完善中国特色社会主义制度，加强党的领导，贯彻新发展理念。更高水平的共同富裕目标一定能实现。

114.《数字经济的政治经济学分析》

作者：裴长洪、倪江飞、李越

期刊：《财贸经济》

刊期：2018 年第 9 期

数字经济是一种继农业经济和工业经济之后更高级的经济形态，在资源配置、渗透融合、协同等方面的能力空前提升，促进了全要素生产率的提升，已成为推进产业结构调整和实现经济可持续发展的强大力量。本文在对数字经济的概念进行经济学解释的基础上，运用政治经济学原理分析了数字信息产品的社会再生产过程和数字产业的特点，探讨了数字经济微观主体和共享经济的特征。首先，本文认为数字经济强调的是数据信息及传送的技术手段渗透到传统经济中，实现经济的"质"与"量"的提升，在定义数字经济的基础上分析了数字经济在规模经济、范围经济、长尾效应等方面的显著特征。其次，运用政治经济学基本原理对数字经济所催生的新产业、新业态、新模式进行分析。再次，数字经济的出现使传统经济学的相关原理面临挑战，如"看不见的手"原理、边际收益递减原理等。本文认为，数字经济的出现使得传统经济学理论面临挑战，迫切需要理论研究和创新来解释这一新的经济现象。

115.《网约车平台与不稳定劳工——基于南京市网约车司机的调查》

作者：齐昊、马梦挺、包倩文

期刊：《政治经济学评论》

刊期：2019 年第 3 期

本文利用对南京市网约车司机的问卷调查和访谈，揭示出有关网约车司机群体及其工作状况的基本情况，并分析了网约车平台与司机之间的关系。调查发现，网约车司机具有不稳定劳工的典型特征，他们脱离了保障雇佣关系的传统制度框架，面临较大的生活压力和工作压力。网约车平台扮演了"现代包买商"的角色，凭借对市场接入权的垄断获得剩余控制权，并通过数据和算法介入劳动过程。本文利用调查数据说明，网约车司机是典型的不稳定劳工，调查揭示了这一群体的个人、家庭特征，以及他们所从事的工作的特征。本文认为，平台至少与全职司机之间存在事实上的雇佣关系，平台实际上是一种"现代包买商"。从规范的角度说，网约车平台已经关涉了大量就业人口，而大量司机依赖单一平台会产生社会风险。为了避免平台经营问题引发大规模失业，同时也为了避免平台"大而不倒"，滥用市场力量，政府有必要对网约车平台进行以下三方面的监管：首先，监管部门必须接入网约车平台日常经营大数据，依靠数据对司机实施精准分类；其次，监管部门应参照既有传统出租车行业监管模式，建立分类监管机制；再次，监管部门应分类控制网约车司机数量，避免司机之间过度竞争。

116. 《唯物史观、动态优化与经济增长——兼评马克思主义政治经济学的数学化》

作者：乔晓楠、何自力

期刊：《经济研究》

刊期：2017 年第 8 期

本文以推动马克思主义政治经济学的创新发展为目标，以马克思主义最优经济增长理论为线索，在系统评述该理论的建模特点与主要结论的基础上，通过与西方经济学数学模型的对比辨析，对马克思主义政治经济学数学化的基本原则与建模思路进行了探讨。研究指出：马克思主义政治经济学并不排斥数学方法，但是对其进行数学化建模的过程必须要以坚持历史唯物主义的研究方法作为基本原则，即抓住生产力与生产关系这对矛盾及其运动来对经济社会的运行规律进行分析。具体而言，在坚持劳动价值论的基础上，构建一种包含工人与资本家两种行为主体，区分生产资料与消费资料两大部类，并且纳入剥削关系与迂回生产特点的动态模型可能是一种可行的建模思路。马克思主义最优经济增长理论还远不是一个成熟的理论，它还存在着不少缺陷。而且它也仅是马克思主义政治经济学数学建模的方向之一，且无法涵盖数理分析的全貌。但是，其毕竟在数学化方面进行了有益的探索，并初步建立了一个相对完整的框架。未来可以从引入银行资本、探索宏观政策、考虑开放经济以及解决生产过剩等方面进行拓展。

117.《新发展理念的重大理论和实践价值——习近平新时代中国特色社会主义经济思想研究》

作者：邱海平

期刊：《政治经济学评论》

刊期：2019年第6期

党的十八大以来，习近平总书记提出了"创新、协调、绿色、开放和共享"的新发展理念，形成了以新发展理念为主要内容的习近平新时代中国特色社会主义经济思想，有力地指导了新时代中国特色社会主义经济发展实践，取得了历史性的伟大成就，使中华民族迎来了从站起来、富起来到强起来的伟大飞跃。实践证明，新发展理念是发展理念的伟大创新，以新发展理念为主要内容的习近平新时代中国特色社会主义经济思想，是中国特色社会主义政治经济学的最新成果。在全面建成小康社会和建设社会主义现代化强国的新征程中，深入学习和全面贯彻落实新发展理念和以新发展理念为主要内容的习近平新时代中国特色社会主义经济思想具有重大现实意义。当然，我们也要看到，学术界对于习近平新时代中国特色社会主义经济思想的内容和内涵还有更加宽泛的概括和理解。因此，究竟如何全面准确理解"习近平新时代中国特色社会主义经济思想"的科学内涵，是一个值得进一步深入研究的理论问题。随着新时代中国特色社会主义经济建设实践的发展，习近平新时代中国特色社会主义经济思想也必将不断丰富和发展。

118.《〈资本论〉的创新性研究对于构建中国特色社会主义政治经济学的重大意义》

作者：邱海平

期刊：《马克思主义研究》

刊期：2020 年第 2 期

党的十八大以来，习近平总书记提出了"各级党委和政府要学好用好政治经济学"的重大现实任务，提出了"中国特色社会主义政治经济学"这一重要范畴，指明了全面深化经济体制改革必须坚持中国特色社会主义政治经济学的重大原则，批判了《资本论》和马克思主义政治经济学"过时论"，指明了坚持和发展中国特色社会主义政治经济学"要以马克思主义政治经济学为指导，总结和提炼我国改革开放和社会主义现代化建设的伟大实践经验，同时借鉴西方经济学的有益成分"的方法论原则，提出了"把实践经验上升为系统化的经济学说"的理论目标。在中国特色社会主义政治经济学理论体系的构建过程中，究竟如何贯彻落实"以马克思主义政治经济学为指导"这一重大原则，是一个值得深入研究的理论课题。切实贯彻这一原则，需要全面正确认识马克思主义政治经济学的丰富内涵及其与中国特色社会主义政治经济学的关系，需要明确坚持和继承、创造性转化、创新性发展马克思经济学特别是《资本论》的理论成果。这也是构建中国特色社会主义政治经济学理论体系的重要途径和必由之路。

119. 《新时代中国经济从高速增长转向高质量发展：理论阐释与实践取向》

作者：任保平

期刊：《学术月刊》

刊期：2018 年第 3 期

党的十九大报告做出中国特色社会主义进入了新时代的重大判断，同时指出中国经济已由高速增长阶段转向高质量发展阶段，这一判断深刻揭示了中国经济发展进入新阶段的特征。新时代反映的经济发展的阶段性变化表现在：由低收入阶段转向中等收入发展阶段，经济增长受资源和环境条件的约束，数量型增长转向质量效益型增长，摆脱贫困转向基本实现现代化。进入新时代意味着我们必须扬弃过去数量型的经济发展模式，探索高质量发展道路。高质量发展是比经济增长质量范围宽、要求高的质量状态。高质量发展的理论导向表现在提高供给的有效性，实现公平性发展、生态文明、人的现代化。新时代中国经济发展必须按照新阶段新特征的变化，围绕高质量发展的要求，进行经济发展理论导向和实践取向的变革，推动经济发展从中国速度向中国质量转变。新时代中国经济由高速增长阶段转向高质量发展阶段的实践取向体现在创新成为第一动力，实现遵循规律的科学发展，转向中高速增长，迈向中高端结构，走文明发展道路。

120. 《我国新经济高质量发展的困境及其路径选择》

作者：任保平、何苗

期刊：《西北大学学报（哲学社会科学版）》

刊期：2020 年第 1 期

新经济是知识型经济、创新型经济、绿色型经济、共享型经济、开放型经济、数字化经济与个性化经济等七大经济类型的集中体现。在新一轮的科技产业革命浪潮中推动云计算、大数据、人工智能等新经济不断发展，准确把握当前发展阶段新经济的基本特征，解决好新经济发展过程中所面临的各种难题，对推进我国新经济高质量发展和新动能培育具有重要意义。新经济以技术创新为前提，将知识、数据作为新的生产要素，科技革命催生了新经济产业，数字经济与传统经济相融合形成新业态。目前我国数字经济发展面临着融合困境、融资困境、创新困境、就业困境和基础环境困境。针对这些困境，我国新经济高质量发展需要鼓励创新驱动，大力培育新动能，处理好传统经济与新经济的融合问题，解决好新经济领域的融资困境，重视人才培养，提供创新平台，重视新经济背景下的就业结构问题，为新经济的发展创造良好的制度和基础设施条件。

121.《公有资本与平等劳动——中国特色社会主义政治经济学的主线》

作者：荣兆梓

期刊：《上海经济研究》

刊期：2018 年第 12 期

计划经济下的"国家辛迪加"已经蕴含了公有资本的制度基因。市场经济条件下，因为企业劳动的间接社会性，剩余劳动必然转化为剩余价值；因为国有企业的公司制改革，国有资产不可避免地转化为国有资本；被束缚的资本终于挣脱行政隶属的约束，转化成为真正意义的公有资本。自治劳动体制具有基因缺陷，它不能保证足够的剩余劳动积累，因此也不能保证劳动者长远利益的最大化。公有资本与私有资本都是自行增殖的并且在运动中不断变换形态的价值体，都是一种迫使劳动者超出必要劳动时间提供剩余劳动的社会关系。所不同的是，二者所包含的阶级内容不同。公有资本是劳动者整体利益与个人利益矛盾的产物，表现为整体意志对个人意志的强制，这是劳动者自身利益的协调，因此公有资本从属于平等劳动。中国特色社会主义发展中，因为技术发展路径的制约，公有资本对劳动的从属经历两个阶段，先是资本对劳动的形式上从属，然后是资本对劳动的实质上从属。在此进程中，本来意义的社会主义生产方式将渐趋成熟。

122. 《〈共产党宣言〉中的经济全球化思想及其继承与发展》

作者：舒展

期刊：《马克思主义研究》

刊期：2019 年第 5 期

马克思、恩格斯在《共产党宣言》中已经明确地提出经济全球化的思想。他们指出，资产阶级在追逐利益的过程中，为了对外扩张而产生全球性的发展，导致了世界市场体系的形成。马克思、恩格斯对资本主义生产方式与经济全球化的关系进行了生动的符合历史和逻辑的阐述，指出："资产阶级，由于开拓了世界市场，使一切国家的生产和消费都成为世界性的了。"《共产党宣言》初步阐释了资本主义全球化趋势的二重性问题。一方面，资本主义在利益驱动下，客观上推动了社会生产力的发展和进步，为人的全面而自由的发展创造了前提条件。另一方面，资本主义的全球化，造成一种盲目的、异己的力量，使无产阶级和落后国家"陷入绝境"。因此，无产阶级只有解放全人类，才能最终解放自己。《共产党宣言》为人类将如何面对其共同命运指明了一个最终的方向，它是马克思主义经济全球化思想很重要的理论来源之一。以人类命运共同体思想构建社会主义主导的经济全球化，是对资本主义经济全球化道路的历史性超越，是对马克思主义经济全球化思想的继承和发展。

123. 《新帝国主义的危机与新社会主义的使命——兼论 21 世纪马克思主义的核心问题与应对》

作者：宋朝龙

期刊：《探索》

刊期：2020 年第 4 期

金融资本是在帝国主义体系下积累的，而帝国主义又分为旧帝国主义和新帝国主义。右翼民粹主义的崛起成为新帝国主义危机和趋向冒险的集中表现，并着力转嫁一些西方国家内部矛盾而掀起逆全球化的潮流。面对新帝国主义时代的社会矛盾,世界多地展开了多种形式的新社会主义探索。如何深刻认识新帝国主义及其产生的重大消极影响,把人类社会从新帝国主义的桎梏中解放出来,在更符合人类福利和自由的基础上推动全球化,这是新社会主义的历史使命,也是21世纪马克思主义的核心问题。为了应对这一核心问题,21世纪马克思主义需要批判新帝国主义的新自由主义意识形态、制度安排和政策体系,推动马克思主义与左翼政党结合以把民众从右翼民粹主义思潮中解放出来,在马克思主义政治经济学的科学逻辑中说明金融资本自我否定的规律,加强对金融帝国主义制度替代道路的研究,加强与全球化顶层设计的结合以克服新帝国主义逆全球化的趋势。

124.《数据成为现代生产要素的政治经济学分析》

作者:宋冬林、孙尚斌、范欣

期刊:《经济学家》

刊期:2021年第7期

数字经济的发展使数据成为国家基础性战略资源与数字经济中的核心资源。数据成为现代生产要素具备理论科学性、历史必然性与现实必要性。在理论层面,数据成为生产要素符合马克思主义生产要素理论的根本特征,数据区别于传统生产要素的特殊性使其成为现代生产要素。在历史层面,数据成为生产要素符合不同经济时代的历史演进规律。数字化的数据在现代科学技术条件下而生,并且使现代社会整体步入数字经济时代,因此数据继承信息而成了现代生产要素。在现实层面,数据成为现代生产要素起步于对当代数据重要作用的深刻认识,发展于我国社会主义市场经济体制的不断完善,成熟于我国发展方式为适应不同发展阶段而进行的科学转变。这一过程也反映出数据成为现代生产要素的必要性。本文立足于我国国情,在历史唯物主义与辩证唯物主义的方法论指导下,基于马克思主义政治经济学的视角准确把握并科学阐释数据成为现代生产要素的总体逻辑,实现理论与现实、历史与逻辑之间的辩证统一。

125.《习近平国有经济思想研究略论》

作者：宋方敏

期刊：《政治经济学评论》

刊期：2017 年第 1 期

围绕"完善和发展中国特色社会主义制度，推进国家治理体系和治理能力现代化"的全面深化改革总目标，以习近平同志为核心的党中央提出了一系列治国理政的新理念、新思想、新战略。国家改革和发展的基础是经济改革和发展；国家治理体系和治理能力现代化，首先是经济治理体系和治理能力现代化。其中，国有经济和国有企业如何定位、如何改革，是重中之重、关键的关键。习近平国有经济思想是中国特色社会主义政治经济学的核心理论，是习近平治国理政思想的重要根基部分，是新常态下中国经济改革和发展的重要指导思想。从研究的角度梳理内容，可细分为地位作用、改革方向、企业制度、产权探索、转型发展五个方面，是一个博大精深又切合实际的科学体系。研究习近平国有经济思想，应该坚持姓马与姓中的统一、继承与创新的统一、经济与政治的统一、理论与实践的统一、总结与探索的统一。抓紧确立、研究、宣传和贯彻习近平国有经济思想，具有重大现实意义和长远战略意义。

126.《当代国际价值量的新变化及其成因探析》

作者：宋树理

期刊：《管理学刊》

刊期：2018 年第 2 期

随着全球资本主义生产方式的变革，国际价值量发生了诸多新变化。对此，西方马克思主义学者没有给予更多的关注，而国内有些学者虽然发现了国际价值规律及其当代影响因素的变化特点，但是缺乏对国际价值量变化动态过程的量化实证分析，也未能阐明世界劳动决定国际价值量变化的内在机理。当代资本主义经济条件下，全球出口商品的国际价值量在其

"总量"上呈现递减上升变化趋势。在"结构"上,资本密集型出口商品比重高于劳动密集型和高新技术型出口商品,且同比变化相对稳定,资本密集型和高新技术型出口商品则表现出较快的增长速度。发达国家以资本密集型和高新技术型的出口商品为主,以金砖国家为代表的新兴发展中国家则以劳动密集型的出口商品为主,而且其比重逐渐超过发达国家。这主要源于普遍提高的世界劳动复杂水平、全球积累的国际垄断资本、持久创新的国际生产技术和适时调整的资本主义经济制度四大因素。

127. 《全球价值链的深度嵌入与技术进步关系的机理与测算》

作者:宋宪萍、贾芸菲

期刊:《经济纵横》

刊期:2019 年第 12 期

经过 40 多年的改革开放实践,无论是纵向还是横向比较,我国在经济领域都取得了令人瞩目的成就。尽管当前逆全球化趋势显现,中美贸易摩擦不断,但中国融入全球化的程度越来越深,确是不争的事实。中国制造业从最初的组装加工起步,完成了工艺升级和产品升级,逐步深度嵌入全球产业链的功能升级和"链"的升级中,努力向产业链和价值链的高端攀升。在深度嵌入全球价值链的过程中,需要重新思考国际分工格局,对全球价值链的技术进步效果进行重新审视。研究发现,初步嵌入全球价值链的发展中国家努力与跨国公司的要求相匹配,在此条件下实现的技术进步只是一种"幻象"。一旦代工企业有可能更进一步攀升到价值链高端时,就会触及发达国家跨国公司的利益,形成"技术进步悖论"。在非对称的贸易模式下,全球价值链实质上仍然是一个有中心和外围、主导和依附关系的国际劳动分工体系,技术创新的"锁定效应"和分工固化风险更加突出。运用投入产出分析法,利用 2007—2016 年我国 23 个工业行业面板数据进行实证分析后发现,多个行业的全球价值链嵌入程度与技术进步呈倒 U 型关系。因此,需要彻底转变经济增长模式,构建国家创新链。

128. 《论中国经济学现代化的马克思主义发展道路——质疑洪永淼西方经济学中国化观点》

作者：孙立冰

期刊：《马克思主义研究》

刊期：2020 年第 6 期

在资产阶级经济学历史上从政治经济学演变为经济学，不是学科范围的拓展，而是经济学的资产阶级意识的增强，是资产阶级在阶级斗争形势发生变化后掩饰和否认其阶级性的策略选择。资产阶级经济学概念、范畴和学说体系表面上是中性的，但它们本质上却是为资本主义制度辩护的庸俗经济学。因此，用现代西方资产阶级经济学的话语来讲中国故事，必然会使社会主义生产关系庸俗化，使中华民族伟大复兴事业走向颠覆性毁灭。中国故事是超越资本主义社会形态的全新的社会主义故事，因此讲中国故事就要用讲社会主义故事的语言。人类社会发展到今天，这种语言最为经典的就是马克思主义政治经济学中关于社会主义的语言，在中国现阶段这种语言的新发展是中国特色社会主义政治经济学。因此，以马克思主义的世界观和方法论构建中国特色社会主义政治经济学才是中国经济学现代化的根本道路。

129. 《消费主义的内在机理及其意识形态逻辑透析》

作者：孙绍勇

期刊：《理论学刊》

刊期：2019 年第 4 期

消费主义的衍生蔓延对现代社会造成了巨大的影响。消费本身具有经济价值、自由价值和符号价值，由此相应地生成了消费主义的基本逻辑，即经济价值背后蕴含着资本逻辑，自由价值则催生自由逻辑，符号价值体现了符号逻辑。消费主义的扩张不仅导致理性工具化和社会发展的物化，而且造成价值功利化和人自身意义世界的异化。作为资本增殖和极权的重要方式，消费主义深刻反映着资本主义生产方式，成为西方资本主义的主要消费观念，弥散着资本主义的意识形态。深刻认识消费主义的生成逻辑以及所引发的现代价值危机，弄清消费主义的意识形态实质，以及意识形态化的作用机理，进而警惕消费主义意识形态荼毒中国特色社会主义，准确把握消费主义意识形态批判的限度，对于认识和解决经济发展、文化建设、社会生活、意识形态安全、生态文明等潜在的隐性问题，具有正本清源、察微虑远的现实意义。

130. 《新时代坚持创新引领发展：内在逻辑与实践指向》

作者：孙亚南、王晓策、刘岩

期刊：《管理学刊》

刊期：2019 年第 5 期

习近平总书记强调，"国际经济竞争甚至综合国力的竞争，说到底是创新能力的竞争"。新时代背景下坚持创新引领发展对我国实现高质量经济发展、迈入全球价值链中高端、早日实现现代化具有重大意义。新时代创新引领发展遵循理论逻辑、历史逻辑与现实逻辑三者的统一，符合人民的根本利益。我国以公有制为基础的坚持创新引领发展与资本主义社会的创新活动不同，它体现了以人民为中心的发展思想。中国特色社会主义进入新时代，深入实施创新驱动发展战略，坚持创新引领发展，关系到经济发展的质量变革、效率变革、动力变革，承载着国家的命运与梦想，同时也蕴含着鲜明的问题意识。本文从马克思主义政治经济学视角出发，结合中国经济发展实际，深入挖掘和阐述新时代下坚持创新引领发展的现实条件和实践指向，对我国实现高质量发展、建设现代化科技强国具有重大的理论意义与实践价值。

131. 《论马克思的生产力理论与中国特色社会主义政治经济学的构建》

作者：田超伟、卫兴华

期刊：《教学与研究》

刊期：2017 年第 10 期

中国特色社会主义的根本任务是解放和发展生产力，逐步实现共同富裕。服务于此的中国特色社会主义政治经济学的研究对象就不能不包括生产力，既要研究中国特色社会主义生产关系的发展和完善问题，又要从社会层面研究我国生产力的发展问题，二者并重。马克思生产力理论的一般内容，可以为建设中国特色社会主义、构建中国特色社会主义政治经济学理论体系提供丰富的思想材料和理论指导。此外，马克思生产力理论的人本价值取向与中国特色社会主义政治经济学的根本立场是一脉相承的。发展中国特色社会主义政治经济学，要深入挖掘马克思政治经济学这一思想材料，运用其基本原理、立场、观点和方法分析我国经济社会发展问题。中国特色社会主义政治经济学归根到底是为中国特色社会主义建设事业服务的，主要任务是为解放和发展生产力、实现共同富裕提供理论和政策指导。马克思的政治经济学的研究对象主要是资本主义生产关系，联系生产力的发展历程进行研究，因此，其中蕴含着丰富的生产力理论，这可以为建设中国特色社会主义、构建中国特色社会主义政治经济学提供理论与方法指导。

132. 《新时代社会主要矛盾转化与新要求》

作者：田鹏颖

期刊：《中国特色社会主义研究》

刊期：2018 年第 3 期

中国特色社会主义进入新时代，我国社会的主要矛盾已经转化为人民日益增长的美好生活需要和不平衡不充分的发展之间的矛盾，这一重大政治判断既是事实判断，又是价值判断，是马克思主义社会主要矛盾理论的重大创新。适应社会主要矛盾转化的新要求，必须坚持把习近平新时代中国特色社会主义思想转化为政治信念、思维方式、价值选择，把维护以习近平同志为核心的党中央权威和集中统一领导转化为"四个过硬"，把党和国家机构改革转化为推进国家治理体系和治理能力现代化。新时代我国社会的主要矛盾这个关系全局的历史性变化，要求党和国家始终坚持以习近平新时代中国特色社会主义思想为指导，统揽伟大斗争、伟大工程、伟大事业、伟大梦想，保持革命精神、革命斗志，勇于自我革命，决不能因为胜利而骄傲，也不能因为成就而懈怠，更不能因为困难而退缩，应努力回应时代挑战，使中国特色社会主义展现更加强大、更有说服力的真理力量。

133.《互联网平台组织的源起、本质、缺陷与制度重构》

作者：王彬彬、李晓燕

期刊：《马克思主义研究》

刊期：2018 年第 12 期

21 世纪以来，随着大数据、云计算、人工智能的不断涌现，由新一代的信息技术、智能技术催生出的数字经济新范式如雨后春笋般蓬勃发展，使全球社会的生产方式和生活方式发生了深刻变革。其中，由数字经济新范式孕育的互联网平台组织（简称平台组织）在全球范围内全面崛起，它们凭借对数据的系统性垄断，成为数字经济循环的中介和社会流通的核心。它们形式上是从生产组织流通化和传统流通组织高级化的交集中分离出来的互联网流通组织，但本质上是一种具有多平台层级嵌套结构、基于社群分工、依赖数据社会化应用、孕育新的劳资关系的"总体生产组织"。在私有资本主导下，平台组织日益暴露出过度剥削、信息掠夺、过度金融化、严重过剩等内在缺陷，有必要按照社会主义原则、计划调节原则、国有制主导原则，在社会主义市场经济下构建国有资本主导的合作制平台组织。

134.《分配制度上升为基本经济制度的理论必然和实践必然》

作者：王朝科

期刊：《上海经济研究》

刊期：2020 年第 1 期

党的十九届四中全会通过的《决定》中关于中国特色社会主义基本经

济制度的新论断，是中国特色社会主义基本经济制度由单一所有制制度向包括所有制制度、分配制度和社会主义市场经济体制在内的体系化制度转变的重大理论创新。多年来，我们一直停留在仅把"公有制为主体，多种所有制经济共同发展"作为基本经济制度，党的十九届四中全会的一大理论创新，就是在此基础上，把按劳分配为主体、多种分配方式并存和社会主义市场经济体制上升为基本经济制度。这三项制度，都是社会主义基本经济制度，三者相互联系、相互支撑、相互促进。按劳分配是科学社会主义理论体系的重要支柱，坚持按劳分配为主体，是由公有制为主体决定的，有利于巩固和不断发展公有制经济；坚持多种分配方式并存，是由多种所有制共同发展的所有制结构决定的，有利于促进多种所有制经济共同发展，调动各方面的积极性，增强经济活力，共同促进现代化经济体系建设，推动经济高质量发展。所以，分配制度上升为基本经济制度具有理论必然性和实践必然性。

135.《新时代中国特色农业现代化"第二次飞跃"的逻辑必然及实践模式》

作者：王丰

期刊：《经济学家》

刊期：2018 年第 3 期

党的十八大以来，以习近平同志为核心的党中央开启了中国特色社会主义建设的新阶段，形成了习近平新时代中国特色社会主义思想，引领广大农民群众走上了中国特色农业现代化道路。新时代中国特色农业现代化，就是在"五期同至"新的历史阶段，把农民对美好生活的向往作为奋斗目标，探索"多权合一的纯集体模式""三位一体的合作模式""两权合一的新经典模式""两权合一的现代模式"和"两权分离的混合模式"等集体经济发展的各种形式，即中国共产党将带领人民群众，在坚持承包制的基础上，实施"乡村振兴战略"，不断探索实现农业现代化的新模式，努力实现

"第二次飞跃"，即适应科学种田和生产社会化的需要，发展适度规模经营，发展集体经济。进入新的历史阶段后，中国特色农业现代化进程又遭遇了新的"三重挑战"。为了应对新挑战，中国特色农业现代化必须在"三权分置"的基础上全面提升"统"的水平。

136.《马克思主义政治经济学基本理论研究》

作者：王金秋、赵敏

期刊：《政治经济学评论》

刊期：2019 年第 3 期

2018 年是马克思诞辰 200 周年，也是《共产党宣言》发表 170 周年。围绕政治经济学基本理论问题，我国政治经济学界在政治经济学方法、研究对象、劳动价值论、一般利润率下降理论、社会再生产理论、经济危机理论、地租理论、世界历史思想以及《资本论》当代价值等方面，提出了新的理论和观点。这些研究主要可以分为三个方面：一是反思马克思基本理论和方法等方面的问题，试图进一步挖掘马克思主义经济学的深刻思想；二是对马克思经典文本从不同视角进行当代解读，以增强马克思主义经济学的现实解释力；三是强调马克思经典著作的当代价值，体现了马克思经济学在当代的旺盛生命力，也反映了中国特色社会主义发展对马克思经典理论的现实需求。在未来的马克思主义政治经济学经典理论研究方面，基于当代世界的新发展尤其是新技术革命所带来的变化和中国社会主义的最新实践，深入挖掘马克思经典文本、重新思考并推动马克思主义经济学基础理论的创新发展仍然是主要方向。

137.《深刻把握乡村振兴战略——政治经济学视角的解读》

作者：王立胜、陈健、张彩云

期刊：《经济与管理评论》

刊期：2018 年第 4 期

在新时代，我国社会主要矛盾在农村有其特殊表现："我国最大的发展不平衡，是城乡发展不平衡；最大的发展不充分，是农村发展不充分。"这反映在"农业发展质量效益竞争力不高，农民增收后劲不足，农村自我发展能力弱，城乡差距依然较大"等方面。实施乡村振兴战略是解决这个矛盾的必然选择。党的十九大把乡村振兴提到了国家战略的高度予以部署。解决好"三农"问题，实施乡村振兴战略，实现农业农村现代化，是未来几十年建设社会主义现代化强国这一总体目标的必然要求。从马克思主义政治经济学角度讲，解决这个矛盾，需要重新定位城乡关系，确立城乡融合理念，这是实施乡村振兴战略的必然选择，也是乡村振兴战略的理论依据。践行乡村振兴战略，要通过城乡融合发展来破解"三农"难题，这是一个必经过程。具体来说，就是要达到"产业兴旺、生态宜居、乡风文明、治理有效、生活富裕的总要求"。

138.《马克思主义政治经济学视角下两种数字货币的本质及发展趋势》

作者：王娜

期刊：《经济纵横》

刊期：2017 年第 7 期

随着电子信息技术的快速发展，传统生活的方方面面正不断被改变甚至重塑。如今，电子信息技术正进入人们生产生活必不可少的货币领域，货币的电子化、虚拟化、数字化现象层出不穷，以比特币为代表的数字货币引起热议。关于数字货币的争论主要集中在两方面：一是数字货币到底是不是货币；二是数字货币的未来发展趋势如何。这里涉及两种数字货币，即自发的数字货币和法定的数字货币。从马克思主义政治经济学视角看，前者本身没有价值，只能通过现实货币这一桥梁来表现和衡量其他一切商品的价值，间接充当一般等价物；后者以国家信用为基础，由中央银行发行和调控，只是货币的数字化发展。尽管数字货币的推广和使用已成必然趋势，但两种数字货币的发展均受合法性、社会认可度等因素的影响，而不同国家对两种数字货币的态度和技术水平及其普及度，则给两种数字货币的发展带来诸多不确定性。

139.《价值决定向价值实现的蜕化：置盐定理的逻辑推理困境》

作者：王生升、李帮喜、顾珊

期刊：《世界经济》

刊期：2019 年第 6 期

与马克思关于剩余价值生产和实现之间辩证关系的分析不同，置盐定理仅仅展示了社会总资本矛盾运动的一个方面，即剩余价值实现对剩余价值生产的反向影响，剩余价值生产与剩余价值实现被简化为同一过程。这种简化消除了剩余价值生产和实现的矛盾对立，资本主义社会中积累和消费的对抗性矛盾及其背后的对抗性生产—分配关系被遮蔽起来，因此它无法说明作为资本主义历史发展规律的一般利润率下降趋势的现实展开方式。但置盐定理把一般利润率重新置于部类均衡的社会再生产模型中进行分析，点明了工资收入对剩余价值实现的意义，勾勒了剩余价值实现反作用于剩余价值生产的宏观机制，有力地推动了利润率趋向下降规律的研究进展。置盐定理突破了从资本有机构成和剩余价值率的相对关系来分析利润率趋向下降规律的思维定式，把一般利润率重新放置到社会总资本再生产模型中进行分析，这更符合马克思在《资本论》第 3 卷中论述的本意。

140.《党的十八届三中全会以来国有企业混合所有制改革研究进展与述评》

作者：王婷、李政

期刊：《政治经济学评论》

刊期：2020 年第 6 期

混合所有制改革是当前我国推进国有企业改革的主要途径。党的十八届三中全会以来，我国学术界围绕国有企业混合所有制改革进行了深入的探讨，内容涉及国有企业改革的时代背景、意义、途径、模式以及效果等多个方面，较为全面地研究了我国在新时代推进国有企业混合所有制改革的相关问题。相关研究虽然在国有企业混合所有制改革的内涵和必要性等问题上形成了较为统一的认识，但是在如何分类推进国有企业混合所有制改革、国有企业混合所有制改革应把握的主线、混合所有制企业中不同所有权的地位和作用、混合所有制企业的定位、混合所有制改革过程中出现的国有企业私有化等问题上，还存在着较大的争议。本文以新时代中国特色社会主义国有企业混合所有制改革的相关理论和实践为背景，从国有企业混合所有制改革的背景与内涵、必要性与意义、遵循的基本原则、面临的主要问题和改革的主要途径五个方面，系统梳理党的十八届三中全会以来国有企业混合所有制改革等的相关研究成果，力图较为全面地总结理论研究的新进展，对存在争论的观点进行辨析，并提出有待深入研究的问题，为进一步推进国有企业混合所有制改革实践奠定理论基础。

141.《经济金融化趋向及其对我国实体经济发展的启示——基于 1973—2017 年美国经济发展数据的分析》

作者：王守义

期刊：《马克思主义研究》

刊期：2018 年第 10 期

基于一个拓展的马克思生产关系思想史分析框架，运用 1973—2017 年美国经济社会发展数据对美国经济金融化趋向的特征进行考察后发现，美国雇佣工人劳动受制于资本且被资本剥削的程度在加深，信用过度扩张加剧了资本主义生产关系及其实体经济运行的不确定性，宏观经济在虚拟资本脱离产业资本的循环与增值过程中逐步"脱实向虚"，而虚拟资本在世界市场层面的扩张推动形成了新的金融帝国主义，这又加速了经济金融化趋向。立足于马克思主义政治经济学理论，重新考察当代美国经济金融化趋势的特征事实，归纳提炼其对我国实体经济发展的启示，最大限度地降低金融化，尤其是日益膨胀的金融全球化对我国实体经济发展的负面影响，这对于降低我国金融系统性风险、推动新时代我国实体经济与虚拟经济协调发展、建设现代化经济体系，无疑具有极为重要的理论价值与实践意义。

142. 《社会再生产中的流通职能与劳动价值论》

作者：王晓东、谢莉娟

期刊：《中国社会科学》

刊期：2020 年第 6 期

马克思的商品流通理论，对于科学认识流通产业在我国发展国民经济中的基础性和先导性地位，具有重要意义。流通产业的双重功能包括延续生产的价值生成过程和媒介交换的价值实现过程。前者为生产性劳动，尤其体现在发挥集中力量办大事的社会主义制度优势上，进行大规模的交通运输通信基础设施建设。后者为商品流通必要的媒介性劳动，要注意防止以为纯粹流通费用会创造价值的拜物教意识，发展做强实体经济。遵循马克思关于人类社会按一定比例分配社会劳动量的一般规律，不断探索中国特色社会主义市场经济流通社会化的特殊规律，加快流通周转速度，节约全社会的流通费用，提高流通效率，持续改进供需两侧相匹配相平衡的程度，建设包括现代流通体系在内的现代化经济体系，提升商品生产大流通的稳定、连续性，探索中国特色社会主义市场经济流通社会化的特殊规律，对于促进供给侧结构性改革，建设现代化经济体系，以高质量发展满足人民美好生活的需要，具有重要的现实意义。

143. 《剩余价值国际转移与一般利润率变动：41 个国家的经验证据》

作者：王智强

期刊：《世界经济》

刊期：2018 年第 11 期

剩余价值国际转移对利润率变动的重要影响为学术界普遍忽视。本文基于马克思市场价值理论分析了剩余价值国际转移，并将其纳入利润率决定体系，重新考察了利润率变动。理论研究表明，国别价值转化为国际价值引起剩余价值从劳动生产率低的国家向劳动生产率高的国家转移，剩余价值国际转移率对利润率有正效应，在剩余价值国际转移率、剩余价值率、资本有机构成的影响下，利润率可能下降、不变或上升。基于经验数据的分析发现，剩余价值国际转移率对利润率确实有正效应，其与剩余价值率的正效应大于资本有机构成的负效应，利润率随劳动生产率的提高而上升。剩余价值国际转移导致利润率下降规律给资本主义生产方式发展造成的限制存在国际差异。本文将剩余价值国际转移纳入马克思的利润率决定体系，重新考察了利润率的变动，本文的研究有助于理解利润率下降规律给资本主义生产方式发展造成的限制所存在的国际差异，对于从世界经济不平衡发展的角度理解资本主义制度的历史局限性具有重要的理论意义。

144. 《马克思主义经济危机理论体系的构成与发展》

作者：王中保、程恩富

期刊：《经济纵横》

刊期：2018 年第 3 期

2018 年是 2008 年金融危机和经济危机爆发 10 周年，尽管"经济危机"一词已为人熟知，但需从定性和定量角度对其定义进行重新界定，并对经济波动与经济周期、经济周期与经济危机加以区分。对造成经济危机的具体原因的理论阐释，如社会生产的无计划论、社会再生产的比例失调论、有支付能力的消费不足论、利润率下降趋势论、固定资本的更新论和资本的过度积累论等，均是马克思主义经济危机理论体系中包裹着内核的外围理论，与经济危机的资本主义生产资料私有制根源论这一内核一起，构成马克思主义经济危机理论体系的主体架构。资本家的贪婪、政府监管不力、虚拟金融过度发展、信贷消费过度、经济金融风险低估、市场信息不对称等经济危机诱因，则是马克思主义经济危机理论体系的枝节或节点，并与内核和外围理论一起构成了丰富的马克思主义经济危机理论体系。本文主要对经济危机定义的重新界定、马克思主义经济危机理论体系的主要外围理论进行系统分析，最后提出包括枝节或节点在内的马克思主义经济危机理论体系的完整架构，以期创新和发展马克思主义政治经济学的经济危机理论。

145.《关于中国特色社会主义政治经济学的一些新思考》

作者：卫兴华

期刊：《经济研究》

刊期：2017 年第 11 期

党的十九大报告提出中国特色社会主义进入了新时代，这意味着中华民族迎来了从站起来、富起来到强起来的伟大飞跃。报告中有不少创新思想和新的提法，有些方面涉及对中国特色社会主义政治经济学的新思考和新论述。关于社会主要矛盾的转换问题中，改革开放前期的社会主要矛盾的内涵，会随着发展而不断变化。经过改革以来的发展，卖方市场变为买方市场，人民的收入和生活水平总体上显著提高。初级消费品出现积压、滞销，原有含义上的社会主要矛盾事实上已经发生了变化。关于经济发展中的效率和公平问题方面，在生产领域，讲效率优先没有错，应是优先于产值和速度，但不能错位地优先于分配领域的公平。社会主义生产的目的是通过分配公平，满足人民日益增长的美好生活需要，实现共同富裕。关于按劳分配与按生产要素分配问题方面，重在完善按要素所有权分配的体制机制。因为按要素分配并不是分配给要素自身，不是分配给资本、土地和其他生产资料，而是分配给要素所有者，他们是凭借要素所有权参与分配。应回到马克思主义的既符合实际又具有科学性的分配理论上来，生产决定分配，生产关系决定分配关系，不能离开所有制空谈分配问题。

146.《怎样认识我国社会主要矛盾的转化》

作者：卫兴华、赵海虹

期刊：《经济纵横》

刊期：2018 年第 1 期

任何社会都存在生产力和生产关系的基本矛盾，并表现为不同的形式。

新中国成立以来关于社会主要矛盾转化的判断，有其复杂性与特殊性。党的十九大报告提出的社会主要矛盾转化是中国特色社会主义进入新时代的表现。我国进入新时代是以社会主要矛盾的转化为根据的解读有待商榷。我国社会主义初级阶段主要矛盾的转化是渐进的，有个由量变到质变的过程。这种转化有其特殊性，具有连接性和发展性，不是相互排斥和对立的关系，而以往社会主要矛盾的转化，往往是相互排斥和对立的根本性变化。中国特色社会主义进入新时代，与社会主义初级阶段的基本国情没有变、我国仍处于世界最大发展中国家的国际地位没有变并不矛盾，而是相统一的。我国发展进入了新时代，确定了我国发展的新的历史方位和新的战略布局，这是提出社会主要矛盾转化的具有内在联系的必要时机。同时，新时代的社会主要矛盾隐含着收入差距拉大的不平衡问题。

147.《应准确解读我国新时代社会主要矛盾的科学内涵》

作者：卫兴华

期刊：《马克思主义研究》

刊期：2018 年第 9 期

新时代社会主要矛盾中的发展不平衡不充分，不能简单解读为还存在着大量落后的甚至原始的生产力，以及在区域、城乡和收入等方面存在着不平衡。本文紧扣党的十九大报告和习近平同志的有关论述，阐述了社会主要矛盾特别是发展不平衡不充分的原本内涵和解决矛盾的途径与方略。新时代社会主要矛盾中的发展不平衡不充分，是指相对于美好生活需要而言供给还不充分，形成需求侧与供给侧的不平衡。从人民日益增长的美好生活需要方面来看，既存在着总体性的共同内涵，也包含着层次性的区别内涵；人民群众对美好生活的需要，可以区分为可实现的需要、期待性与期盼性的需要。因此，既要把全民期盼的美好生活需要作为奋斗目标，又应关注怎样缓解贫富分化的难题。对社会主要矛盾的全面理解与把握，要与经济、社会、生态等各个方面的发展战略目标紧密联系起来。鉴于目前对社会主要矛盾内涵的主流解读囿于生产力落后以及城乡、区域发展和收入水平等现象层面的不平衡，有必要从理论层面加以澄清。

148.《数字资本主义下的价值生产、度量与分配——对"价值规律失效论"的批判》

作者：魏旭

期刊：《马克思主义研究》

刊期：2021年第2期

西方马克思主义学者以"非物质劳动""受众劳动""产消者劳动"等为核心范畴，阐释Web2.0时代在线生产和消费活动的价值创造与数字资本利润来源问题。通过对数字资本主义生产过程的分析，西方马克思主义学者得出当代资本主义生产已经呈现整体"新颖性"的判断；依据数字资本主义生产所具有的特殊成本结构、生产时间和生活时间的日益模糊化以及数字资本主义下有酬劳动与无酬劳动界限消失等新特点，西方马克思主义学者得出价值规律在"数字产消"时代已经失效的结论。然而，一旦将数字劳动及其结果置于"资本主义直接生产过程""固定资本积累规律""生产劳动与非生产劳动分类"等马克思的分析框架中就会发现，数字资本的辉煌成就应该理解为创新的剩余价值占有或分配模式，而不是新的剩余价值创造方法，价值规律失效的结论及其依据是对马克思劳动价值论的误读或误解。尽管数字资本主义生产方式在部分地消解价值规律的作用，但价值规律作为调节全球资本主义生产的总原则在当代仍然有效。

149.《马克思的产业升级思想及其对当代中国结构转型的指导意义》

作者：魏旭

期刊：《毛泽东邓小平理论研究》

刊期：2018年第6期

不同于发展经济学结构主义和全球价值链理论的产业升级思路，马克思主义经济学将产业升级看作是不同资本在追求超额利润的内在动力和为应对资本主义竞争的外在压力下，不断引入新技术、新模式和新方法的产业发展能力的累积与培育的动态过程，其核心是劳动生产率的提升。这一过程既包括产业内部生产结构的变动、产业间生产结构的变动，也包括产业内和产业间生产的联动效应。资本的产业内竞争、资本的产业间竞争、资本的空间流动以及资本的分化是推动产业升级的过程机制和产业升级的实现方式。推动产业升级，必须遵循生产方式特别是技术方式演化规律、社会生产按比例协调发展规律和生产性劳动增长效应规律等的约束，才能真正使产业升级成为经济可持续高质量发展的有效路径。本文在运用马克思主义经济学的立场、观点和方法批判性地理解和认识西方主流产业升级理论的基础上，系统地梳理和解读马克思的产业升级思想，以期对我国的产业升级实践有所裨益。

150.《改革开放四十年的城乡关系：历史脉络、阶段特征和未来展望》

作者：吴丰华、韩文龙

期刊：《学术月刊》

刊期：2018 年第 4 期

改革开放以来，中国城乡关系发展可分为四大阶段：城乡关系趋好阶段（1978—1984 年）、城乡再度分离阶段（1984—2003 年）、城乡统筹发展阶段（2003—2012 年）和城乡全面融合发展阶段（2012 年至今）。在市场化改革下，市场和政府的力量共同作用，制度破冰和创新改革同步推进，城乡居民共同努力，中国城乡关系呈现出独特的发展轨迹，经历了深刻变迁并得到了极大改善。本文提出了"改革参与缺失理论"以解释 20 世纪 80 年代中期至 21 世纪初的城乡分离和城乡差距扩大，并将城乡发展理论总结为"城乡发展目标理论—城乡发展路径理论—城乡发展对策理论"组成的理论体系。当前中国城乡发展的难点是户籍人口城镇化水平偏低和县域经济不发达，未来，必须要贯彻"以人民为中心"的城乡发展思想，坚持"五位一体"总体布局以破解五重城乡二元结构，深入推进实施乡村振兴战略，坚持发展城乡和促进城市发展并重的方针，着力振兴县域经济。

151.《新时代的共同富裕：实现的前提与四维逻辑》

作者：吴文新、程恩富

期刊：《上海经济研究》

刊期：2021 年第 11 期

新时代扎实推动共同富裕存在若干逻辑前提，比如党在非公有制经济占优势的条件下推动共同富裕的决心和意志坚不可摧，必须依靠人民群众重点推动富裕之"共同"。我们可以从共享发展和协调发展理念、社会基本矛盾、公平与效率关系等角度来把握共同富裕的概念逻辑。从理论逻辑看，公有制和按劳分配是实现共同富裕的内在主导性逻辑，而其他分配方式是外部辅助性和补偿性逻辑；从历史逻辑看，社会主义思想和国际共产主义运动的价值追求，中国共产党人对革命、建设、改革的艰辛探索，本质上都是在设法实现共同富裕；从实践逻辑看，中外历史特别是市场起决定作用的社会主义初级阶段造成贫富分化的原因相当复杂，需要我们在科学认知"因果关系"的基础上确立共同富裕的圆满实现逻辑及其相关深化改革方略。最后聚焦于分配领域，我们可以充分通过"五种分配方式"来扎实推动共同富裕，并商榷学界的"三次分配"内涵。

152.《习近平总书记关于人类命运共同体重要论述的最新研究动态与展望》

作者：吴庆军、王振中

期刊：《毛泽东邓小平理论研究》

刊期：2019 年第 10 期

自 2013 年习近平首次在国际场合系统全面阐述"人类命运共同体"以来，学术界针对人类命运共同体的产生、发展、主要内容、基本原则等问题进行了多层次的探讨。党的十九大召开后，"人类命运共同体"的研究达到高潮。当前，从总体上看，人类命运共同体的研究主要体现在以下六个方面："马克思共同体"思想与"人类命运共同体"思想的关系研究；"中华文明共同体"思想与"人类命运共同体"思想的关系研究；"一带一路"与"人类命运共同体"的关系研究；"建设新型国际关系、全球治理体制变革"与"构建人类命运共同体"的关系研究；"正确义利观"与"人类命运共同体"的关系研究；人类命运共同体的哲学领域研究。当前，如何应对以美国为首的西方霸权给构建"人类命运共同体"带来的威胁和挑战，将是未来学术界和理论界应该探索研究的重点方向和重点领域。

153. 《新发展格局及对构建中国特色社会主义政治经济学体系的启示》

作者：吴宣恭

期刊：《经济纵横》

刊期：2021 年第 2 期

形成以国内大循环为主体、国内国际双循环相互促进的新发展格局，不仅与当前国际国内经济政治形势的重大变化有密切关系，也是中国共产党全面总结改革开放经验，正确把握和运用经济发展的客观规律，引导中国经济长远高质量发展的重大决策。对此，需要明确我国经济发展方向，完善社会主义公有制为主体、多种所有制经济共同发展的基本经济制度；正确理解和把握"两个毫不动摇"，切实保证公有制为主体；做强做优做大国有企业，改善国有企业的管理体制，增强国有经济的影响力、控制力；做好组织工作，通过各种形式扩大农村集体所有制，振兴农村经济。同时，中国特色社会主义政治经济学可从创新、协调、绿色、开放、共享的发展理念和以国内大循环为主体的双循环新发展格局得到启示，进而构建完整的学科体系。

154. 《我国相对贫困的内涵特点、现状研判与治理重点》

作者：吴振磊、王莉

期刊：《西北大学学报（哲学社会科学版）》

刊期：2020 年第 4 期

贫困问题能否得到较好的解决，将直接影响从全面建成小康社会到基本实现现代化，再到全面建成社会主义现代化强国这一新时代中国特色社会主义发展战略安排的进程。党的十九届四中全会提出"坚决打赢脱贫攻坚战，建立解决相对贫困的长效机制"，对当前和下个阶段扶贫工作的战略方向做出明确安排。在 2020 年全面建成小康社会、消除绝对贫困以后，我国的扶贫事业将进入以解决相对贫困为目标的共富性反贫困阶段。通过界定相对贫困的内涵与特点，认为相对贫困是发展不平衡、不充分和分配不平衡等我国社会主要矛盾转化形成的同一时期、不同地区或不同阶层成员之间由于主观认定的可维持生存水准的差别而产生的贫困。结合 2000—2018 年我国城镇与农村内部收入整体变化趋势以及 2018 年部分省区的变化情况，概括了相对贫困的基本现状，分析了当前贫困治理的矛盾。在此基础上，从"制度—组织—能力"三个维度提出了治理相对贫困的重点。

155.《中国特色共同富裕理论的新境界》

作者：武建奇

期刊：《河北经贸大学学报》

刊期：2021 年第 6 期

共同富裕并非一个新话题，但中国特色社会主义共同富裕的理论与实践开拓了一个新境界。党的十九届五中全会以来党中央提出的关于实质推进共同富裕的一系列新理论、新政策、新举措，正在部署实施实质性推进的发展型共同富裕、多成分共同富裕、市场式共同富裕和分阶段共同富裕就是突破传统思维、回应各种认识偏差的最好说明。"共同富裕具有鲜明的时代特征和中国特色"，它重视生产关系和分配关系在实现共同富裕中的重要作用，但更强调在高质量发展中推进共同富裕；坚持基本经济制度，立足社会主义初级阶段，坚持"两个毫不动摇"，发挥非公有制经济在推进共同富裕中的作用；要求激发各类市场主体活力，推动有效市场和有为政府更好地结合，培育更加活跃更有创造力的市场主体，壮大共同富裕根基；

坚持循序渐进，对共同富裕的长期性、艰巨性、复杂性有充分估计，不搞整齐划一的平均主义，要求分阶段促进共同富裕。

156. 《劳动形态对工资形态的影响及其对零工经济剥削研究的价值——基于王亚南〈中国经济原论〉文本的分析》

作者：肖斌、李旭娇

期刊：《当代经济研究》

刊期：2020 年第 8 期

王亚南的《中国经济原论》是基于马克思《资本论》的研究脉络撰写而成，是运用马克思政治经济学分析中国现实的典范之作。在这部著作中，王亚南洞悉到工资形态尽管是劳动者被剥削的直观反映，但其根源却暗含于劳动形态之中；只有从工资形态变化与劳动形态演变之间的内在联系出发，才能明确不同利益主体间的根本经济关系，进一步深刻揭示劳动者被剥削的现实基础。作为一种与生产资料相结合的新的劳动形态，零工经济在替代传统雇佣劳动过程中逐渐兴起，其在表象上确实具有更加贴合虚拟生活和吸引新型劳动者阶层加入的特性，但按照王亚南在《中国经济原论》中的思想方法加以考量，深入探析零工经济生产过程中所存在的不平等交换关系，我们便会发现，零工经济在本质上不过是依托平台资本、数字资本存在且又被新型外表包裹的旧式用工形态，资本对劳动剥削与榨取的本质并未更改。

157. 《"分享经济"背景下劳资关系的演变趋势探析》

作者：肖潇

期刊：《探索》

刊期：2018 年第 2 期

"分享经济"的兴起标志着生产力与生产关系的又一次变革，对劳资关系发展的走向将产生怎样的深远影响，成为马克思主义经济学时下亟待研究的一个热点问题。本文试图运用马克思主义的研究方法，对以上问题进行初步的系统阐释。具体将围绕下列问题展开：首先着力于生产力层面，"分享经济"带来的技术进步如何改变了分工及企业内部资本和劳动的布局；其次研究生产关系层面，"分享经济"对劳动过程进行了怎样的塑造，从哪些方面实现了资本对劳动的控制与分化，并且产生了怎样的结果；再次从当代资本主义发展的宏观层面，剖析"分享经济"的深入对全球范围内劳资关系的走向并对中国劳资关系的前景进行初步研判。"分享经济"代表了新福特主义与后福特主义积累体系的折中，将使劳资关系的运行走向一个新阶段。

158.《中美贸易摩擦的政治经济学分析》

作者：谢地、张巩

期刊：《政治经济学评论》

刊期：2018 年第 5 期

特朗普就任美国总统以来，推出了一系列贸易保护主义政策。中国作为美国最大的贸易顺差国，不可避免地成为特朗普政府的重点攻击对象。自 2017 年 8 月 18 日美国启动对中国的"301"调查后，中美贸易摩擦持续升级。2018 年 7 月 6 日，中美贸易战正式打响。中美贸易摩擦是中美两大经济体经济利益关系矛盾运动的产物，也只能在彼此经济利益关系的调试中逐步得到解决。美国表面上主张缩小贸易逆差，实则是要遏制我国产业升级和结构调整，反映了国际竞争不断深化背景下民族国家利益的冲突对抗性质，也暴露了守成大国对新兴大国崛起的忌惮心理，具有深刻的政治经济学意涵。本文从马克思主义政治经济学视角对中美贸易摩擦问题进行不同于一般贸易理论的有效解释及说明，有利于深刻理解中美贸易摩擦的本质，有理、有力、有节地理性应对挑战，具有重要的现实意义。

159.《平台经济全球化的政治经济学分析》

作者：谢富胜、吴越、王生升

期刊：《中国社会科学》

刊期：2019 年第 12 期

以数字化、智能化和网络化为核心特征，人类社会正迎来新一轮工业革命。在资本主义发达国家，随着云计算、大数据、物联网、机器学习等数字技术体系的发展，各种基于互联网的商业模式和产业形态重组了社会生产与再生产的各个过程。作为适应数字技术体系的资本积累和社会生产与再生产的新组织形式，平台经济依靠高效的数据采集和传输系统、发达的算力以及功能强大的数据处理算法所支持的数字平台，跨时空跨国界跨部门地集成社会生产、分配、交换与消费活动，极大地促进了社会生产力的发展。在平台经济中，数字平台的技术特性及资本对平台的垄断，塑造了动态不完全竞争格局，基于数字平台的劳动组织新形式导致不稳定的就业和工资，资本积累的逻辑渗入劳动力再生产过程。资本主义条件下的平台经济仍然无法克服资本积累规律揭示的内在矛盾。

160.《〈资本论〉在中国的翻译、传播和接受（1899—2017）》

作者：徐洋、林芳芳

期刊：《马克思主义与现实》

刊期：2017 年第 2 期

《资本论》在中国的翻译、传播和接受史可分为四个时期：19 世纪末—20 世纪 20 年代，《资本论》的原理初步传入中国；20 世纪 20 年代—1949 年，《资本论》中文部分译本和全译本诞生，《资本论》研究进一步展开，其原理被运用于中国革命；1949 年—20 世纪 70 年代末，《资本论》翻译和传播进入全新阶段，《资本论》原理被应用于社会主义建设的探索；20 世纪 70 年代末至今，《资本论》的翻译、研究取得重大成果。本文系统梳理了《资本论》在中国的翻译与出版、研究与教学、宣传与运用，考察了《资本论》中文译本的各个版本，分析了《资本论》原理在中国各个历史时期的研究状况，总结了中国《资本论》百年传播史的特点和经验，指出《资本论》在中国的传播与中国共产党领导的革命、建设和改革事业紧密联系在一起，并随着中国人民实现民族复兴的伟大实践而不断深化。

161.《中国特色社会主义政治经济学方法论研究——兼对生产一般与资本一般机理关系的考订》

作者：许光伟

期刊：《经济纵横》

刊期：2019 年第 2 期

马克思主义统一世界观和方法论的途径是实践的构图，是把方法论也看作是"世界观"，并进行"改造世界""理解世界""解释世界"，最终落脚于研究方法与叙述方法规定的统一。在这一构图中，"思维学"处于理解与联系的中心位置，从而可用以支持中国特色社会主义政治经济学理论建设，从中发掘方法论品性的机理探究及其工作规定。具体做法：一是必须按照生产一般与资本一般的机理关系，考订对象到研究对象的研究叙述关系，阐述全体规定的方法论工作内涵，从中"本土寻根"与寻求"辩证的表达"；二是在马克思主义思维科学框架下，把握"本质对现象的关系"（规定），回答时代问题与实践问题。方法论上的唯物主义意义在于建立方法规定对经济认识的辩证理解关系，而指涉内在关系的"深层机理探究"将揭示《资本论》体系结构如何诞生，说明解决之道始终在于历史"重新开始"与工作"再出发"。

162.《乡村振兴战略实施与宅基地"三权分置"改革的深化》

作者：严金明、迪力沙提、夏方舟

期刊：《改革》

刊期：2019 年第 1 期

宅基地"三权分置"改革是落实乡村振兴战略、保障农民安居乐业的基础平台和必要抓手，是未来一段时期内更有效地呼应农业农村优先发展、满足乡村居民美好生活追求的关键制度创新。针对乡村振兴战略的发展要求，宅基地"三权分置"改革应当参照制度变迁的历史路径依赖，在坚持集体所有权不动摇的前提下进一步明确集体内涵、赋予完整权能、分离部分产权和强化公共职能；依据多元福利主义和福利实现依赖，以凸显资格权落实乡村农民集体的居住福利保障，并探讨由集体、政府、市场和社会共同提供多元农民居住福利保障替代路径；按照市场主导化配置和利益风险挂钩，以放活宅基地使用权实现资源市场配置优化和农民财产价值显化，并在利益诉求和可能风险之间权衡选择宅基地具体流转路径，实现宅基地由传统单一居住功能向现代多重复合功能转型。

163. 《新时代中国特色社会主义政治经济学研究对象和逻辑起点——马克思〈资本论〉及其手稿再研究》

作者：颜鹏飞

期刊：《内蒙古社会科学（汉文版）》

刊期：2018 年第 4 期

一般而言，作为学科或者体系标识的研究对象与逻辑起点，举足轻重。新时代中国特色社会主义政治经济学研究对象以及该体系的逻辑起点是学术界一直争论不休的热点问题。马克思《资本论》及其手稿关于狭义的政治经济学体系的研究对象和逻辑起点的理论研究成果，为阐释新时代中国特色社会主义政治经济学研究对象和逻辑起点提供了富于启迪的思路和方法论。社会主义生产方式总体及其生产力和生产关系的运动规律是中国特色社会主义政治经济学这一门科学的研究对象；而现实的社会主义公有制市场经济形态条件下的"变形的商品"则是中国特色社会主义政治经济学体系的逻辑起点或元范畴。如何以社会主义初级阶段公有制条件下的变形商品为起点范畴演化出中国特色社会主义政治经济学体系，这是基于马克思概念变形理论基础之上的、需要结合当代中国新的实际加以丰富发展的理论。

164.《内循环为主双循环互动的理论创新——中国特色社会主义政治经济学的时代课题》

作者：杨承训

期刊：《上海经济研究》

刊期：2020 年第 10 期

习近平同志提出了以国内大循环为主体，国内国外两个循环互动的战略思想，将社会再生产四大环节和五大发展理念契合链接为社会主义经济纵向运行的轨道，形成了立体的协调配置，以螺旋式增长、协调提升经济质量，以多维的动态的系统理论阐发了社会主义经济发展的一条重要规律，发展了中国特色社会主义政治经济学系统论。社会主义经济大循环由大大小小的多层次系统组成多维交叉体系，需要以扩大内需为重点，推进供给侧结构性改革，指出了"十四五"规划的方向，回答了时代课题。同时要求内外循环互动，在大变局中利用好两个市场两种资源，在新高度上深化了改革开放理论。这是以往马克思主义经典作家所没有来得及详加论述的，可谓开拓了社会主义经济循环系统论，勾勒了新时代中国特色社会主义在长期复杂的国内外形势下高质量发展的历史课题。

165.《论公有制理论的发展》

作者：杨春学

期刊：《中国工业经济》

刊期：2017 年第 10 期

公有制理论正处于这样一种状态：经典的理论结构以其"纯粹形态"仍然充满吸引力，但是基于苏联模式的公有制理论正在失去其现实基础，而中国的实践丰富和发展了公有制理论。"以公有制为主体，多种所有制经济共同发展"的体制，决然不同于苏联模式中的公有制。二者的差异不是边际意义上的变化，而是带有实质性意义的变革。这种变革正在使我们对社会主义所有制本身形成一种新的认识。中国理论家和实践者以非常巧妙的方式对所有制理论进行了创造性的发展。我们面临的政策问题是：通过什么样的方式，才能消除或削弱收入和财富差距过大带来的弊端，实现社会主义所许诺的社会经济状态？这是一个远比批判私有制社会复杂得多的重大问题。所有制是市场初次分配中的决定性因素，但是，我们可以通过再分配的社会政策，削弱由此而产生的财富和收入分配的差距。

166.《全球价值链的空间拓展机理探究——兼论"一带一路"建设的路径构想》

作者：杨静、徐曼

期刊：《中国特色社会主义研究》

刊期：2017 年第 2 期

全球价值链的空间格局呈现出开放性、依赖性、非均衡性的明显特征，发达资本主义国家主导的全球价值链已成为其进行全球经济掠夺、建立霸权体系的工具。基于马克思主义理论分析，全球价值链是一种资本向外扩张的、灵活的资本积累体系，是将不同空间内的资源、劳动力和资金进行重组和分配，在跨国公司、国家、国际组织构成的"权力三角"作用下，在全球范围内将生产过程不断地进行空间拓展的一种产业组织结构。当前，包括中国在内的众多发展中国家在全球价值链的利益格局中仍处于相对弱势的地位，而"一带一路"正是构建公平开放、利益共享的全球价值链的重要契机，是在"权力三角"的推动下，面向国家、面向全球的重要合作平台。探究全球价值链的空间拓展机理将具有重要意义，有助于改善当前中国在全球价值链中的弱势地位以及通过"一带一路"这一平台推进全球经济治理模式向更公平、更合理、更开放的方向迈进。

167.《马克思世界市场理论及其现实意义——兼论"逆全球化"思潮的谬误》

作者：杨圣明、王茜

期刊：《经济研究》

刊期：2018 年第 6 期

世界市场理论在马克思"六册计划"中占有十分重要的地位，是马克思希望完成但未完成的政治经济学整体理论体系的重要组成部分。马克思世界市场理论一方面源于他对周围现实社会的观察与思考，另一方面来源于他对前人成果批判性的吸纳。本文通过探析英法古典政治经济学家的世界市场思想，梳理马克思有关世界市场的论述，阐述了对马克思世界市场理论主要思想的理解，认为该理论揭示了世界市场形成的基础、条件、原因、规律与作用，是对全球化的预见和前瞻性认识，对人们认识全球化、国际经济秩序和贸易自由化都具有重要指导意义。目前"逆全球化"思潮暗流涌动，形成与全球化发展趋势相违背的一种现象。运用马克思世界市场理论反思"逆全球化"现象中存在的问题，才能揭开"逆全球化"谜团，为推进全球化发展和进一步增强中国在世界市场发展中的影响力提供正确指引。

168.《流域分工视角下长江经济带高质量发展初探——一个马克思主义政治经济学的解读》

作者：易淼

期刊：《经济学家》

刊期：2019 年第 7 期

基于马克思主义政治经济学进行流域分工的理论阐释，能够把握流域分工形成的自然基础、流域分工演进的影响因素以及流域分工的"共同利益—特殊利益"逻辑，从而为中国特色社会主义流域经济研究提供重要的理论支撑。在新时代，推进长江经济带高质量发展是中国特色社会主义流域经济研究的一项重要命题，迫切需要马克思主义政治经济学的理论支撑。结合马克思主义流域分工的理论内涵可知，长江流域内部自然条件的差异性为长江流域分工的形成提供了自然基础。而且，伴随长江流域分工的历史演进，长江经济带得以孕育生成并长足发展，同时也在发展中呈现出新的问题。当前，应深入长江经济带流域分工层面，尊重自然条件差异性对流域分工的基础功能，发挥交通基础设施对流域分工的促进作用，并在流域分工新格局构建中实现"共同利益—特殊利益"关系均衡，以之推进长江经济带高质量发展。

169.《论〈资本论〉的整体性》

作者：余斌

期刊：《经济纵横》

刊期：2017 年第 11 期

《资本论》第一卷具有它的独立性，可以独立存在。恩格斯曾经感觉到马克思打算在《资本论》后两卷论述的一些内容，可以根据第一卷的相关内容推导出来，进一步确立了《资本论》第一卷的独立性。但仅仅阅读《资本论》第一卷，难以理解剩余价值如何转化为利润，利润又如何转化为平均利润。具有片面性的《资本论》第一卷也完成不了完全驳倒全部官方的资产阶级经济学的任务。马克思生前没有出版《资本论》后两卷的主要原因是马克思没有足够的精力，而影响马克思精力的主要因素是经济上的贫困、疾病、无产阶级革命事业的牵扯及反动政权的政治迫害。当然，马克思本人的精益求精也是一个重要因素。《资本论》本质上叙述的是剩余价值的整个生涯，这也是《资本论》全部三卷的整体性之所在，其中，《资本论》全部三卷分别对应剩余价值的生产、流通和分配。只有全部三卷合在一起才具有《资本论》所论述的剩余价值理论的完整性或整体性。

170.《农村土地"三权分置"与新型农业经营主体培育》

作者：张广辉、方达

期刊：《经济学家》

刊期：2018 年第 2 期

农村土地"三权分置"是我国农村土地制度的重大改革，发展适度土地规模经营，提高农村土地利用效率，进一步推动了我国农业现代化进程。

党的十九大报告将"深化农村土地制度改革，完善承包地三权分置制度"和"培育新型农业经营主体"作为实现乡村振兴战略的重要组成部分，成为全党全国的工作重点。本文首先讨论了农村土地所有权、承包权和经营权的基本内涵与意义，并明确放活土地经营权是土地"三权分置"制度的重要目标，其本质是在更大范围内为资金进入农村土地经营领域提供渠道，解决农业经营资金短缺与效率不足问题，为新型农业经营主体培育提供制度支持。其次，论述了不同类型的新型农业经营主体分别面临着"吃不下"的经营权、"分不清"的经营权和"拿不到"的经营权困境。最后，指出要从培育职业农民、完善土地经营权价值评估体系以及引入 PPP 模式等途径来加强新型农业经营主体培育。

171.《方法论的格式化与社会主义政治经济学的发展境遇——基于新中国成立以来政治经济学的发展历程的讨论》

作者：张晖明、任瑞敏

期刊：《复旦学报（社会科学版）》

刊期：2020 年第 1 期

斯大林对辩证唯物主义和历史唯物主义的"分工"格式化了经济学的方法论，导致经济理论研究被"格式化"约束，使丰富的实践演化进程不能随时代发展产生新的研究纲领，也不能内生出适合需要的更为具体的研究方法。这样两个方面的因"格式化"产生的后果，制约和阻碍了政治经济学理论的发展。本文主要研究新中国成立以来格式化方法论作用下社会主义政治经济学的这种发展境遇，以时代转变为依据，分为三个阶段，第一阶段是引进一般性方法论和创新具体研究方法，构建社会主义计划经济模式下的政治经济学（1949—1977）；第二阶段是在经济模式转换的背景下，保持方法论和具体研究方法不变，发展社会主义政治经济学（1978—1992），第三阶段是反思方法论，构建社会主义市场经济模式下的政治经济学（1992—2015）。从而在回溯历史的基础上，揭示格式化的方法论如何导致理论与实践的疏离，为中国特色社会主义政治经济学的体系构建提供批判性参考。

172.《坚持"两个毫不动摇"是新时代经济发展的必然抉择——警惕"所有制中性论"带来的思想混乱》

作者：张嘉昕、王庆琦

期刊：《毛泽东邓小平理论研究》

刊期：2019 年第 8 期

党的十九大报告强调，要毫不动摇地巩固和发展公有制经济，毫不动摇地鼓励、支持、引导非公有制经济发展。这阐释了中国特色社会主义经济建设中公有制经济与非公有制经济之间的关系，指出坚持"两个毫不动摇"是新时代经济发展的必然抉择和基本方针。基于我国仍处于社会主义初级阶段的科学论断，新时代坚持"两个毫不动摇"有其客观必然性。国有经济、民营经济等多种所有制经济协同发展是社会主义市场经济体制的重要内容，也是新时代经济实现高质量发展的题中应有之义。近期，"所有制中性论"受到热议，关于通过限制国有经济来推动民营经济的"削峰填谷"式发展是错误的，这一理论偏离了我国宪法和马克思主义经济学的基础，要警惕由此带来的思想混乱。新时代经济发展坚持和巩固"两个毫不动摇"对全面深化改革开放、更好地满足人民日益增长的美好生活需要、加快现代化经济体系建设和推进"一带一路"建设具有重要意义。

173.《新时代乡村振兴战略实施路径——产业振兴》

作者：张建刚

期刊：《经济研究参考》

刊期：2018 年第 13 期

"三农"问题是关系国计民生的根本性问题，我们党对"三农"问题一贯非常重视。党的十九大提出要实施乡村振兴战略，解决好"三农"问题必须走中国特色社会主义乡村振兴道路。要坚持农业农村优先发展，按照产业兴旺、生态宜居、乡风文明、治理有效、生活富裕的总要求，建立健全城乡融合发展体制机制和政策体系，加快推进农业农村现代化。这是党在新时代对解决"三农"问题做出的战略部署和总体要求。乡村振兴是一个系统工程，涉及产业、人才、文化、生态、组织等诸多方面，这些方面相互影响、相辅相成，共同决定了乡村振兴战略的成效。产业振兴是实施乡村振兴战略的枢纽，是解决"三农"问题的重要抓手。没有产业振兴，农业就强不起来；没有产业振兴，农村就美不起来；没有产业振兴，农民就富不起来。乡村振兴要围绕如何实现产业振兴来展开。

174.《对经济高质量发展的马克思主义政治经济学解析》

作者：张俊山

期刊：《经济纵横》

刊期：2019 年第 1 期

质是一事物区别于他事物的特殊规定性，包括基本质和非基本质。在事物发展过程中，非基本质的发展可能妨碍基本质的实现。事物的质量就是事物表现出的属性与人们所认同的事物的基本质的符合程度。经济的基本质是向人们、首先是向最广大的劳动者提供物质生活资料的活动过程。经济发展的质量是指经济活动实现这一基本质的程度。经济发展质量直接受到社会生产关系的影响，只有社会主义生产关系下的经济发展才与经济发展质量要求相一致。我国在社会主义建设不同时期经济发展的质量要求和表现内容各不相同。推动经济高质量发展是新时代我国经济发展的必然要求，实现这一要求必须坚持社会主义方向，从技术基础、部门功能和比例、国家和政府作用、振兴农业基础及转变消费方式等多方面做出努力。这就要求我们从对经济发展质量的科学认识出发，对经济发展各个环节上的质量问题进行深入具体的研究。

175.《对新时代中国特色社会主义现代化经济体系建设的几点认识》

作者：张俊山

期刊：《经济纵横》

刊期：2018 年第 2 期

党的十九大做出"中国特色社会主义进入新时代"的论断，在新时代背景下，我国社会生产力水平总体上显著提高，社会生产与科技创新能力在很多领域跻身世界前列，但仍存在发展不平衡、不充分的突出问题。不平衡、不充分很大程度上存在于经济体系之中，因此建设现代化经济体系是新时代中国特色社会主义经济建设的重要战略任务，是对现代化认识的深化。现代化经济体系建设必须坚持新发展理念的指导，坚持在党的领导下走自主创新发展的社会主义道路。现代化经济建设理论包括马克思列宁主义的经济理论、我国社会主义建设各时期形成的社会主义理论、习近平新时代中国特色社会主义思想中的经济建设方略。我国现代化经济体系以实体经济为中心、建立在最新科技成果的应用基础之上、以质量第一为评价标准，并有着与之相适应的社会主义消费方式。

176.《用马克思再生产理论指导我国的"供给侧结构性改革"》

作者：张俊山

期刊：《当代经济研究》

刊期：2017 年第 7 期

2015 年年底召开的中央财经领导小组第十一次会议根据对我国经济所处"新常态""三期叠加"等形势的判断，提出要推进"供给侧结构性改革"。一年多来，"供给侧结构性改革"已成为经济理论界关注的一个重要领域。"供给侧结构性改革"是在我国特有的历史背景下，根据前期政策偏差和当前经济表现所确定的改革内容。要把马克思关于再生产的理论作为指导"供给侧结构性改革"的基本理论。在运用马克思关于再生产理论指导"供给侧结构性改革"过程中，要把这一理论置于马克思主义更为深厚的基础之上，从马克思主义的根本立场即以人民为中心的立场看问题，用马克思关于再生产的理论结构将"创新、协调、绿色、开放、共享"五大理念系统化、充实化，并深入调查研究了解我国经济发展新常态的具体实际，使"供给侧结构性改革"朝着社会主义的方向健康发展。

177.《理解习近平新时代中国特色社会主义经济思想的六个维度》

作者：张开、顾梦佳、王声啸

期刊：《政治经济学评论》

刊期：2019 年第 1 期

党的十八大以来，我们党将马克思主义政治经济学基本原理同我国经济发展新实践相结合，不断推进马克思主义政治经济学的中国化，努力把实践经验上升为系统化的经济学说，形成了习近平新时代中国特色社会主义经济思想。习近平新时代中国特色社会主义经济思想，是推动我国经济发展实践的理论结晶，是中国特色社会主义政治经济学的最新成果：马克思主义立场、观点和方法，是其理论底色；坚持加强党对经济工作的集中统一领导，保证我国经济沿着正确方向发展，是其本质特征；坚持以人民为中心的发展思想，解决新时代我国社会主要矛盾，是其根本立场；贯彻新发展理念，建设现代化经济体系，是其主要内容；深化供给侧结构性改革，解决新时代我国经济发展主要矛盾，是其工作主线；运用辩证方法做好经济工作，是其思想方法。这六个维度构成相互联系、相互促进的有机整体。

178.《研究马克思主义整体性的三大视角》

作者：张雷声

期刊：《思想理论教育导刊》

刊期：2018 年第 7 期

马克思主义整体性研究是自 2005 年年底马克思主义理论一级学科增设以来，理论界始终关注的一个重要问题。十几年过去了，理论界关于这一问题的研究虽然已经取得了较为丰硕的成果，但研究依然需要深入。在马克思主义整体性研究之于学科发展、思想政治理论课建设乃至专业课程建设的重要性、必要性等方面，理论界已达成了共识；然而，对于如何理解马克思主义整体性、马克思主义整体性研究的价值所在等问题，则尚未达成共识。这实际给我们进一步研究马克思主义整体性创造了极大空间。本文主要通过逻辑与历史相统一、共时性与历时性相统一、宏观研究与微观研究相统一的三大视角，对如何深入研究马克思主义整体性，以及马克思主义整体性研究的价值何在做进一步探讨。马克思主义整体性研究的这三大视角，也是准确把握马克思主义、真正发展马克思主义的方法论内容。

179.《开拓政治经济学中国话语新境界——中国民营经济理论的创新发展》

作者：张菀洺、刘迎秋

期刊：《中国社会科学》

刊期：2021 年第 6 期

改革开放以来我国民营经济的发展实践和理论创新，经历了从作为"社会主义公有制经济的附属和补充"的提出，到上升为我国"基本经济制度"的高度，从必须坚持"两个毫不动摇"的确立，再到进一步明确"民营企业和民营企业家是我们自己人"的过程。民营经济发展理论的创新是对社会主义初级阶段内在要求的回应，是对实现共同富裕正确路径选择的回应，是对人的行为理性及其利益诉求规律的回应。民营经济是社会主义市场经济发展的重要成果，是推动社会主义市场经济发展的重要力量，是建设现代化经济体系的重要主体。民营经济发展理论的创新开拓了马克思主义政治经济学的新境界。

180.《功能性与规模性收入分配关系的实证分析：马克思经济学视角》

作者：张衔、蒙长玉

期刊：《社会科学战线》

刊期：2017 年第 6 期

承袭了"斯密教条"的功能性收入分配理论和以个人或家庭总收入分

布状况为对象的规模性收入分配理论是西方经济学的主流分配理论。20 世纪 70 年代中期特别是 2008 年世界金融危机以来，劳动收入份额在全世界范围内呈现持续下降的趋势，卡尔多"特征事实"被证伪。这引起了人们对功能性收入分配的高度关注，并引发对规模性收入分配与功能性收入分配两种分配之间关系的思考，出现了一批以在这两者之间建立起内在联系为研究主题的文献。但是，已有文献回避了功能性收入分配和规模性收入分配的本质，无法真正解决两者的内在关系。根据马克思经济学，功能性收入分配的本质是要素所有者根据其在生产关系中的地位来分配由活劳动创造的全部新价值的社会关系；个体间收入分布状态最终是由个体在生产关系中的地位决定的。因此，从本质上看，功能性收入分配对规模性收入分配起基础性的决定作用。文中利用跨国面板数据模型进行的实证检验证实了上述结论。

181.《农地"三权分置"改革中的潜在风险及对策》

作者：张衔、吴先强

期刊：《社会科学战线》

刊期：2019 年第 1 期

2017 年中央一号文件和党的十九大报告指出，要"落实农村土地集体所有权、农户承包权、土地经营权'三权分置'办法"，"完善承包地'三权分置'制度"，这标志着农地"三权分置"由诱致性制度变迁向强制性制度变迁的转变。作为农村土地制度重大改革和创新的"三权分置"，期望通过制度供给侧改革，破解"两权分离"时期农业经营和发展的困境。"三权分置"是"两权分离"的逻辑延续，由"两权分离"导致的农村土地集体所有制与农户承包经营的矛盾、土地大规模经营与农户小块土地承包经营的矛盾、土地有效利用与农户择业流动性的矛盾并不能完全用"三权分置"来解决，相反，"三权分置"改革中存在着需要规避的风险。由于这些风险的主要根源是农村土地集体所有制与农户承包经营的矛盾，规避风险的政策选择应当是在新的条件下探索各种形式的新型集体经济组织，以此实现中国农业的"第二次飞跃"。

182.《人工智能技术条件下"人的全面发展"向何处去——兼论新技术下劳动的一般特征》

作者：张新春、董长瑞

期刊：《经济学家》

刊期：2019 年第 1 期

当前，人工智能技术在全球兴起并蔓延，人工智能技术是通过计算机程序和智能机器对人的智力进行模拟，以实现一定程度的人的学习能力和问题处理能力的科学工程。劳动是人类存在的本质形态。马克思从历史唯物主义和实践唯物主义出发，直击资本主义要害，提出"异化劳动"理论，对资本主义社会中的"人"进行考察，为我们研究现实中人的全面发展问题提供了视角和方法。在人工智能技术经济范式下，劳动主体、劳动内涵、劳动分工、劳动生产率、劳动的社会功能都将发生深刻变化，并通过生产系统载体变革，催生促进人的全面发展的劳动机遇。这种变化为技术革命中停滞的过剩人口向"完整的人"过渡提供了条件，服务于人的全面发展的新兴行业将逐渐兴起，劳动由生存手段向发展手段转变越来越明显，教育与生产深度融合将是新的生产力条件下"劳动方式—人的发展"这一哲学纽带的新模式。

183.《〈资本论〉是光辉的政治经济学著作——驳〈资本论〉哲学化》

作者：张旭、常庆欣

期刊：《当代经济研究》

刊期：2019 年第 11 期

认为《资本论》主要是一部哲学著作的《资本论》哲学化研究，有一种典型的表现形式，即认为《资本论》是一种存在论。《资本论》是存在论的论证，是通过模糊马克思使用的某些概念、曲解他的经济学方法、歪曲某些引文的含义实现的。在分析层次上，这种论证从现实退回到概括程度更高的抽象层次上，使论证呈现出表面上的合理性的同时，消解了《资本论》对资本主义经济社会问题的研究，遮蔽了《资本论》中隐藏的具有重大理论意义的哲学问题。《资本论》哲学化，既伤害了马克思主义政治经济学研究，也伤害了马克思主义哲学研究自身。《资本论》是光辉的政治经济学著作，这一基本判断，既没有因为时代的变化，也不会因为认知科学的进展，而丧失其客观性。《资本论》的哲学化，不仅无助于推动对《资本论》自身的研究，而且还会对广泛意义上的马克思主义教学和普及造成伤害。

184.《壮大集体经济、实施乡村振兴战略的原则与路径——从邓小平"第二次飞跃"论到习近平"统"的思想》

作者：张杨、程恩富

期刊：《现代哲学》

刊期：2018 年第 1 期

邓小平"第二次飞跃"论与习近平"统"的思想具有密切的思想关联，对新时代集体经济的壮大和发展起着至关重要的作用，但理论界对两者之间关系的研究显然远远不够。一方面，"第二次飞跃"论的新时代意义需要被重视，另一方面，对习近平关于壮大集体经济"统"的思想需要进一步总结与研究。从邓小平"第二次飞跃"论和习近平"统"的思想出发，壮大集体经济与实施乡村振兴战略是相互依存、荣衰与共的。新时代亟须重温"第二次飞跃"论和习近平"统"的思想，科学认知两者关系，挖掘习近平"统"的思想所蕴含的"经济大合唱"思想、"大农业"思想、"统"与"分"辩证思想、"四条底线"思想、"贫困村集体经济较弱"思想的五大内涵，在新时代改革发展实践探索中开辟一条壮大集体经济以及实施乡村振兴战略的有效路径。

185.《中国特色社会主义政治经济学的科学内涵》

作者：张宇

期刊：《经济研究》

刊期：2017 年第 5 期

党的十八大以来，在习近平总书记关于坚持发展中国特色社会主义政治经济学、不断完善中国特色社会主义政治经济学理论体系等一系列重要讲话精神的推动下，马克思主义政治经济学在中国的发展迎来了新的时代。中国特色社会主义政治经济学这一新范畴的提出，是一个重大理论创新。它表明，中国特色社会主义经济制度稳步确立，中国特色社会主义经济实践富有成效，中国特色社会主义经济理论已经从经验知识上升为系统化的学说，成为一门科学，因此，意义是十分重大的。中国特色社会主义政治经济学的内容涵盖了中国特色社会主义经济的生产、分配、交换等主要环节以及基本经济制度、基本分配制度、经济体制、经济运行、经济发展和对外开放等主要方面，提出了一系列新的理论观点，初步形成了比较完整的理论体系。当然，中国特色社会主义政治经济学还需要随着实践和认识的发展而不断发展。

186.《论构建中国特色社会主义政治经济学》

作者：张占斌、钱路波

期刊：《管理世界》

刊期：2018 年第 7 期

中国特色社会主义政治经济学作为马克思主义经济学中国化的最新成果，开拓了马克思主义政治经济学的新境界，丰富了人类经济思想的宝库，具有重大的理论价值和实践意义。随着中国特色社会主义发展进入新时代，中国特色社会主义政治经济学也形成了适应我国社会主要矛盾转化、贯彻新发展理念、建设现代化经济体系、转向高质量发展等为核心内容的完整理论体系。坚持和发展中国特色社会主义政治经济学，必须在把握其政治原则、根本原则、核心原则、基础原则、价值原则的基础上，不断开拓中国特色社会主义政治经济学的发展路径：一是要坚持以习近平新时代中国特色社会主义经济思想为指导；二是进一步拓展中国特色社会主义政治经济学的研究对象范围；三是把体系创新与运用创新有机结合起来；四是对中国特色社会主义经济建设的重大历史经验进行总结；五是充分吸收并合理借鉴西方经济学的科学成分。

187.《〈资本论〉、经济运行与新时代的政策选择》

作者：赵峰、李彬

期刊：《经济学家》

刊期：2018 年第 3 期

深入贯彻习近平总书记"学好用好政治经济学"的号召，将马克思主义政治经济学的基本原理和中国特色社会主义经济建设的伟大实践真正紧密地联系起来，是发展和创新马克思主义政治经济学的迫切需要。《资本论》不仅深刻揭示了资本主义生产方式的本质及其历史发展趋势，而且还揭示了现代经济体系运行的一般机制和规律。这是在构建中国特色社会主义经济理论中《资本论》仍然具有生命力和意义的重要原因。本文以《资本论》中关于社会总资本再生产的原理为指导，分析了改革开放以来中国宏观经济运行机制及趋势，初步建立了以社会积累为核心的分析框架，对宏观经济运行的基本原理、决定因素进行了具体探讨，分析了我国经济增长的主要动力；以此为基础证明，我国未来宏观经济健康稳定运行和发展的保障是毫不动摇地坚持五大发展理念和推进供给侧结构性改革。

188.《马克思主义政治经济学何以"实证"》

作者：赵磊

期刊：《政治经济学评论》

刊期：2020 年第 1 期

确认马克思主义政治经济学是否属于实证科学的依据，是马克思主义政治经济学的方法论是否具有实证的性质。唯物辩证法和唯物史观为马克思主义政治经济学的实证性质奠定了坚实的方法论基础。唯物辩证法和唯物史观的实证性质是嵌入在逻辑起点、理论内核以及认识过程之中的。唯物辩证的"抽象力"是政治经济学实现马克思主义方法论实证性质的具体路径。用计量经济模型"跑数据"虽然能够实证出经济变量之间的真实关联，但这种关联背后的内在根源仍然有待经济理论的进一步揭示。马克思揭示资本主义发生、发展的内在规律的《资本论》，是不可能依靠计量经济学的"跑数据"来完成的。《资本论》既是马克思运用唯物辩证法和唯物史观揭示资本主义经济发生、发展的内在规律的结果，同时也是马克思通过资本主义的宏观样本数据对唯物史观进行实证检验的过程。

189.《"我不是马克思主义者"的方法论意蕴——基于〈资本论〉的方法论》

作者：赵磊

期刊：《政治经济学评论》

刊期：2018 年第 6 期

很多"马克思主义"学者接受唯物的世界观，却不接受唯物的历史观。那么，拒不接受历史唯物主义的唯物主义者，能是一个"马克思主义者"吗？基于《资本论》中有关方法论的种种误读，笔者引申出四个方面的问题域：第一，"研究"和"叙述"的方法区别；第二，《资本论》的"基本研究方法"；第三，《资本论》的方法论源头；第四，唯物主义与马克思主义的关系。本文的基本结论是：不懂《资本论》的研究方法与叙述方法，是"价值转型理论"和"劳动价值论"被误读的根本原因；马克思主义坚持"一切从实际出发"，但马克思主义的方法论与逻辑实证主义以及证伪主义存在本质区别；西方经济学虽然崇尚"实证"精神，但其唯心史观的方法论阻碍了在社会历史领域的"实事求是"；马克思主义者必然是唯物主义者，但唯物主义者未必是马克思主义者，只有接受历史唯物主义的人，才是真正的马克思主义者。

190. 《"双循环"新发展格局的马克思主义政治经济学分析》

作者：郑尚植、常晶

期刊：《当代经济管理》

刊期：2021 年第 12 期

"双循环"新发展格局的形成是根据国内外经济形势变化，提出的具有重要战略意义的经济发展格局。"双循环"新发展格局的提出不仅要实现"国内大循环"，也要实现国内国际市场联动。为把握社会主义本质的情况下深刻理解"双循环"新发展格局的理论、历史与实践逻辑，文章基于马克思主义政治经济学视角，试图回答"中心—外围"体系下不平等的共同体转向平等的共同体的必然性，解释构建"双循环"在人类命运共同体形成中的作用和理论逻辑；并梳理出新中国成立以来国内市场如何培育、国际秩序如何发展的历史脉络；同时分析新发展阶段背景下如何构建国内国际经济循环的实现路径，深化社会主义经济改革与世界格局的合理演变。完善与演进"双循环"的理论基础，论证国内循环与去依附的关系，并证明去依附如何成为中国经济从站起来、富起来到强起来的逻辑主线是文章研究的核心问题。

191. 《〈资本论〉的反贫困哲学及其新时代价值》

作者：周露平

期刊：《马克思主义研究》

刊期：2019 年第 12 期

超越贫困，是中国现代化历程中的重大事件，直接影响中国改革开放的"社会预期"与"实现质量"。澄清现代贫困的成因，直接关系反贫困的实际效果。《资本论》作为反贫困哲学的辉煌巨制，需要不断被深入挖掘，这将有助于为新时代提供反贫困的思想引导与理论资源。《资本论》以唯物史观视角澄清了贫困的现代性起源，确认它根源于资本的生产积累制度，并导致诸如工人贫困、生态贫困、精神贫困与全球贫困四大贫困问题。因此，若要彻底解决贫困问题，必须回到《资本论》，因为《资本论》是在超越资本的原则高度上消灭贫困，实现人类解放。《资本论》的反贫困哲学对于新时代中国的发展具有重要价值，即从历史高度明确了新时代需要市场经济，它为解决贫困问题提供了社会物质财富；同时，又明确指出需要扬弃市场经济、超越资本，实现中国社会的自由全面发展。

192.《现代化经济体系：生产力、生产方式与生产关系的协同整体》

作者：周绍东、王立胜

期刊：《中国高校社会科学》

刊期：2019 年第 1 期

现代化经济体系，"是由社会经济活动各个环节、各个层面、各个领域的相互关系和内在联系构成的一个有机整体"，也是生产力、生产方式与生产关系的协同整体。党的十九大报告指出："建设现代化经济体系是跨越关口的迫切要求和我国发展的战略目标。"建设现代化经济体系是社会主义经济体系发展的必然结果、完善社会主义市场经济的必经路径、适应社会主要矛盾变化的客观要求，同时也是提升国际经济话语权的现实需要。我们要从生产力、生产方式与生产关系的整体深刻认识建设现代化经济体系的重要性，推动我国经济发展迈上新台阶。构建现代化经济体系不仅要求进一步提升生产力水平，还要求协同推动生产方式演进和生产关系变革。应从生产力、生产方式与生产关系的整体把握现代化经济体系的丰富内涵，同时，以新发展理念引领现代化经济体系的建立和完善。

193.《再论中国特色社会主义市场经济体制》

作者：周文、包炜杰

期刊：《经济学家》

刊期：2019 年第 3 期

在改革开放 40 周年和中美贸易摩擦的大背景下重新认识中国特色社会

主义市场经济体制已成为一个重大基础理论问题。在改革开放 40 周年和中美贸易摩擦的大背景下认识中国特色社会主义市场经济体制，一方面，需要从理论上澄清"社会主义市场经济非市场经济论""国家资本主义论""国进民退论"（私企退出论）等错误观点；另一方面，要进一步揭示和阐明社会主义市场经济的体制优势，即发挥"社会主义基本制度"和"市场经济"两个方面的优势以及坚持政府与市场的辩证关系。针对美国在贸易战中对我国的污名化指称以及社会主义市场经济实践基础上理论创新的现实需求，我们认为，应当摆脱关于"社会主义市场经济是不是市场经济"的语词之争，从现代化经济体制层面把握社会主义市场经济，避免西方话语陷阱，积极构建以社会主义市场经济为基础的中国特色社会主义政治经济学。

194. 《中国特色社会主义政治经济学研究对象探析——基于马克思生产方式理论的当代借鉴》

作者：周文、代红豆

期刊：《河北经贸大学学报》

刊期：2020 年第 5 期

"生产方式"是一个整体性与有机性兼具的范畴，是历史唯物主义哲学精髓在现实政治经济学考察中的重要体现。生产方式理论对马克思主义政治经济学研究对象具有重要作用，使其实现对"资本主义生产方式"的完整考察。因此，马克思主义政治经济学研究对象的确是"生产关系"，但必须基于"生产方式"加以考察。确立中国特色社会主义政治经济学研究对象应结合中国实际对马克思主义政治经济学实现完整而非断章取义式的借鉴。从马克思生产方式理论及其政治经济学研究出发，基于中国特色社会主义政治经济学是对马克思主义政治经济学的继承与发展、有效应对西方经济学提出的挑战、切实解释并引领中国经济发展等多个层面的考量，新时代中国特色社会主义政治经济学应以"中国特色社会主义生产方式"为研究对象，在生产方式的理论框架下进一步推动中国特色社会主义政治经济学研究。

195.《关于中国特色社会主义政治经济学的几点思考》

作者：周新城

期刊：《政治经济学评论》

刊期：2017 年第 3 期

自 2015 年习近平总书记提出中国特色社会主义政治经济学以来，学术界展开了热烈讨论。实事求是地说，构建中国特色社会主义政治经济学体系，时机还不算成熟，因为实践的时间还不算长，经验还不够丰富。很多带有规律性的问题，现在还看不清楚。本文认为，研究讨论中国特色社会主义政治经济学，要重视毛泽东对政治经济学的看法，尤其是毛泽东对政治经济学的研究对象、方法和写作原则的意见。同时，政治经济学的研究需要考虑到生产关系所具有的社会层次和组织层次，全面而深入地研究经济关系。这一理论体系，既要研究社会主义政治经济学的一般性问题，更要研究中国特色社会主义政治经济学的特殊性。最后，对这一体系的建立可以从所有制的讨论出发。

196.《新自由主义的新阶段与资本主义的系统性危机》

作者：朱安东、王娜

期刊：《经济社会体制比较》

刊期：2017 年第 4 期

2008 年全球金融危机爆发至今已经 9 年，但是世界资本主义经济尚未从危机阴影中走出来，进入健康发展的轨道；相反，西方的经济、社会危机在不断深化，各种在 10 年以前难以想象的事件不断发生。这与 2008 年金融危机之后本该被抛弃的新自由主义仍然主导着西方发达资本主义国家经济政策的制定是密不可分的，值得我们高度重视。越来越多的迹象表明，世界资本主义正在陷入一个系统性的危机之中。2008 年全球金融危机爆发之后，由于金融垄断资本的支持，新自由主义不是被抛弃，而是进入了一个新的、更加残酷的阶段。这使得资本主义的内在矛盾进一步发展，经济陷入困境，政治和文化的危机也在不断深化，世界资本主义越来越深地陷入了制度性的系统性危机当中。我国应当对世界资本主义可能发生的变局有所准备，同时坚决抵制新自由主义对我国的影响。

197.《〈资本论〉中的虚拟资本理论研究》

作者：朱炳元、陈冶风

期刊：《马克思主义与现实》

刊期：2019 年第 1 期

资本是一个历史范畴，在不同的历史阶段具有不同的表现形态和存在方式。虚拟资本这个概念是马克思在分析资本的具体形式时提出来的，并且在《资本论》第 3 卷第 5 篇中进行了比较集中的论述。之所以称之为"虚拟资本"，是因为它是被想象或者虚构出来的、没有价值的，但是却能够给它的持有者带来收入的资本。虚拟资本作为所有权的资本与工业资本、农业资本、商业资本和借贷资本这些现实资本一起存在，并且共同发挥作用。虚拟资本是资本发展的必然现象，同时也是资本积累的有效形式。虚拟资本的产生没有改变资本追逐利润的本性，但是却改变了资本追逐利润的方式。"虚""实"并存是现代市场经济的基本特征。《资本论》中的虚拟资本理论对于我们今天正确认识和处理"虚""实"关系、防止经济脱"实"向"虚"、加强监管、守住不发生系统性风险的底线具有重要的理论意义。

198.《西方主流经济学为何一再遭到质疑——基于哈佛大学学生罢课的分析》

作者：朱富强

期刊：《当代经济研究》

刊期：2019 年第 2 期

2011 年 11 月哈佛学生罢课事件具有深刻的学术和现实根源：它是 20 多年来西方经济学反思运动的延续，也是经济危机以及"占领华尔街运动"直接促发的结果。从学科特征上说，经济学研究应该以问题为导向，应该关注周边的社会经济现象，解决熟视无睹的社会经济问题。但是，西方主流经济学的研究却是方法导向的，热衷于在既定范式下进行抽象的数理建模和计量实证，从而导致现代经济学日益形式化和黑板化。因此，随着"黑板经济学"弊端的日益暴露，西方经济学人以及青年经济学子开始反思并寻求改变，从而经常爆发类似的罢课事件。但是，在现实问题更为凸显的当前中国社会，面对西方社会如火如荼的经济学反思浪潮，大多数经济学人却无动于衷。究其原因，中国经济学人深受功利主义和崇洋主义学风的双重束缚，而这种学风又得到社会经济环境和系列学术制度的支持和激励。

199.《共享经济的现代发展及其潜在问题：以共享单车为例的分析》

作者：朱富强

期刊：《南方经济》

刊期：2017 年第 7 期

共享经济减少了物品的闲置而最大限度地发挥了物品的功效，不仅可以增加生产者剩余和消费者剩余，而且也有利于打造新型的低碳环保的经济形态。但同时，共享经济的无序发展也带来了两大严重问题：（1）准公共品性质滋生出大量的搭便车行为，进而使得运营商受损；（2）准公共品性质还滋生出强烈的负外部性，进而使得运营商获利。进而，第一个问题的解决有赖于有效的治理机制，其中最佳机制是"强互惠"机制，而这依赖于社会网络的建设和文化伦理的培育；第二个问题的解决有赖于明确的责任界定，其中可行的措施是设立"维安基金"，而这有赖于新的制度安排和立法思考。一般地，只有解决上述两大问题，才能全面衡量新兴共享经济的真实经济价值，进而才能更好地引导共享经济的有序发展。很大程度上，共享泡沫的产生和破灭都体现出市场创新的盲目性，从而就需要政府的积极规划和引导。

200.《马克思的经济发展理论与西方经济发展理论比较——兼论中国经济高质量发展的路径》

作者：朱方明、刘丸源

期刊：《政治经济学评论》

刊期：2019 年第 1 期

经济发展问题历来是经济学关注的核心问题。谈到经济发展理论，人们自然会想起产生于 20 世纪 40—50 年代的发展经济学，"以发展中国家的经济发展为研究对象，研究发展中国家的经济从落后状态发展到现代化状态的规律性"。马克思的政治经济学不属于发展经济学的范畴。在现代西方经济学中，经济发展理论受到广泛关注并成为一个重要分支。马克思的经济发展理论却没有受到足够的重视。事实上，马克思的政治经济学包含着丰富的经济发展思想。通过对生产力与生产关系的矛盾运动的历史考察，尤其是对资本主义生产关系运动的历史和逻辑分析，马克思不仅揭示了人类社会经济发展的一般规律，而且发现了资本主义经济发展的特殊规律。与西方经济发展理论相比，马克思的经济发展理论更加深刻地揭示了经济发展的本质和基本规律，更加具有解释力和预见性。

第二部分　中国政治经济学最具影响力的学术载体（2017—2021）

本部分对中国政治经济学学术载体进行了影响力评价，学术载体包括学术机构和学术刊物两部分。学术载体评价是以期刊论文影响力作为文献计量依据的：一方面，通过将学术机构在研究期间内发表的政治经济学论文学术影响力进行加总，即得到该机构在政治经济学研究方面的学术影响力；另一方面，通过将期刊在研究期间内发表的政治经济学论文学术影响力进行加总，即得到该期刊在政治经济学研究方面的学术影响力。

一、　学术机构影响力评价

目前，政治经济学研究主要集中在高等学校、党校及社科院。因此，本报告将政治经济学研究机构分为四种类型进行评价，即综合类高校、财经类高校、党校和科研机构与其他类型机构。其中，综合类高校、财经类高校、党校和科研机构取影响力前十名，其他类型机构取影响力前五名（见表1-表4）。

在综合类高校，中国人民大学政治经济学研究影响力指数值超过150，大幅度领先于其他高校。此外，南开大学、清华大学、复旦大学、武汉大学影响力指数超过65，体现出较强的研究实力。但是，也有一些知名的综合性大学基本上不开展政治经济学研究，影响力微乎其微。

表1 综合类高校开展政治经济学研究的学术影响力（2017—2021）

排序	机构	影响力指数	发文数量（篇）
1	中国人民大学	188.41	186
2	南开大学	102.04	96
3	清华大学	79.31	59
4	复旦大学	73.14	85
5	武汉大学	69.26	86
6	西北大学	57.77	42
7	北京大学	54.79	72
8	吉林大学	54.75	72
9	南京大学	53.16	51
10	浙江大学	50.28	40

在财经类高校，各高校开展政治经济学研究的影响力差距不断拉大，西南财经大学、上海财经大学影响力超过40，领先于其他地方财经类高校。此外，山东财经大学、吉林财经大学、山西财经大学、南京财经大学等地方财经类高校表现不俗。总体来看，财经类高校是中国政治经济学研究的重要力量，但从论文发表数量和影响力来看，与综合类高校还有一定差距，特别是北京地区的财经类高校普遍表现不佳。

表2 财经类高校开展政治经济学研究的学术影响力（2017—2021）

排序	机构	影响力指数	发文数量（篇）
1	西南财经大学	53.94	56
2	上海财经大学	40.64	38
3	山东财经大学	20.38	13
4	吉林财经大学	17.19	26
5	山西财经大学	14.33	7
6	南京财经大学	14.21	17
7	江西财经大学	12.10	18

排序	机构	影响力指数	发文数量（篇）
8	广东财经大学	9.38	17
9	中南财经政法大学	9.02	16
10	首都经济贸易大学	8.32	7

在党校和科研机构中，中国社会科学院和中共中央党校（国家行政学院）的学术影响力遥遥领先，特别是中国社会科学院影响力位居所有机构（包括高校）的第一位，体现出超强的政治经济学研究实力。但总的来看，地方党校和地方社科院政治经济学研究水平有待提高，政治经济学研究机构的多样化程度还比较低。

表3 党校和科研机构开展政治经济学研究的学术影响力（2017—2021）

排序	机构	影响力指数	发文数量（篇）
1	中国社会科学院	194.42	177
2	中共中央党校（国家行政学院）	50.99	76
3	中共上海社会科学院	20.55	26
4	中共重庆社会科学院	6.27	6
5	中共四川省社会科学院	5.52	6
6	中共浙江省委党校	5.06	6
7	中共福建省委党校	3.88	9
8	中共安徽省社会科学院	3.44	3
9	中共天津市委党校	3.06	7
10	中国宏观经济研究院	2.72	5

在其他类型机构中，排名靠前的有北京师范大学、中国农业大学、西安交通大学、福建师范大学和中央民族大学，但总体而言政治经济学研究的影响力不高。

表4　其他类型机构开展政治经济学研究的学术影响力（2017—2021）

排序	机构	影响力指数	发文数量（篇）
1	北京师范大学	36.78	41
2	中国农业大学	24.94	21
3	西安交通大学	19.98	21
4	福建师范大学	19.51	28
5	中央民族大学	11.24	11

二、 学术刊物影响力评价

本年度报告将学术刊物分为综合类刊物、经济类刊物和马克思主义理论类刊物三种类型，并根据刊物发表政治经济学论文的总影响力和刊物发表政治经济学论文的数量两个维度进行评价。

在综合类刊物中，《中国社会科学》刊载政治经济学论文的影响力指数排名第一，《改革与战略》发文数量排名第一。《教学与研究》《中国高校社会科学》等刊物在影响力和发文数量两个方面的表现都较好。入选影响力前五位的刊物还有《改革》《人民论坛》《学习与探索》等（见表5）。

表5　综合类刊物刊载政治经济学论文的学术影响力（2017—2021）

按论文影响力排序			按论文数量排序		
序号	期刊	影响力指数	序号	期刊	发表论文数量（篇）
1	中国社会科学	46.67	1	改革与战略	99
2	改革	46.35	2	人民论坛	33
3	改革与战略	38.83	3	教学与研究	26
4	教学与研究	18.36	4	学习与探索	18
5	中国高校社会科学	12.21	5	中国高校社会科学	18

在经济类刊物中，《经济学家》刊载政治经济学论文的影响力指数排名第一，《当代经济研究》发文数量排名第一，《经济研究》《上海经济研究》

等刊物的表现也很出色。入选影响力前五位的刊物还有《经济纵横》《政治经济学评》等。2017 年后，政治经济学论文在学术期刊上难觅踪影的状况有所改变，一批坚持马克思主义研究导向的经济学刊物涌现出来（见表 6）。

表 6　经济类刊物刊载政治经济学论文的学术影响力（2017—2021）

按论文影响力排序			按论文数量排序		
序号	期刊	影响力指数	序号	期刊	发表论文数量（篇）
1	经济学家	137.75	1	当代经济研究	111
2	经济研究	95.70	2	经济纵横	80
3	上海经济研究	80.46	3	经济学家	74
4	经济纵横	80.29	4	政治经济学评论	72
5	当代经济研究	68.54	5	上海经济研究	57

在马克思主义理论类刊物中，《马克思主义研究》刊载政治经济学论文的影响指数以及发文数量均排名第一。《马克思主义与现实》《毛泽东邓小平理论研究》等刊物在影响力和发文数量两个方面的表现都比较出色。入选影响力前五位的刊物还有《思想理论教育导刊》《马克思主义理论学科研究》等刊物（见表 7）。

表 7　马克思主义理论类刊物刊载政治经济学论文的学术影响力（2017—2021）

按论文影响力排序			按论文数量排序		
序号	期刊	影响力指数	序号	期刊	发表论文数量（篇）
1	马克思主义研究	72.06	1	马克思主义研究	70
2	马克思主义与现实	41.88	2	毛泽东邓小平理论研究	62
3	毛泽东邓小平理论研究	39.33	3	马克思主义与现实	59
4	思想理论教育导刊	23.58	4	思想理论教育导刊	30
5	马克思主义理论学科研究	15.01	5	马克思主义理论学科研究	18

第三部分 中国政治经济学研究进展
（2017—2021）

一、 中国特色社会主义政治经济学

中国特色社会主义政治经济学是一个综合性的主题，党的十九大以来，学术界发表了大量研究成果。为更为集中地体现最新研究进展，与其余二十九个主题不同的是，本报告对该主题的文献梳理主要着眼于 2021 年发表的相关论文。

1. 中国特色社会主义政治经济学的理论性质

明晰中国特色社会主义政治经济学的理论性质，是构建中国特色社会主义政治经济学的首要任务之一。现有研究重点主要在于明确中国特色社会主义政治经济学与马克思主义政治经济学的关系。

有学者认为中国特色社会主义政治经济学是马克思主义政治经济学的重要组成部分。顾海良提出，中国特色的马克思主义政治经济学作为"系统化的经济学说"，可依据研究内容的差异划分为不同部分，包括研究中国特色社会主义经济关系和经济事实的中国特色社会主义政治经济学、研究当代资本主义经济关系和经济事实的当代资本主义政治经济学、研究以现时代经济全球化为背景的"人类命运共同体"政治经济学。

也有学者认为前者是对后者的承继和创新。周文认为，中国特色社会主义政治经济学是当代中国马克思主义政治经济学。丁任重强调中国特色社会主义政治经济学是马克思主义政治经济学基本原理同中国实践相结合的理论成果。

2. 中国特色社会主义政治经济学的研究对象

构建中国特色社会主义政治经济学，首先必须明确其研究对象。目前，学术界在该问题上尚未达成共识，坚持以"生产关系""生产力"或"生产方式"为研究对象的观点依然存在，同时新的界定也在不断涌现。

一是以"生产关系"为研究对象。简新华强调，中国特色社会主义政治经济学的研究对象是生产关系而不是生产力。这是由于构成生产力本身的劳动力、生产资料、自然资源、科学技术的物质属性及其变化规律是自然科学、工程技术学的研究对象和任务，不是政治经济学研究的对象。但同时，政治经济学也不能脱离生产力和上层建筑孤立地研究生产关系。

二是以"生产方式"为研究对象。周绍东提出中国特色社会主义政治经济学应以《资本论》中有关政治经济学研究对象的经典表述为依据，准确把握"生产方式"的内在含义，既联系生产力研究生产关系，又联系上层建筑研究经济基础，由此将研究对象确定为"中国特色社会主义生产方式"。

也有学者提出了与传统观点有所不同的意见。程恩富将研究对象界定为初级社会主义物质和文化领域的经济关系或经济制度。这一界定源于《资本论》中的具体内容，即经济关系均通过经济制度来体现，经济制度均涵盖经济关系即广义的生产关系，因而可以把广义、中义和狭义政治经济学的研究对象统一表述为一定社会物质和文化领域的生产关系（经济关系）或经济制度及其运行和发展。孟捷则提出，中国特色社会主义政治经济学的研究对象，是社会主义初级阶段的经济范畴、经济规律、经济政策和经济战略。

3. 中国特色社会主义政治经济学的研究方法

在中国特色社会主义政治经济学理论体系构建中，研究方法是否恰当是决定该理论体系是否具备逻辑自洽性的重要因素。同时，采用什么样的研究方法，也在一定程度上决定了研究结构和理论内容。目前，学术界在围绕中国特色社会主义政治经济学的方法论运用上提出了多样化的观点。

有学者对当前中国特色社会主义政治经济学的研究方法进行了总结。简新华将其归纳为三类：一是强调必须坚持马克思主义政治经济学的经典理论和立场、观点、方法，完全否定和拒绝西方经济学，对改革开放持怀疑批评甚至否定态度；二是认为马克思主义政治经济学已经过时，主要引进、学习、运用西方经济学的理论和方法，分析研究中国的改革开放和经济发展；三是从当今时代特征和中国国情出发，紧密联系中国改革开放和经济发展的实际，同时参考借鉴西方经济学的有用理论和方法，坚持和创新发展马克思主义政治经济学的经典理论和立场、观点、方法，逐步形成和完善中国特色社会主义政治经济学。

从现有研究来看，多数学者主张采用第三种研究方法。程恩富提出，应构建"马学为体、西学为用、国学为根"的方法论体系。其依据在于马克思创立"工人阶级的政治经济学"的基本方法是唯物史观和唯物辩证法。中国特色社会主义政治经济学依然要从初级社会主义的生产关系（经济制度）与生产力和上层建筑的互动互促关系中来揭示经济发展的变迁、特点和规律，要以唯物辩证法的主要规律和若干范畴来揭示经济发展的变迁、特点和规律，同时还要从数理论、系统论、控制论、博弈论、演化论、场态论以及国学思维等多种方法来揭示经济发展的变迁、特点和规律。简新华同样认为，新时代新阶段中国特色社会主义政治经济学研究的创新和发展，正确、科学的路径只能是坚持马克思主义政治经济学基本原理和方法论，对西方经济学，既要注意借鉴，又不能照抄照搬。

4. 中国特色社会主义政治经济学的起点探究

构建中国特色社会主义政治经济学理论体系须探明起点问题。目前学术界的普遍做法是将逻辑起点与研究起点相区分。段学慧对二者进行了界定，认为研究的出发点是问题意识的起点，逻辑起点是构建理论体系的起点。在逻辑起点问题上，多数学者遵循马克思的观点，将其确定为商品。也有少数学者提出，中国特色社会主义政治经济学的逻辑起点是所有制。刘谦、裴小革依据毛泽东的论述——"如果我们写社会主义政治经济学，也可以从所有制出发"，提出理论体系构建可从所有制逻辑起点出发。关于研究起点的确定，学术界多以中国特色社会主义经济发展实践为依据。王丰遵循习近平新时代中国特色社会主义经济思想的"人民立场"，将"为人民劳动"作为中国特色社会主义政治经济学的理论起点。与此观点相近，段学慧提出，中国特色社会主义政治经济学的研究出发点是以人民为中心、满足人民对美好生活的向往。

区别于逻辑起点与研究起点的规定，也有学者在该问题的研究中提出了新观点。程恩富以马克思《资本论》为参照，确定了中国特色社会主义政治经济学的叙述性研究起点。按照《资本论》的观点，"资本主义生产方式占统治地位的社会的财富，表现为'庞大的商品堆积'，单个的商品表现为这种财富的元素形式。因此，我们的研究就从分析商品开始"。基于此，中国特色社会主义政治经济学把一般商品和公私不同性质的商品作为劳动元理论的叙述性研究起点，是完全必要和合情合理的。

5. 中国特色社会主义政治经济学的研究主线

中国特色社会主义政治经济学的逻辑主线将中国特色社会主义政治经济学的各个概念、范畴、理论串接为有机联系整体，是整个学科理论内容和逻辑体系的支撑，构成了中国特色社会主义政治经济学的理论根基。

学术界在该问题上的观点分歧比较大。周文归纳了目前学术界的四种主流观点，包括人民中心主线论、共享发展主线论、解放和发展生产力主线论、社会主义市场经济主线论等。在2021年的研究中，强调解放和发展生产力主线论者居多。洪银兴提出，中国特色社会主义政治经济学的主线是解放、发展、保护生产力，以实现共同富裕。丁任重同样认为，发展生产力是中国特色社会主义政治经济学的主线。

与上述观点有所差异，程恩富认为应将公有剩余价值理论作为研究主线。在社会主义市场经济条件下，劳动产品一般要转化为商品，剩余劳动一般要转化为剩余价值，公有资本带来公有剩余价值，私有资本带来私有剩余价值，因而需以劳动为元概念、以剩余价值理论为主线（红线）来展开中国特色社会主义政治经济学体系。

6. 中国特色社会主义政治经济学的理论体系

构建中国特色社会主义政治经济学理论体系，旨在提炼和总结我国社会主义经济建设实践经验和规律性成果，提升现实解释力，增强国际话语权。学术界均认同理论体系构建的必要性与迫切性，而在具体内容的规定上仍有很大的认识差异。

有学者对理论体系的组成部分进行了划分。洪银兴提出，中国特色社会主义政治经济学作为我国主流经济学，其理论体系应包括经济制度、经济运行、经济发展和对外经济四大板块。其中，每一个板块的研究都要针对现实的经济问题进行分析，而不能停留在抽象原则规定上。

也有学者提出了构建理论体系的具体要求。周文首先对中国特色社会主义政治经济学进行了理论定位，强调中国特色社会主义政治经济学是治国理政的学问，而不是纯粹的理论研究，需要解决和回答完成"治国理政"所需要的理论支撑问题。对此，周文进一步提出，破除"西方中心论"和阐释好中国道路是中国特色社会主义政治经济学理论体系的内在诉求。理论体系建设要以习近平新时代中国特色社会主义经济思想为指导，丰富和发展标识性概念和范畴，为中国走向世界提供理论支撑，努力形成历史视野和世界视野。吴宣恭认为，中国特色社会主义政治经济学要秉承初心，坚持马克思主义所有制理论，围绕"两个一百年"奋斗目标，运用创新、协调、绿色、开放、共享的发展理念，分析以国内大循环为主体、国内国际双循环的新发展格局，阐述生产、分配、流通、消费过程的内部关系和相互联系。刘谦、裴小革认为，应从所有制逻辑起点出发，以社会主义市场经济为核心，以社会主义公有制、按劳分配、宏观调控及改革开放为主体，以其他相关概念为前导和拓展，在不同概念运动及相互转化中构建和完善具有中国特色的社会主义政治经济学理论体系。杜永峰提炼了构建中国特色社会主义政治经济学理论体系的五个维度：以学理维度为本、以术语维度为用、以方法维度为基、以时代维度为实、以创新维度为魂。

7. 所有制问题的政治经济学研究

所有制是经济制度的核心内容，关乎社会的基本性质和发展方向。所有制问题始终是中国特色社会主义政治经济学研究的重点。现有研究主要从两方面入手。

一方面，学术界对所有制理论进行了梳理和总结。第一，概括所有制理论的内容和特征。蒋永穆、王运钊总结了百年来我国所有制理论的探索和争鸣，主要涵盖所有制的概念、所有制的结构、所有制的具体形式及实现形式等诸多方面，其中争鸣焦点在于非公有制经济和国有企业的性质、地位及作用。研究特征表现在四个方面：以生产力标准推动百年所有制理论的不断演进、强调党的领导在百年所有制理论发展中的地位、百年所有制理论发展集中体现了马克思主义不断中国化的理论成果、针对重大问题的学术争鸣推动百年所有制理论的发展完善。第二，提出新阶段中国特色所有制理论研究的重点方向。蒋永穆、王运钊认为，新阶段应始终坚持在"两个毫不动摇"原则下推动社会主义所有制改革；在新发展理念指导下探索更加多样化的公有制经济实现形式；继续探索国有企业做大做强做优的改革；积极推动公有制经济与非公有制经济平等发展的市场建设；在乡村振兴视野下进一步加强农村集体经济深入改革的研究。

另一方面，学术界对所有制的改革实践展开了探究。有学者提出了所有制改革的总体遵循。亓为康、丁涛认为，新时代中国继续深化所有制改革，应该坚持加强党对经济工作的集中统一领导，坚持混合所有制改革的"国民共进"，坚持实现全体人民的共同富裕。多数学者聚焦国有企业改革方向，以探究其改革成效和改进路径。何瑛、杨琳将改革的演进脉络概括为"探索酝酿—成长跨越—调整完善—深化加速"，在经历"形式"混合、"资本"混合、"产权"混合阶段后进入"机制"混合阶段。包炜杰认为，新时代国有企业改革更加注重顶层设计，深化改革中主要存在三个基本问题：第一，"分类改革"是新时代国有企业改革区别于以往的一个亮点，而"分配改革"的实质是为了解决国有企业效率评价难题和实现"国民共进"；第二，"只要国有资本而不要国有企业"是一种典型的错误观点；第三，以"党的领导"重构"中国特色现代国有企业制度"是新时代国有企业改革的新方向。

8. 共同富裕的政治经济学研究

党的十九届五中全会对全面建成小康社会之后的社会主义建设做出重大部署，提出到 2035 年"全体人民共同富裕取得更为明显的实质性进展"。围绕共同富裕的一系列问题，学术界展开深入研究，重新界定新时代背景下共同富裕的本质内涵，并着力探寻其实现路径。

在对共同富裕内涵的界定上，习近平总书记提出："我们说的共同富裕是全体人民共同富裕，是人民群众物质生活和精神生活都富裕，不是少数人的富裕，也不是整齐划一的平均主义。"学术界在该界定的基础上进一步细化。逄锦聚提出，我们要追求的共同富裕是以人民为中心、消除两极分化和贫穷基础上的全体人民的普遍富裕；是以经济为基础，包括政治民主、文化繁荣、社会和谐、生态文明在内的不断满足人民对美好生活需要，人人都全面发展的共同富裕。王生升强调要准确把握共同富裕科学内涵的具体要求，即必须依据生产力与生产关系矛盾运动的展开逻辑，考察经济发展的规律性与目的性的统一。

在共同富裕实现路径的探究上，不同学者各有侧重。一是重点研究制度和体制层面的路径。周文、肖玉飞提出，社会主义基本经济制度是实现共同富裕的独特制度优势，公有制为主体、多种所有制经济共同发展的所有制基础为实现共同富裕奠定制度基础，按劳分配为主体、多种分配方式并存的收入分配制度为实现共同富裕提供制度保障，社会主义市场经济体制为实现共同富裕提供制度活力。侯为民认为，推进全体人民共同富裕取得了实质性进展，需要完善所有制结构和深化收入分配制度改革，围绕高质量发展健全促进公平分配的政策和措施。

二是侧重发展理念层面的路径探究。王立胜提出，共同富裕的实现需要以共享发展理念为先导。王生升则强调了在共享发展中促进共同富裕的具体要求，即在共建共享中处理好生产与分配的辩证统一关系，在渐进共享中处理好过程与目标的辩证统一关系，在全民共享、全面共享中处理好局部与全局的辩证统一关系。

9. 新发展格局的政治经济学研究

自党中央提出加快构建以国内大循环为主体、国内国际双循环相互促进的新发展格局以来，学术界对此高度关注，研究成果颇丰。2021 年中国特色社会主义政治经济学对新发展格局内涵的理解更为准确，提出的实现路径更为多样化。

多数研究从马克思主义政治经济学中寻求新发展格局的主要理论基础。一是剩余价值理论：裴长洪、刘洪愧认为，新发展格局重要论述是马克思剩余价值理论在社会主义市场经济条件下的运用和发展。二是分工理论：任保平提出，马克思主义政治经济学的分工理论是新发展格局构建的理论依据，分工可以促进专业化，实现微观分工、宏观分工和国际分工的衔接，实现国内分工与国际分工的有机结合，促进国内循环与国际循环的衔接。三是社会再生产理论和世界市场理论：陈甬军、晏宗新认为，国内循环主要体现了马克思的资本周转和社会再生产理论；国际循环蕴含了《资本论》中展现的空间生产理论和世界市场理论；双循环理论则展现了马克思的资本有机构成理论。刘洪愧同样认为，马克思的世界市场理论则揭示了"国内国际双循环相互促进"的必要性。

学术界从不同视角出发界定了新发展格局的本质或内涵。有学者将"双循环"作为一种经济发展方式。乔晓楠、王奕提出，双循环的本质可以理解为一国在特定阶段利用国内与国外"两种资源"和"两个市场"的方式。也有学者将新发展格局作为一种循环体系。鲁保林、王朝科认为，新发展格局就是要建立一个有张力、有弹性、开放包容、自主可控的循环体系。也有学者从分工视角出发进行阐释。任保平认为新发展格局的内在意蕴为改善和调节劳动分工，促进中国以国际分工、国际市场和国际循环为主体的旧的分工体系向以国内分工、国内市场和国内循环为主体的新分工体系的转化。

现有研究中对新发展格局实现路径的探寻更为多样化。程恩富、张峰提出了构建新发展格局的六大原则：产业升级、科技领先、民生导向、扩大内需、按劳动主体分配、自力主导开放。洪银兴认为转向以国内循环为主体，主要涉及两方面，一是部分外向度高的地区转向以国内循环为主体，二是产业链循环由外转内。简新华、程杨洋认为，必须坚持实行供给侧结构性改革、扩大内需、自立自强、对外开放这四大战略。周绍东、陈艺丹从空间政治经济学视角出发，提出在构建国内大循环方面，梳理南北方、东中西部以及"生态—产业"等三个供需对接点；在构建国内国际双循环方面，提炼总结"丝绸之路经济带"主干线、东北亚大循环、"21世纪海上丝绸之路"主干线、亚非"海陆联动"大循环等四条供需对接路线。

10. 中国式现代化道路的政治经济学研究

在庆祝中国共产党成立100周年大会的讲话中，习近平总书记指出，中国特色社会主义"创造了中国式现代化新道路，创造了人类文明新形态"。中国式现代化新道路不仅是马克思主义经济学说同中国具体实际相结合的道路，也是现代化的一般理论与中国国情相结合的道路，这是发展中大国所特有的现代化之路。对中国式现代化新道路的研究主要包括阐释内涵、总结特征、揭示意义等方面。

一是中国式现代化新道路的基本内涵。韩文龙认为，中国式现代化新道路是立足中国国情，由中国共产党和全体中国人民共同努力探索形成的崭新发展道路。罗红杰提出，中国式现代化是以中国共产党为领导核心，以马克思主义为指导思想的中国特色社会主义的现代化。

二是现有研究从多个视角总结了中国式现代化新道路的基本特征。有学者重点揭示了其中的"中国特色"。洪银兴认为，中国式现代化道路第一是突出了社会主义的特色，强调共同富裕；第二是内容特色，强调新兴工业化、信息化、城镇化、农业现代化"四化同步"；第三是道路特色，突出人与自然的和谐共生，强调创新在现代化建设全局中的核心地位；第四是制度特色，现代市场决定资源配置和更好发挥政府的作用。有学者重点揭示了新道路"新"在哪里。艾四林提出，中国式现代化新道路的新面貌特别体现在自主性、全面性、协调性、和平性、包容性等方面。也有学者依历史发展逻辑，揭示了现代化道路的演变特征。张占斌、王学凯将其总结为：从被动现代化走向主动现代化、从外源式现代化走向内生性现代化、从单一现代化走向全面高质量现代化。

三是中国式现代化道路的世界意义。郭晗、任保平认为，中国式现代化新道路开拓了人类文明发展进步的崭新形态，推动世界现代化进程迈向更高台阶；中国式现代化新道路丰富了世界现代化模式的多样性，为其他还在探寻现代化路径的国家提供了更多可能。袁航提出，中国式现代化道路的世界意义远高于一概而论的某种"模式"，它是人类历史上发展中国家走不同于西方的现代化道路的一次成功探索和伟大实践。

11. 数字经济的政治经济学研究

在数字劳动的定义上，郑礼肖从劳动资料数字化变革的研究视角出发，认为数字劳动是以数字化的知识和信息为劳动对象，以数字技术和数字平台为关键性劳动资料，生产数据、数字产品与数字服务的生产劳动和非生产劳动。王守义等认为，数字劳动本质上是马克思生产性劳动在数字经济时代的最新表现形式。姜耀东提出，数字劳动依然遵循着马克思政治经济学批判的理论进路，其价值走向是去资本中心化的协同共享。

在数字资本以及数字资本主义的定义上，周绍东、初传凯提出，数字资本是一种基于数字、数据来获取利润的资本存在样态，即资本家通过对数据的私人占有，借助"平台"这个活动场域进行剩余价值的创造和剥削，这时数据就如同产业资本时期的生产资料一样，成为一种新型的资本样态。数字资本主义是以数据为本体，以数字资本为核心，以数字经济为外在表现形式的资本主义新型经济形态。有学者进一步对数字资本和数字资本主义进行比较区分。闫境华等提出，数字资本不等价于数字资本主义，数字资本作为资本的一种特殊形态，兼具资本的生产关系属性与生产功能属性。

在数字资本主义研究中，学术界多持批判态度。韩文龙认为，在数字资本主义积累过程中，资本主义世界的社会矛盾和基本矛盾被进一步激化，剥削、收入差距、垄断等问题越来越严重。贾振博提出，要着眼于对数字资本主义时代数字拜物教的批判，揭示数字资本主义时代被掩盖的不平等关系。付文军认为，既要看到数字资本主义带来的革命性变化，又要批判数字技术的"资本主义应用"所带来的一系列恶果。

平台经济是以数字技术为支撑、以数字平台为依托的新兴经济形式。学术界普遍认为，平台经济有着正反两方面影响。周文、韩文龙提出，平台经济加速了生产、流通及消费的有效对接，提高了生产效率，缩短了流通时间，促进了社会生产力的大发展；同时也面临着国际资本垄断数字技术的发展瓶颈，以及国际数字税挑战等新问题。韩文龙、王凯军聚焦平台经济中的数据控制问题，认为数据控制不仅拓展了价值运动的时空边界、促成了价值运动的平台化，而且使价值攫取在更大范围且以更为隐秘的方式进行，形成了新的异化形式，对平台经济的高质量发展构成了重大挑战。

面对数字经济带来的机遇和挑战，我国在数字浪潮中如何乘势而上，现有研究对此提供了多重路径。白永秀、宋丽婷提出，可以通过规范数据要素市场化、缓解数字鸿沟、提高数据治理水平、完善数字经济法律服务等手段促进我国数字经济高质量发展。闫境华、石先梅认为，在社会主义市场经济条件下，需要通过加强法律规范和管制，促进大资本数字平台生产能力的提升，保护小资本、用户和劳动力的合法权益，并加强国有资本在数字经济领域尤其是大资本数字平台建设中的领航作用。

二、 习近平新时代中国特色社会主义经济思想

党的十八大以来，中国特色社会主义进入新时代，国际形势日趋严峻复杂，国内改革发展稳定任务艰巨繁重。在此条件下，以习近平同志为核心的党中央高瞻远瞩、统揽全局，创造性地提出一系列新理念、新思想、新战略，引领我国经济发展取得历史性成就、发生历史性变革，在实践中形成和发展了习近平经济思想。习近平经济思想是运用马克思主义基本原理指导我国经济发展实践形成的重大理论成果，为做好新时代经济工作指明了正确方向、提供了根本遵循。

习近平经济思想具有广阔的时代背景、深厚的理论渊源和坚实的实践基础。韩保江（2018）认为习近平经济思想"形"于党的十八大前习近平从政全过程和七年知青岁月，"成"于党的十八大以来的中国特色社会主义经济发展新实践；充分继承了马克思主义政治经济学的立场、观点和方法，以及毛泽东关于社会主义经济发展的思想和邓小平、江泽民、胡锦涛创立和发展的中国特色社会主义经济发展思想，同时注意吸收中国传统文化营养和当代西方经济学中的有益成果。邸乘光（2019）提出，习近平经济思想，从时代条件来看，是在中国特色社会主义进入新时代的时代条件下形成的；从理论基础来看，是以马克思主义政治经济学、毛泽东经济思想和

中国特色社会主义经济理论为指导形成的；从实践依据来看，是对党的十八大以来推动我国经济发展变革新的实践经验的科学总结和理论概括。

习近平经济思想是一个科学完整、逻辑严密的理论体系。李楠、李源峰（2018）、韩保江（2018）、邱乘光（2019）和邱海平（2019）等学者提出，习近平经济思想由新发展理念和"七个坚持"构成。新发展理念统揽全局，占有统领地位，属于引领性的理念层面的表述，是习近平经济思想的灵魂和主要内容；"七个坚持"统一于新发展理念，是贯彻落实新发展理念的具体要求和战略举措，属于实践要求层面的表述，是习近平经济思想的"原则框架"和"理论特色"。在此基础上，王祖强（2018）认为，习近平经济思想以推进市场化改革为根本动力，以坚持和完善基本经济制度为综合经济基础，以推动高质量发展建设经济强国为战略目标。刘长庚、张磊（2018）则进一步提出，新发展理念、"七个坚持"与新时代经济高质量发展的各项任务形成有机统一的整体，为实现更高质量、更有效率、更加公平、更可持续的发展提供了科学的实践指南。此外，胡鞍钢、周绍杰（2019）从领导力量、发展阶段与发展理念、生产力与生产关系、现代化经济体系等方面出发构建了习近平经济思想理论体系的解释框架。王朝科（2019）通过"发展规律（原理）论—发展道路论—发展战略论—发展政策论"这一逻辑架构分析了习近平经济思想的理论内涵。周绍东、陈艺丹（2021）提出，从经济新常态到新发展理念，从经济高质量发展到新发展格局，习近平经济思想呈现出一条清晰的逻辑线索，完成了一个相对比较完整的"实践—认识—再实践—再认识"过程，这在理论上是"具体—抽象—再具体—再抽象"的辩证运动过程，在实践上是中国共产党领导全国人民开展社会主义经济建设的过程。王宝珠、马艳（2021）认为，"以人民为中心"的经济发展是习近平经济思想的逻辑主线。进一步来看，唯有将"以人民为中心"的经济发展确立为逻辑主线，才能确立"新发展理念"的逻辑框架、"高质量发展"的现实路径、通往人民"美好生活"的逻辑终点。

习近平经济思想涉及现代化经济体系建设、供给侧结构性改革、乡村振兴、脱贫攻坚、共同富裕、新发展格局、"一带一路"倡议和生态文明建设等诸多方面，对推动经济发展实践有着重要的指导意义。

习近平经济思想为建设现代化经济体系提供了理论指导。刘伟（2017）提出，新发展理念在深化"发展"内涵的同时，形成发展、改革、开放命题的有机统一，只有发展现代化产业体系，构建现代化经济体制，坚持社会主义市场经济改革方向，才能推动现代化经济体系建设，才能真正贯彻落实新发展理念。程恩富、柴巧燕（2018）认为，现代化经济体系基本框架包括产业体系、市场体系、收入分配体系、城乡区域发展体系、绿色发展体系、全面开放体系和双重调节体系七个部分；必须坚持创新、协调、绿色、开放、共享的发展理念和政策思路，来打造现代化经济体系；必须坚决实施以人民为中心的发展思想战略和一系列战略举措。王振坡、韩祁祺、王丽艳（2019）提出，习近平新时代城乡融合发展思想以要素融合为前提条件，以产业融合为关键之举，以空间融合为地理载体，以体制改革为基本保障，为探索城乡建设高质量发展提供理论指导和政策引领，为全球解决城乡现代化问题贡献了中国智慧。

习近平经济思想为供给侧结构性改革指明了方向。孙智君（2017）提出，习近平的产业经济思想是其经济思想的重要组成部分，主要包括产业结构优化思想、产业绿色化发展思想和产业组织调整思想等重要内容，具有系统性、理论性和实践性等显著特征，对产业经济理论研究、产业经济发展实践均具有重要的指导意义。张雷声（2019）认为，"新常态""供给侧结构性改革"是习近平供给侧结构性改革理论的标识性概念。习近平关于供给侧结构性改革的内涵、方向和路径的多方面、多层次分析，构成了习近平供给侧结构性改革理论的主要内容。习近平供给侧结构性改革理论对社会主义经济发展理论的创新性贡献，是我国在全面深化改革进程中提高经济发展质量、提升国家综合竞争力的重要理论指导和行动指南。任志成（2020）梳理了习近平关于产业新旧动能转换的科学论述，从加快创新驱动、凝聚创新人才、科学谋划布局、加强要素保障和推进制度创新五个方面点明了推进产业动能转换的实践路径。潘为华、贺正楚、潘红玉（2021）提出，习近平关于产业链发展的重要论述，为新时代我国产业链的发展奠定了理论基础、指明了实践方向，并从供给端、需求端、动力端和支撑端四个方面探讨了贯彻落实习近平关于产业链发展重要论述的基本路径。

习近平经济思想指引脱贫攻坚工作取得决定性胜利。黄承伟（2018）提出，习近平扶贫思想从目标体系、责任体系、工作体系、政策体系、投入体系、社会动员体系、动力体系、监督体系和考核评估体系九个方面构建了我国贫困治理新体系，指引新时代脱贫攻坚取得了决定性进展。潘慧、滕明兰、赵嵘（2018）提出，习近平总书记在精准扶贫过程中提出了一系列新思想和新举措，形成了"精准扶贫"的责任体系、工作体系、投入体系、政策体系等，对新时代扶贫实践具有重要指导作用。唐任伍、孟娜、李楚翘（2020）认为，习近平贫困治理观主要内容包括贫困治理的价值诉求、目标导向、根本保障和路径方法等多个维度，且蕴含着系统严谨的历史逻辑、现实逻辑和整体逻辑，对指导中国打赢脱贫攻坚战、全面建成小康社会并逐步实现共同富裕具有重要的理论和实践价值，也为世界性的减贫脱贫工作贡献了宝贵的中国智慧。

习近平经济思想推动着乡村振兴有效地开展。陈林（2018）提出，发端于贵州的农村"三变"和浙江等地"三位一体"合作经济，分别是习近平农村市场化理论的最新印证和农民组织化理论的全面实践，充分激活了城乡发展要素。许经勇（2020）梳理了习近平壮大农村集体经济思想：发展农村集体经济是坚持社会主义方向，实现共同富裕的重要保证；是振兴贫困地区农业的必由之路；是促进农村商品经济发展的推动力；是农村精神文明建设的坚强后盾。深化农村集体产权制度改革，发展股份合作制，是壮大农村集体经济的重要形式。张晶（2021）提出，习近平乡村振兴理论坚持从全局的高度和整体的视角看待乡村建设，把乡村建设和城市建设看作社会主义建设的一体两面，重视农民在社会变革中的作用，强调农民理性对改变乡村面貌的价值，丰富了科学社会主义农民农村问题学说，从而开创了科学社会主义农村农业问题理论的新境界。周伟（2021）提出，习近平关于乡村振兴的重要论述从意义维度、关系维度、任务维度和方略维度，开创了马克思主义乡村建设思想的新境界，为我国农村发展振兴指明了方向。

习近平经济思想为推进全体人民共同富裕提供了重要指导。邱少明（2021）提出，习近平总书记共同富裕重要论述的实践方略有五个进路：以创新和开放推动落后地区高质量发展，以转移支付和对口支援促进区域协调发展，以社会保障和收入分配制度助力共享发展，以公有制经济作用来服务共同富裕，以治理体系的高效能发力于共同富裕发展格局。耿茂城（2021）提出，习近平关于新时代共同富裕的重要论述，从整体上有机形成了包括科学内涵、现实依据和实现路径在内的内容体系。由此发展和完善了马克思主义共同富裕思想，为开启全面建设社会主义现代化国家新征程提供了积极的理论指导和实践指引，同时也具有广泛的世界意义。陆卫明、王子宜（2021）从生成逻辑、战略地位、内涵特征、基本原则、具体路径和时代价值等方面对以习近平同志为核心的党中央关于共同富裕的一系列论述进行了梳理研究。袁银传、高君（2021）认为，习近平关于共同富裕重要论述对什么是共同富裕、为什么要实现共同富裕、怎样实现共同富裕等重大理论和实践问题作了系统阐释和科学回答，是对马克思主义关于共同富裕思想的继承和创新，是新时代中国共产党人治国理政的基本方略和行动指南，是人类命运共同体理念的中国表达，对于当今中国与世界的繁荣稳定发展具有重要的时代价值。

　　习近平经济思想为构建新发展格局奠定了理论基础。赵瑾（2019）认为习近平关于构建开放型世界经济的重要论述以人类命运共同体为理念，主张构建创新、开放、联动、包容、平等的世界经济，统筹国内与国际两个大局，发挥中国的引领作用，实现了中国经济与世界经济的深度融合，为全球经济增长创造新机遇，是当代中国马克思主义对世界和平与发展的重要贡献。薛安伟（2020）认为，以扩大内需为战略基点，以内循环带动外循环、以外循环促进内循环构建新发展格局顺应了历史必然性与客观现实性，既打开了中国经济发展的新空间，又对稳定世界经济增长、持续推动全球化、维护世界和平发展等有重大意义。贾俊生（2020）提出，习近平关于新发展格局的论述，聚焦新发展阶段新发展格局的经济基础、科学内涵和理论逻辑，回答构建双循环新发展格局的内生动力和实现路径问题，为中国如何构建新发展格局指明了方向。周跃辉（2021）从时代背景、论述脉络、科学内涵、政策导向与着力点等方面分析了习近平关于"双循环"新发展格局的重要论述。

　　习近平经济思想引领"一带一路"倡议取得重要成就。陈伟雄（2018）提出，习近平对外开放思想包含了主动开放、全面开放、双向开放、共赢开放等重要思想内容，具有十分丰富的内涵，成为我国进一步扩大开放的理论指南和根本遵循。这一思想是中国对外开放领域马克思主义政治经济学的最新发展，为引导全球经济治理体系改革、构建人类命运共同体、推动形成全面开放新格局作出了积极的贡献。黄晓凤、何剑、邓路（2018）认为，习近平新时代开放型经济思想是开放经济领域马克思主义政治经济学的最新成果，其科学内涵是由相互支撑的"五个新"构成的有机整体：提出发展更高层次的开放型经济新理念，发起"一带一路"新倡议，推动形成全面开放新格局，建立更加开放、包容、普惠、平衡、共赢发展的新机制，确定构建人类命运共同体新目标。赵瑾（2021）认为，习近平关于中国对外投资的重要论述系统回答了企业为什么要"走出去"、依靠什么

"走出去"、走到哪里去、如何"走进去"等重大理论与实践问题。学习这一重要论述，正确处理好"引进来与走出去"、政府与市场、大企业与中小企业、竞争与合作、经济交流与人文交流、义与利、走出去与外援、发展与安全等十大关系，对谋划"十四五"我国"走出去"的重大思路和实现其高质量发展具有重要的理论与现实意义。

习近平经济思想为促进生态文明建设提供了理论遵循。安海彦、姚慧琴（2018）提出，习近平绿色发展思想要求继续推进可持续发展、大力推进生态文明建设，要求民众崇尚绿色幸福生活，包含着丰富的生态经济思想，有助于我们对新时期中国主要矛盾发生变化，如何正确处理经济、社会和生态三者之间的动态平衡关系提供了思路。张艳红（2019）从理论逻辑、内涵体系与时代价值三个方面梳理了习近平关于生态经济的重要论述，该论述深刻回答了如何实现生态环境保护与经济建设协调发展的重大理论和实践问题，对于正确认识生态保护与经济建设的关系、跨越"中等收入陷阱"、缓解社会主要矛盾具有重要的理论和现实意义。丁英（2020）提出，习近平有关绿色发展的观点和指示，构成了习近平新时代中国特色社会主义经济思想中的绿色发展思想。推进绿色发展，推动新时代中国经济高质量发展，要以习近平绿色发展思想为指引，推动形成绿色生产方式和生活方式，实现经济发展与生态文明的有机统一。

三、 社会主义市场经济理论

中国特色社会主义市场经济体制，是在改革开放波澜壮阔伟大历史进程中探索形成和发展完善的时代产物，是中国特色社会主义的重大理论结晶和实践创新。进入新时代，社会主义市场经济体制上升为社会主义基本经济制度的重要组成部分，与此同时也面临新的挑战和难题。在社会主义市场经济条件下，如何实现公有制和市场经济的有机统一并坚守社会主义的本色，如何科学处理政府和市场的复杂关系，以及如何构建高水平社会主义市场经济体制等问题，成为中国特色社会主义市场经济理论研究的重大课题。

社会主义市场经济理论既是对马克思主义政治经济学的坚持与继承，也是对其的突破与创新。张玉明、纪虹宇、刘芃（2018）认为，中国特色社会主义市场经济体系通过构建中国特色的经济理论、建立多元化的所有制经济体制以及多元化分配机制，实现了对马克思主义理论的发展与创新。张兴祥、洪永淼（2019）提出，列宁在实施"新经济政策"时，已就社会主义与市场经济的关系问题作了大胆探索。改革开放后，邓小平回归到列宁的逻辑起点，并沿着相似的路径进发，既继承后者的思想，又大大超越了后者。党的十九大以来，以习近平同志为核心的党中央在实践中进一步丰富发展了社会主义市场经济理论。顾钰民（2020）提出，社会主义市场经济体制上升为基本经济制度是习近平对社会主义和中国化马克思主义理论的新贡献，社会主义市场经济理论的发展脉络，体现了中国特色社会主义随实践发展和时代进步不断与时俱进的马克思主义理论品质。

公有制与市场经济能否有机统一的问题，是学术界研究的热点。刘凤义（2017）提出，在社会主义市场经济中，公有制企业的劳动力在形式上也是商品；但从劳动过程即企业内部关系看，包含了社会主义制度属性和要求，所以劳动力不再是资本主义经济关系中的完全意义上的商品，而是具有了"类商品"的性质。张建刚（2020）认为，社会主义基本经济制度的三项内容中，以公有制为主体的所有制结构是整个经济制度的基础，决定了中国特色社会主义的经济性质；按劳分配为主体的分配结构是所有制结构的利益实现，决定了全体人民共同富裕的实现程度；社会主义市场经济体制是经济资源配置的主要方式，决定了生产力发展速度的快慢。蒋永穆、卢洋（2020）提出，从社会主义社会来看，公有制、按劳分配、市场机制是可以并存的。社会主义市场经济与资本主义市场经济的根本区别，在于既坚持了社会主义基本属性，朝着全体人民共同富裕的方向发展；又顺应了社会化大生产的趋势，持续解放和发展了社会生产力。

科学处理政府与市场的复杂关系，始终是我国经济体制改革的核心问题，关系着社会主义市场经济的健康发展。蔡万焕（2017）认为，政府与市场的关系，实质上是国家与资本、劳动的关系，处理好三者之间的关系，必须遏制过度市场化倾向，做强做优做大国有企业，落实国有企业劳动关系。张新宁、杨承训（2018）提出，简政放权、放管结合、优化服务是改革开放 40 年来在经济体制改革中的一项重要理论成果，能够从体制机制上理顺政府与市场的关系，激发市场和政府的活力，有利于抑制消极腐败现象，克服官僚主义，进一步丰富和完善社会主义市场经济体制。常庆欣（2021）提出，政府和市场在动态调整中形成的相互促进、相辅相成的格局，是高水平社会主义市场经济体制的基本特征之一。在这种体制中，政府通过在市场体制引导、营商环境塑造和主体活力激发上"有为"，推动市场在方向把握、运行公平和创新突破上"有效"，从而进一步推动经济高质量发展，增进人民福祉、实现共同富裕。

在社会主义市场经济条件下，如何遏制资本无序扩张，规范市场秩序，坚守社会主义本色，成为近来的新兴议题。杨承训（2019）认为，社会主义市场经济需要科学扬弃一般市场经济通用的分析范畴和经济形式，包括赋予资本、剩余价值、资本人格化以新的内涵，对资本市场经济的许多形式要结合实际加以改造利用，为新型经济繁荣服务。金栋昌、王宏波（2021）提出，资本是社会主义市场经济的重要生产要素，要坚持以"生产力＋生产关系"双重维度对资本一般与资本特殊进行现代化解释，坚持以"人民主体"为价值本位对资本进行总体驾驭，坚持以"双重形态"理念分类推进资本的具体形态与时俱进。周绍东、陈艺丹（2021）认为，社会主义市场经济中依然存在资本对劳动的外在强制，但是资本又是"特殊"和"个别"的资本。发挥公有制"普照的光"的作用，以社会主义生产目的矫正资本逐利的一般性质，对于防止资本无序扩张具有重要的现实意义。

如何在社会主义基本经济制度中理解社会主义市场经济体制，如何诠释中国抗击疫情所体现的社会主义基本经济制度的优越性，是迫切需要回应的问题。丁涛（2020）认为，社会主义市场经济体制是我国经济体制改革的重大创举，政府与市场协同抗击疫情彰显了社会主义市场经济体制的优越性。周绍东、张宵（2020）提出，市场经济体制与社会主义基本经济制度是从两个方面结合起来的，一是构建中国特色宏观调控体系；二是巩固国家作为公有制经济出资人的地位，坚定不移地做强做优做大国有企业。白永秀（2020）提出，在三项基本经济制度中，所有制决定分配制度，分配制度反映所有制，而社会主义市场经济体制是所有制和分配制度得以实现的前提条件。

新的历史条件下，如何构建高水平的社会主义市场经济体制，进一步解放和发展社会生产力，是中国改革发展的重要议题。黄恒学、彭组峰（2018）从培育和发展多元化的市场主体、认识和运用市场价值规律等方面提出了全面深化市场化改革的基本思路。程霖、陈旭东（2018）认为社会主义市场经济理论还需要继续推动在产权制度和要素市场化配置等关键领域的发展创新，以更好地服务于下一阶段的经济体制改革重点和经济高质量发展。简新华（2019）从必须坚持"两个毫不动摇"、改革完善财产和收入分配制度，以及加快健全完善市场体系等方面点明了我国社会主义市场经济体制完善的任务和途径。

四、 政治经济学视野下的 "生产力" 研究

生产力是构成社会生产的物质内容，是社会发展的物质根源。人类社会发展的历史归根到底是生产力发展的历史，解放和发展生产力是社会主义的根本任务。近年来，学界围绕如何对马克思主义生产力经典理论进行

更加深入的研究和阐释，如何总结归纳中国特色社会主义生产力理论，如何在新时代条件下继续解放和发展生产力进而更好地指导实践等重要命题展开了深入研究。

生产力是马克思主义政治经济学和唯物史观的核心范畴和理论基石。王满林（2021）提出唯物史观视域下的生产力，是指一个社会在物质生产领域所具备的主体力量与客体力量的总和；政治经济学视域下的生产力，是指物质生产活动在一定时间内的效率，并认为国内教科书把劳动者纳入生产力的要素之中是对生产力概念的误释。肖磊（2018）通过对经典文本的解释、辩护和重申，论证了生产力一元决定论的科学性，主张用辩证决定论代替传统线性决定论来理解"用'决定与反作用'表述生产力与生产关系之间的关系是合适的"。许光伟（2017）联系生产关系研究生产力，认为政治经济学集中于生产关系之系统特性的社会历史考察，把握住了生产方式变迁的整体性、有机性，同时不失"物象批判性"，使生成论的考察具有了明确的历史方向性。王今朝、余红阳（2021）进一步提出，生产关系性质被生产力性质决定的同时也决定着生产力的发展速度，在政策和策略上社会主义国家更应该强调的是生产关系决定生产力的命题，只有先进的社会主义生产关系才能促使生产力水平获得最大可能的提高。李松龄（2019）补充道，对生产力理论的深化认识要辩证分析发展使用价值理论和相对剩余价值理论，对前者的深化认识能揭示资源有效配置的原理，对后者的深化认识能解释资本有偿占有超额剩余价值的问题。

中国特色社会主义生产力理论是对马克思主义生产力理论的继承、丰富和发展，学界从不同角度对改革开放以来生产力理论的发展进行了总结和阐发。任保平（2018）认为，改革开放40年来的成就充分证明了解放和发展生产力使得中国社会经济实现伟大飞跃，证明了取得巨大发展的原因在于生产力理论与实践的不断创新，因此，总结改革开放40年来的经验，必须要总结生产力理论的演进与创新。卫兴华、聂大海（2017）补充道，中国特色社会主义政治经济学要从理论上研究怎样更好、更快地发展社会层面的生产力。田超伟、卫兴华（2017）强调，中国特色社会主义政治经济学的研究对象要包括生产力，既要研究中国特色社会主义生产关系的发展和完善问题，又要从社会层面研究我国生产力的发展问题，将二者并重。余金成（2018）论证了生产力中人的要素与物的要素、人的要素中脑力主导体力、脑力资源自增长趋势与共产主义和社会主义政权促体转脑的历史使命。寿思华（2017）强调，社会主义社会优胜于资本主义社会，一个突出的表现是能够创造更高的劳动生产率，社会主义需要极大地发展生产力，也能够极大地推动生产力发展，这是社会主义在生产力发展方面的最大价值。

生产力理论的总结、创新与阐发对中国特色社会主义建设具有重要的理论指导意义。公有制经济是社会主义国家的鲜明特色，方敏（2019）强调，市场化改革的根本目的是在生产力"双重约束"下，通过改革自我完善，更好地实现社会主义公有制的本质利益关系。骆前秋（2021）提出，基于系统论视角对生产力发展具体过程的理论研究，中国与资本主义国家生产力系统协调度的不同发展趋势由于所有制结构差异最终体现为经济增长率变化趋势差异，所有制结构上的优势使得中国有条件避免陷入资本主义经济的持续低速增长状态。刘凤义、刘子嘉（2019）补充道，资本主义集体消费方式实质是有利于资本的再分配方式，劳动力再生产质量和水平并没有提高，而我国的集体消费方式实质是有利于劳动力再生产和劳动者共享剩余劳动成果的分配方式，体现了我国公有制经济的共享发展理念。在当代如何创新生产力理论从而更好推动社会生产力的解放和发展的问题上，荣兆梓（2017）主张以平等劳动及其生产力为主线，构建中国特色社会主义政治经济学体系，围绕生产力与生产关系的相互作用，系统回答实践提出的两个重大问题：中国经济奇迹何以产生，中国道路通往何方。荣兆梓（2021）还提出，劳动者个人利益与社会利益之间矛盾的生产力根源是大多数劳动者还不能自觉地超出必要劳动时间之外为社会提供剩余劳动，因此市场经济体制需要对劳动实施科层制度的管理性强制和市场制度的竞争性强制，实现社会生产力的持续发展。肖潇（2019）提出，"稳中求进"的内涵实质在于生产力、生产关系与上层建筑之间的相互适应与协同变革，核心在于维系经济结构内部的动态平衡，基本要求在于做到经济工作中遵循现实发展规律与发挥人的主观能动性相统一。

党的十九大以来，以习近平同志为核心的党中央根据新的客观条件特点，形成了全面系统的习近平经济思想，进一步阐发了马克思主义生产力理论。白暴力、王胜利（2017）认为，以习近平同志为核心的党中央在经济新常态下提出了包含生态生产力要素论、生产力创新发展论、生产力发展时空因素论和社会生产力水平总体跃升论等内容的生产力理论，形成了系统的中国特色社会主义生产力理论，丰富和发展了马克思主义政治经济学理论。董宇坤、白暴力（2017）进一步提出，经济新常态下的新的生产力布局理论以人民主体为主导思想，注重国内的互联互通、资源整合，积极拓展经济发展的国际视野，以两手合力为实现机制，符合新常态下中国经济发展的现实需要和目标要求。邬欣欣、常庆欣（2021）提出，科技自立自强"四个面向"表达了马克思关于生产力五个影响因素的思想，创造性地形成了在新发展阶段统筹推动科技转化为现实生产力的系统观念，是习近平关于新发展阶段生产力发展规律的理论创新。胡鞍钢、张巍、张新（2018）把中国特色社会主义生产力的基本特征定义为"一个中心、五大维度"的生产力体系，五大生产力之间相互关联促进、同向同行、共赢发展，统一服务于以人民为中心的发展目标。徐海红（2018）、任保平、李梦欣（2018）、黄敏（2021）认为绿色生产力发展创造绿色财富，并催生绿色财富理论，实现人与自然和谐共生，还就绿色生产力体系的构建及其发展路径选择阐明了具体建议。最后，杨承训、承谕（2017）补充道，习近平总结历史经验，在新时期继承和提升了毛泽东关于保护生产力的思想，系统保护生产力机制是科学持续发展和长治久安的保证，创新丰富了中国特色社会主义政治经济学。

五、 政治经济学视野下的 "生产方式" 研究

生产方式作为政治经济学研究对象的基础范畴，揭示了人类社会的演进逻辑。中国特色社会主义政治经济学进一步发展了生产方式研究的科学范式，不仅以中国特色社会主义生产方式及其生产关系为研究对象，并且继承马克思主义政治经济学基本原理，结合中华优秀传统文化，探索从必然王国向自由王国飞跃的实现道路。

生产方式作为马克思主义政治经济学的核心概念，需要回到经典文本中探究其理论内涵。郗戈（2017）提出要基于《资本论》从生产关系层面理解"三种社会形态论"与"四种生产方式论"的深刻内涵，重新理解"五种社会形态论"，这对推进历史唯物主义的当代发展具有重要理论和现实意义。郗戈、朱天涛（2021）进一步基于经典文本，分析了马克思资本主义生产方式"起源"理论的内在逻辑演进，鲜明地体现了政治经济学批判对历史唯物主义的深化和建构作用。梁梁（2021）补充道，生产方式的提出与历史唯物主义的确立是"同步"的，当今资本主义社会基本矛盾没有质的改变，马克思创设的生产方式分析框架仍然是剖析社会经济结构、认识社会、改造世界的重要方法和科学指南。郭冠清（2020）通过对《马克思恩格斯全集》的考证，提出生产力是每一个历史阶段发展的基础，但是"生产力决定论"并不成立，重新解读的"生产力—生产方式—生产关系"原理为新时代我国市场经济建设提供了方法论指导。靳书君、王凤（2018）进一步通过论述生产方式原著概念汉译词的演变、概念发展史，分析了概念的马克思主义中国化疏义，认为"生产方式"译词准确深刻地表述了马克思"生产方式"范畴的科学内涵，体现了生产力和生产关系的统

一。宫敬才（2019）认为，在马克思语境中，资本主义生产方式指称的具体内容有生产力与生产关系的有机统一、生产关系、劳动生产条件、生产力发展形式、生产得以进行的物质技术形式、生产得以进行的社会组织形式和生产与消费的联结方式，与非资本主义生产方式相比，其具有商品性、工艺学、内在动力、革命性、人学和法权六方面的特点。白雪秋、余志利（2019）基于经典文本，比较分析了马克思和西方经济学家们对资本的本质和多重属性的认识分歧，提出建设中国特色社会主义要更充分地挖掘资本的生产力属性，抑制资本的生产关系属性即剥削性。

中国特色社会主义政治经济学进一步发展了生产方式研究的科学范式。余金成（2018）提出改革开放通过重新认识社会主义，给中华大地带来了翻天覆地的变化，即用市场经济代替了计划经济，重构了社会主义生产方式。于金富、尚会永（2017）提出我国的社会生产方式具有民族特殊性，数千年来自我完善的创新发展之路使社会生产方式的发展具有历史继承性，要以习近平治国理政科学思维方式为指导进行政治经济学研究。于金富、晋铭（2019）进一步提出，中国特色社会主义政治经济学不仅应当研究中国特色社会主义生产方式及其生产关系，还要弄清中国生产方式的基本性质及其发展规律，阐明中国特色社会主义生产方式的现实特征，科学把握中国社会生产方式发展的正确方向。鲁保林、梁永坚（2017）认为，中国经济的改革和发展历程验证了生产关系一定要适合生产力发展状况的规律，因此，中国特殊的社会主义的生产方式仍需进一步完善，以此促进社会生产力的巨变和社会主义制度的不断巩固。

进入新时代，以数字技术为核心的科技革命和工业革命快速发展，传统生产方式发生深刻变革。刘方喜（2017）提出，开放共享的"大数据物联网"生产方式进一步推进"资本主义范式"自我否定并向"社会主义范式"转换，不断推进大数据与物联网生产体系深度融合，社会主义生产关系与制度的优势必然会越来越充分地显现出来。李越（2021）认为，把

"智能+"作为智能化生产方式，对智能化生产方式下所形成的新的生产力和生产关系特征进行了深入分析，构建了智能化生产方式对产业结构变迁的作用机理，并从人机协调发展、智能化生产资料部门优先发展和区域智能化平衡发展三个方面提出了建议。王珂（2021）补充道，当下以人工智能新技术为"驱动"的生产方式变革，应该上升到"创造性破坏"的阶段，对资本主义生产关系进行彻底颠覆，这也是实现"两个必然"的内在逻辑。刘冠军、陈晨（2019）依据马克思剩余价值理论的基本原理和方法，对现代科技型生产方式下的剩余价值生产进行系统考察后发现，绝对剩余价值生产方法将趋向终结，超额剩余价值和相对剩余价值生产已成为主流方法。在传统农业生产方式的变革上，李小云（2017）回顾了政治经济学对农业生产方式的研究，分析中国农业生产方式与土地制度的关系，并思考未来我国农业发展的方向。戴丽（2018）进一步结合马克思主义生产方式理论，分析了新中国成立以来农业生产方式演化的特征和存在的问题，提出了农业生产方式变革以科技为依托、以合作为趋势、以人才为根本的对策。

党的十九大以来，中国经济由高速增长阶段转向高质量发展阶段，必须转变传统生产方式，使发展成果更好地惠及全体人民。高桂爱、刘刚、杜曙光（2021）认为，高质量发展阶段的政治经济学基础可以归结为新科技革命所要求的劳动方式，以及符合新时代社会主义生产目的的生产社会形式。何爱平、李雪娇、邓金钱（2018），王丽丽（2019）提出，绿色发展理念在生产力和生产关系两个方面继承和发展了马克思主义政治经济学，绿色生产方式要对全面生产理论中所包含的各个具体生产形式做出一种在内容上的新型整合，正确应用绿色发展理念建设美丽中国，实现对包括资本主义生产方式在内的传统生产方式的超越。陈享光、张志强（2021）提出，要完全克服小生产主导的生产方式的历史局限性，把小生产排斥的五个方面因素转变成推动生产发展的现实要素，必须在解决绝对贫困的基础上持续推进反贫困事业，变革生产过程的技术条件和社会条件，疏通生产条件方面的瓶颈，强化其革命性技术基础，以不断增强其生产方式的弹性和张力，有效融入社会生产体系。

六、 政治经济学视野下的 "生产关系" 研究

生产关系是生产力诸要素相结合的社会形式，是在物质生产和再生产过程中所形成的经济关系。新时代坚持和发展中国特色社会主义，必须不断适应社会生产力发展调整生产关系，不断推进马克思主义政治经济学的中国化进程。近年来，学术界在生产关系理论相关问题研究上取得了诸多成果。

学术界对生产关系理论的回顾与梳理，以探寻其理论来源为前提。张作云（2020）通过回顾马克思、恩格斯生产关系理论创立的过程，强调要坚持马克思主义群众观点、阶级观点，充分认识社会生产关系及其结构的阶级性质，巩固发展社会主义生产关系在我国现阶段生产关系整体结构中的主体地位。张雷声（2017）认为，《资本论》不仅从交往关系角度和以生产资料所有制为基础研究生产关系，还从总体规定性角度和以生产力的发展变化研究生产关系。颜芳（2019）基于"毛泽东—阿尔都塞"命题，提出经由"生产关系首要论"，意识形态包括文化、审美、文学意识形态才具有了直接作用于生产关系、生产方式和社会形态的"及物性"。关于生产力与生产关系的相互关系，潘中伟（2019）以生产力决定论与生产关系决定论为例，批判了科恩基和里格比的旧的形而上学思维，提出要将生产关系与生产力理解为生产过程中的形式与内容。马文保（2017）补充道，对于生产力与生产关系的关系研究，"机械论"和"实践论"两种解释模式都存在离开现实生产活动的问题，无法真正揭示二者关系，从现实的生产活动出发，才能真正把握二者之间富有具体内容的现实关系。周新城（2018）进一步强调，中国特色社会主义政治经济学，不仅要分析社会主义的经济

关系，阐述社会主义制度的本质及优越性，还要研究经济运行层次的具体问题，建立马克思主义经济运行学说，更加重视和发挥好生产关系一定要适合生产力性质的规律作用。

关于生产关系研究范式向广度和深度拓展上，赵春玲（2017）认为马克思主义政治经济学社会关系分析使人们对经济问题的认识从现象深入本质，为洞察社会经济结构和关系、认识本质、把握规律提供了科学方法，要在当代重申马克思关于社会关系的研究。朱富强（2018）提出，在社会经济关系总体上平和的时期，马克思经济学中更值得继承和发展的是发现和解决具体问题的高次元思维，而不是预告未来和推动社会革命的历史唯物论。张桂文、张光辉（2019）对马克思主义政治经济学与新制度经济学的研究范式进行分析并厘清了二者的区别，有助于在前者研究范式下，吸收和借鉴后者合理的成分，形成马克思主义制度分析的话语体系。侯风云（2017）则认为政治经济学研究对象用"物质利益关系"代替"生产关系"，可以对政治经济学的研究对象有明确把握，从而有利于政治经济学的发展和理论体系的构建。在国外马克思主义对生产关系的研究上，张嘉昕、王芳菲（2018）基于国外马克思主义劳动关系理论，提出调节学派从总体上考察了特定历史条件下和生产场所中发生的、以资本积累为目的所进行的劳动力组织问题。赵秀丽（2017）补充道，赖特阶级结构理论的"矛盾的阶级定位"分析方法，对中间阶级进行了分析验证，提出确定阶级定位的依据和标准，对分析当代的劳资关系和中国构建和谐的劳动关系均有重要的启示，但其理论上的局限性也不容忽视。

中国特色社会主义政治经济学的核心是建立以人民为中心的社会生产关系。孙新建（2017）提出建立以人民为中心的社会生产关系，重点是要建立与以人民为中心经济发展相适应的社会生产关系基础体系，明确劳动者的地位及相互间关系，优化产品分配和解决好社会问题。王琳、马艳、张思扬（2018），王琳、马艳（2019）认为，从马克思主义政治经济学视角分析改革开放以来我国生产关系的现实演变，可得出生产、分配、交换、消费四个维度的有机交融作用推动经济关系横向演变，经济力与经济关系的动态耦合作用推动经济关系的纵向演变，"以人民为中心"则是其一以贯之的内在轴心。公有制经济是社会主义的独特优势，宋笑敏（2019）提出推进国有企业混改，要明确"具有明显公有性"的混合所有制经济本质上是对公有制生产关系的坚持和发展，其经济中人与人的关系应以"平等互助合作"为标准，分配领域应坚持基本分配制度。周晓梅（2018）强调，公有制为主体多种所有制经济共同发展的基本经济制度，是由生产关系一定要适合生产力性质规律所决定的，是解决中国特色社会主义新时代主要矛盾的客观要求。周绍东（2020）进一步提出，在公有制经济内部，劳动力再生产介于完全商品化模式和完全社会化模式之间，塑造了公有制经济中的劳动者凝聚力，并形成了其在市场竞争中的独特优势。

新的时代条件下，传统生产关系发生了新变化，不仅表现在生产中人与人的关系上，还表现在产品分配关系上。在劳资关系问题上，肖斌、李旭娇（2020）基于《中国经济原论》文本分析，提出零工经济在本质上不过是依托平台资本、数字资本存在且又被新型外表包裹下的旧式用工形态，资本对劳动剥削与榨取的本质并未更改。赵秀丽、杨志（2018）补充道，弹性劳资关系网络的形成同步于资本积累体系的扩张，这不仅在实践中对工人的福利产生了影响，而且在理论层面也对政治经济学理论构建开放条件下的空间生产框架提出了一种诉求。卢江、陈弼文（2019）强调，由于市场经济价值规律的客观作用，我国既定劳动关系中有消极的一面，要通过健全劳动者合法权益保障体系、防止公有制经济中的劳动关系被市场化侵蚀、扩大共享经济普及面等，构建和谐可持续的劳动关系。在新技术革命背景下的相关问题上，肖潇（2018）认为"分享经济"的兴起标志着生产力与生产关系的又一次变革，强化了资本对劳动的控制与分化，制造出对于资本主义生产方式的认同，从本质上进一步加深了劳动对资本的实际隶属。张新春（2018）提出，在新的技术经济范式下，新生就业岗位逆向而生，机器对劳动的替代性成倍加强，导致资本由剥削剩余价值向剥夺工人劳动及生存权利的转化，相对过剩人口由流动过剩向停滞过剩转化，可能出现相对贫困向绝对贫困转化。姜耀东（2021）强调，数字时代资本主义生产关系中数字资本的发展镜像，折射出数据商品向数字资本转化的新样态以及数字资本对数字劳动异化的新特征，数字劳动依然循着马克思政治经济学批判的理论进路，其价值走向是去资本中心化的协同共享。刘方喜（2017）补充道，以区块链为技术和金融基础的第二代物联网创造出代表"极致信任"的"比特币"，进一步强化和提升了互联网点对点、分布式、民主化、协作开放、平等共享等特性，冲击着以"交往形式"为手段而以"交换价值（货币）"为目的、基础和中介的资本主义生产关系，资本主义落后生产关系与当代"极致生产力"之间的冲突达到极致，要深入研究并推动物联网生产方式发展。

在土地相关问题上，叶敬忠、张明皓（2019）认为，小农户视角的乡村振兴是关于乡村生产力的产业振兴，而小农视角的乡村振兴则是乡村生产关系的全面振兴，要充分认识"小农户"和"小农"存在的差别，在包容二者优势的基础上实现乡村的真正振兴。金栋昌、李天姿（2020）从生产关系维度对土地级差收入70年的变迁过程进行分析，掌握其演进规律与转型方向，明确当下土地出让金与"土地财政"的评价立场与改革重点，界定土地级差收入的属性特征和学理范式。最后，谢富胜、巩潇然（2018）提出，史密斯的空间马克思主义理论揭示了发达国家市场经济发展过程中地理空间不平衡发展的规律，为我国发展提供了借鉴。房价过高会造成劳动力再生产过程中的二次剥夺，房价高涨部分归因于城市增长逼近或超过地理绝对扩张极限，大型城市化社会的棚改、旧改项目利弊共存。

七、 劳动价值论相关问题研究

马克思主义劳动价值论是马克思在对古典政治经济学进行批判继承的基础上，运用辩证唯物主义和历史唯物主义思想方法创立的理论体系，它分析了资本主义生产方式下劳动和价值的本质，揭示了资本主义生产关系的内在矛盾及其对生产力发展的阻碍作用，奠定了马克思主义政治经济学的理论基石。马克思主义劳动价值论始终是我们认识和改造世界的理论武器，近年来，学术界主要围绕剩余价值理论、劳动价值论的相关争议、对劳动价值论的数理化证明等问题展开探讨，探究了劳动价值论对当代中国经济建设的指导意义，发掘出劳动价值论的当代价值。

马克思主义劳动价值论是一个逻辑严密的理论体系，学界对其中一些关键问题进行了解读。赵磊（2019）提出，马克思主义劳动价值论揭示了"劳动决定价值"的实质是劳动异化的结果。在阶级社会，生产资料与劳动者的分离导致了劳动异化，而劳动异化必然要求价值要以劳动来衡量。因此，"劳动决定价值"乃是劳动异化的必然结果。马慎萧、朱冰霞（2021）认为理解超额剩余价值来源问题是探讨科技创新在价值生产、资本积累过程中作用的基础，也是理解马克思主义劳动价值理论、剩余价值生产理论、资本积累理论的关键问题之一。王智强（2020）将马克思经典著作中两种含义的社会必要劳动时间分别记为"时间Ⅰ"和"时间Ⅱ"，并将二者联系起来解释产能过剩问题。他指出，"时间Ⅰ"决定价值的规律使得剩余价值被越来越多地用于追加固定资本，资本积累导致消费品的"时间Ⅰ"总量大于可变资本价值及用于资本家消费的剩余价值所决定的"时间Ⅱ"，由此导致的连锁反应致使三大部类出现产能过剩。

一些学者回顾并探讨了西方经济学对马克思主义劳动价值理论提出的质疑。赵磊（2017）认为劳动价值论所定义的价值只能在形式上量化，而无法在实质规定上量化，马克思对劳动价值所做的定量分析，完全不同于西方经济学的价格计量；当前将价值"数量化"的努力，实际上忽略了计量这一手段本身的局限性。高林远（2019）强调了劳动价值论的人民立场，认为马克思的劳动价值论同当代西方经济学在价值源泉问题上的根本分歧，归根结底是由两种学说的不同立场和价值取向造成的，"劳动创造价值"就是这一立场在理论上的集中反映。而试图通过将"价值转型"数理化，进而以此质疑劳动价值论的数学模型都没有体现"价值转型"作为"社会过程"的本质特点，因而背离了劳动价值论。孙宗伟（2020）从庞巴维克对劳动价值论的质疑入手，运用马克思主义分析方法，分别从历史和逻辑的角度，论证了马克思"抽象劳动是价值的实体"的观点。从历史的层面看，人类劳动作为价值实体这一点是包含在历史过程中、因而是无须证明的。从逻辑的层面看，马克思通过两个恒等式（即总剩余价值＝总利润、总价值＝总生产价格），已经证明了价值向生产价格的转化。季卫兵（2019）运用劳动价值论的基本原理和逻辑，阐释了虚拟价格的存在合理性、形成机制、技术依据，并提出虚拟价格的存在并不违反劳动价值论的逻辑命题，而是价值经过多层经济关系折射而成的经济现象。王生升等（2019）指出了"置盐定理"的局限性，认为它将剩余价值生产与剩余价值实现简化为同一过程，从而遮蔽了资本主义社会中积累和消费的对抗性矛盾及其背后的对抗性生产—分配关系，因此无法说明作为资本主义历史发展规律的一般利润率下降趋势。

针对西方经济学界对劳动价值论提出的"无法量化"的质疑，一些学者致力于为劳动价值论提供数理逻辑上的证明，以捍卫劳动价值论的科学性。刘晓音、宋树理（2017）基于马克思主义劳动价值论，建立了用于任意国际交换商品的单位国际价值量与其国际生产价格之间的比例关系，证明无论是在静态还是在动态条件下，都存在任意国际交换商品的唯一单位国际价值量决定方程。胡忠俊、杨小勇（2020）构建了劳动价值的动态分析模型，通过考察劳动时间、劳动产出、商品价值量的动态变化过程，探究了动态的价值创造过程，论证了动态条件下，社会经济发展由"制造生产"向"创造生产"的过渡过程，并揭示了超额剩余价值的来源和形成机制。荣兆梓（2020）构建的 C 体系在转形轮次和转形阶段划分基础上提出了可变资本成本计算规则，建立了"一个总量相等，一个总比率不变"的转形模型，从而形成了内在逻辑一致的马克思主义转形问题解决方案。

近年来，中国经济进入"新常态"。经济新常态是在经济结构对称态基础上的经济可持续增长，要求实现经济的高质量发展、创新发展和有效发展。这些要求体现着马克思主义劳动价值论的内容和原则，又反过来印证了劳动价值论的时代价值。吴金明（2018）基于马克思的"二元价值构成"理论，提出了"二维五元"价值构成分析模型，在此基础上，他对高质量发展的基本概念、主要特征与基本要求进行了探讨，发掘出其 11 个不同于高速增长阶段的特征，提出高质量发展是基于新理念、新动力、新动能和软价值、软资源、软制造主导发展的路径和模式的总称，并提出了五条推进高质量发展的建议。李松龄（2020）基于劳动价值论提出，创新的本质是使用价值的创新，建设创新型国家就要求用创新劳动取代重复劳动。在此基础上，他建议完善促进创新劳动积极性和主动性的体制机制，实现劳动力资本化，充分发挥资本作用，激励创新劳动，推动创新型国家的建设。骆桢（2021）立足马克思劳动价值论中关于技术创新的双重逻辑，在劳动价值论模型中刻画出一个技术长波完整的发生机制，证明了新技术及其扩散本身也会造成经济总量的起落，形成经济增长的"潮涌"，进而形成经济增长的长期波动，并据此给出了在经济增长的不同阶段，国家进行宏观调控时需要注意的事项。欧阳向英（2018）对比了熊彼特的企业家创新理论和马克思的剩余价值理论，认为按要素分配与按劳分配理论的根本区别在于对价值来源的认识不同，在个人劳动能力存在差别的情况下，这两种分配方式各有平等与不平等之处。因此，在社会主义初级阶段混合所有制条件下，承认按要素分配具有一定的合理性，但社会前进的大方向应为按劳分配。何剑雄（2019）运用劳动价值论的有关内容，解读了 GDP 核算中所包含的六个方面的内容，即工资、利息和租金、非公司企业主的收入、公司税前利润、企业转移支付及企业间接税、资本折旧。他认为这些财富内容都是由社会的有效劳动创造的，社会有效劳动的所有形式也包含在上述内容之中，因此 GDP 的核算方式能够衡量社会总劳动所创造的财富。

八、 唯物史观与政治经济学

唯物史观与政治经济学堪比马克思主义学说的两翼，二者互为基础，互相补充，密不可分。唯物史观为政治经济学提供方法，政治经济学是唯物史观的具体体现，并在自身开展过程中发展完善了唯物史观。把握二者之间的关系，有助于在整体上理解马克思主义理论，掌握科学的思想方法，从而构建科学的中国特色社会主义政治经济学理论体系。

在理论层面，唯物史观与政治经济学之间互相渗透，互为补充。尹汉宁（2018）认为，马克思研究政治经济学的过程直接与唯物史观相关联，政治经济学写作计划的调整与研究对象的确定，也充分体现了唯物史观，因此可以说，唯物史观为政治经济学注入了科学、真理、实践的灵魂。唐正东（2019）认为唯物史观为马克思的政治经济学批判提供了超越性视域。马克思唯物史观视域中的政治经济学批判理论所揭示的是一种社会历史过程的批判，其核心在于探索资本在现实社会历史过程中的内在矛盾运动规律，这使得马克思的政治经济学批判理论在解读视域、解读内容等方面实现了对同时代的政治经济学批判理论的真正超越。翁寒冰（2021）认为，《资本论》科学地论证了人类历史通过内在矛盾运动而获得内生的批判与革命意义这一抽象的客观规律。在这一过程中，唯物史观得到了进一步深化，并呈现出更为丰富的理论内涵、更为复杂的形态建构与更为根本的方法论意义。陆云（2017）认为，马克思在其政治经济学批判中对私有财产的普遍本质与异化劳动的来历探索中，完成了唯物史观基本理论框架的构建。唯物史观核心内容——生产力与生产关系的矛盾运动，在《资本论》中得到了科学的论证和现象学意义上的直观。王南湜（2017）探究了精确的政治经济学与"诉诸总体理解"的唯物史观并存之可能性。他认为，作为精确科学的政治经济学为唯物史观"改变世界"的内在诉求提供了实现形式；而政治经济学由于自身高度的抽象性，在"认识世界"上存在的局限性，也为唯物史观所弥补。因此，二者互为补充，密不可分。罗雄飞（2020）也认为，二者相互补充和完善，唯物史观为政治经济学提供了思想指导，它被马克思用于把握研究对象——资本主义社会；而政治经济学对具体历史的复杂性的关注，也充实了唯物史观的一般原理，二者是总体与个别、一般与特殊的关系。

《资本论》是马克思主义政治经济学的集大成之作，其写作过程集中地展现了政治经济学与唯物史观之间的关系。赵敦华（2017）认为，唯物史观是《资本论》的写作"底本"，它为政治经济学提供了关于资本主义生产方式的一般属性、历史前提、社会模式、运动规律这四个方面的认识；而另一方面，二者又具有相对的独立性，《资本论》对于资本主义生产方式矛盾的论证并不能作为唯物史观对资本主义社会必然灭亡的依据。张雷声（2017）认为，《资本论》在写作中运用、展开和完善了历史唯物主义。唯物史观的原则即客观性、实践性、历史性，通过《资本论》对社会基本矛盾在经济领域的运动、社会历史规律在经济领域的表现和人类社会历史过程的发展变化的论述得到了展开；唯物史观及其运用的原则也是在马克思为《资本论》创作所做的研究准备过程中逐步形成和发展起来的。王维平、张起梁（2020）持有相似的观点，他们认为，《资本论》在微观层面把唯物史观的发展推进到了"成熟"阶段。一方面，《资本论》在政治经济学批判的微观层面反向建构了唯物史观，奠定了唯物史观的微观基础；另一方面，

《资本论》在政治经济学批判的微观层面深化发展了唯物史观，开创了唯物史观的微观表达。

唯物史观方法论在政治经济学分析中的运用，对于当下构建中国特色社会主义政治经济学理论体系，具有重要的指导意义。对于如何实现唯物史观与中国特色社会主义政治经济学的结合，学界进行了一系列探索。曹典顺（2017）认为，中国特色社会主义政治经济学自身便具有唯物史观意蕴。一方面，唯物史观与政治经济学本身是互为前提、相辅相成的关系；另一方面，经济秩序和生存方式问题是中国特色社会主义政治经济学研究的重要问题，是马克思主义政治经济学问题的当代形式。这要求我们在中国特色社会主义政治经济学的构建中，自觉运用历史唯物主义的思想方法。周绍东、李晶（2020）回顾了百年来中国共产党经济理论的创新历程，提出中国共产党经济理论创新是以唯物史观作为方法论遵循的，基于唯物史观的经济理论创新为政治路线选择提供了决策依据。张晖明、任瑞敏（2020）则反向考察了新中国成立以来，格式化的历史唯物主义方法论对政治经济学理论发展的消极影响。熊亮（2020）认为，唯物史观是中国特色社会主义政治经济学的理论内核。唯物史观的历史前提、落脚点和目的都是现实的个人；中国特色社会主义政治经济学也坚持以人民为中心、一切经济活动为了人民的根本原则，其旨归与唯物史观是一致的。同时，唯物史观也阐释了中国特色社会主义政治经济学的历史特征、必要性与特殊性。尹汉宁（2021）认为，唯物史观是中国政治经济学研究的根本方法，理由有四：唯物史观通过对政治经济学的研究，促进了马克思主义政治经济学的诞生；唯物史观为政治经济学研究对象的选择提供了原则；唯物史观为马克思提供了"从个别上升到一般"的研究思路；马克思研究政治经济学所使用的抽象方法体现了唯物史观的原则。因此，发展中国特色社会主义政治经济学，要运用唯物史观的根本方法，对中国特色社会主义经济建设的实践中逐渐形成的规律性认识进行整理总结；同时将中国传统思维特性与唯物史观的方法对接，以适当的方式处理中国特有的经济问题。

九、《资本论》及其手稿研究

《资本论》及其手稿是马克思主义政治经济学的集大成之作。马克思在《资本论》及其手稿中，以剩余价值为中心，以唯物史观为根本方法，集中论述了资本生产、流通、分配过程的规律和实质，揭示了资本主义的内在矛盾，并预言了其必然灭亡的历史结局。《资本论》及其手稿实现了对古典政治经济学的革新，进一步发展了唯物史观，至今仍是我们剖析当代资本主义社会、发展中国特色社会主义经济和构建中国特色社会主义政治经济学理论体系的理论武器。近年来，学术界围绕《资本论》及其手稿的内容及传播情况展开了深入的研究，厘清了其中所涉及的一些重要概念，考证了其文本内容及流传情况，并探讨了《资本论》及其手稿对于构建中国特色社会主义政治经济学的理论指导意义。

《资本论》及其手稿的面世和传播过程十分复杂，且存在着文本的佚失、错序、讹误等问题。为廓清疑窦，正本清源，一些学者致力于研究《资本论》及其手稿的文本勘定及传播历程，力图恢复《资本论》及其手稿的原初面貌，勾勒其传播的世界图景。徐洋（2017）基于现存的 MEGA 文献，逐篇分析了恩格斯编辑《资本论》第 2 卷时所遵循的文本顺序、篇章结构、文字改动情况。张钟朴（2017）详细考证了恩格斯编辑《资本论》第 2 卷的工作，发现恩格斯不仅对原稿作出了文字上的改动，而且也在理论上作出了不可忽视的贡献。陈长安、张子骞、连杰等（2017）以《马克思恩格斯全集》历史考证版第 2 部分第 1 卷（MEGA2 Ⅱ/1）的《编辑说明》、中文第 2 版第 30 卷的《凡例》及日文《〈资本论〉手稿集》第 1 卷《凡例》为中心，着重从编辑体例、下划线、旁划线等强调符号、笔记本及页码编号、资料卷、异文等方面对历史考证版与中文第 2 版、日文《〈资本论〉手稿集》版《大纲》的编辑进行初步比较研究，并对编译工作及相关研究提出了一些建议。薛睿（2020）以较为宏观的视角，将《资本论》及其手稿从 19 世纪 60 年代至今在法国的出版传播分为三个阶段进行回顾，并得出了其在法国出版传播的三个特征。张秀琴（2021）、商紫君（2021）、王瞻（2021）分别梳理了马克思《资本论》在英美、日本和德国的传播历程，呈现了一幅《资本论》传播的世界图景。徐洋（2017）将《资本论》在中国（1899—2017）的翻译、传播和接受历程分为四个阶段，系统梳理了《资本论》在中国的翻译与出版、研究与教学、宣传与运用情况，并总结了中国《资本论》百年传播史的特点和经验。

　　厘清"商品""货币""劳动"等概念范畴的内涵和外延，是《资本论》及其手稿研究的重要内容。顾海良（2017）分析了《资本论》的《第六章直接生产过程的结果》，认为这篇手稿在历史逻辑上确定了商品范畴作为《资本论》始基范畴的内在必然性，运用"抽象上升到具体"的方法，对商品范畴从"元素"到"结果"的理论逻辑作了整体阐释。齐效玫（2017）梳理了马克思《资本论》及其手稿中对"商品"概念的论述及其流变过程。在《1857—1858 年经济学手稿》中《货币章》的简单流通的理论视阈中，商品表现为交换价值这一规定性。经过《〈政治经济学批判〉第一分册》的过渡，马克思在《资本论》第 1 卷中从使用价值与价值的内在矛盾出发来理解商品。在"从抽象上升到具体"的科学方法论的指导下，马克思得出了商品在资本主义生产条件下的具体表现形式的内涵——作为资本转化形式的商品。蔡玲（2018）探讨了马克思货币理论中"货币"概念的独立性特征，认为马克思指出"货币的独立性不是纯粹的，而是相对的"，这种相对的独立性对资本主义经济具有重要的意义，它一方面促成了资本主义的迅速发展，另一方面也体现出了对资本主义的否定。章衍（2018）也从哲学的角度解读了马克思"货币"概念，他认为《资本论》中的货币观内含着马克思从唯物史观视野出发对现代人货币化生存方式的历史批判；只有从唯物史观或科学的政治经济学的批判层面，才能揭示现代人货币化生存方式的科学内涵与完整意义。何云峰、王绍梁（2019）探究了"劳动"概念在马克思主义理论学说中的地位。他们认为，在马克思主义哲学中，劳动概念具有两重维度：一是作为哲学存在论的隐性维度，指向人的感性的对象性活动；二是政治经济学批判的显性维度，即资本主义生产方式统治下创造价值的雇佣劳动。通过对劳动的这两重维度的揭示，马克思预言了新的社会形态的到来。胡岳岷（2017）探讨了"劳动"概念在《资本论》及其手稿中的地位。他认为，在《资本论》中，马克思并没有在本体的意义上讨论劳动，占据本体地位的范畴始终是"资本"。钟文静（2021）探讨了劳动能力及其实现问题在《资本论》及其手稿中的理论地位，认为它是马克思政治经济学批判的重要靶向。马克思发现，劳动能力的买卖是资本增殖的关键环节，从而揭露出资产阶级意识形态中自由与平等的虚假性。而另一方面，资本主义生产具有历史意义：资本主义生产带来个人关系和能力的普遍性与全面性，这就为以每个人能力自由而全面发展为目的的共产主义社会的到来准备了条件。

　　《资本论》及其手稿为中国特色社会主义政治经济学理论体系的构建，提供了思想方法和理论上的指导。颜鹏飞（2018）认为，《资本论》所着重探讨的"生产力—生产方式—生产关系"和"第三次'变形的商品'"分别为中国特色社会主义政治经济学提供了研究对象和逻辑起点。吴培（2018）认为，《资本论》的工人阶级立场、辩证唯物主义和历史唯物主义思想方法，以及"基础—核心—关键"的三元理论架构，均可为中国特色社会主义政治经济学的构建提供参照。具体而言，应当以生产资料公有制为基础，以共同富裕为核心，以按劳分配为关键，以三者为基点不断延伸，发展出一套完整的理论体系。邱海平（2018）概括出《资本论》所运用的"抽象力"、唯物辩证法、"两条道路"、范畴排列顺序、唯物史观、逻辑与历史的方法、内在与外在观察法这七组政治经济学的方法与方法论，提出构建中国特色社会主义政治经济学也应遵循这些方法。崔向阳、王玲侠（2018）认为《资本论》中蕴含着供给思想，并分别将马克思商品经济基本矛盾理论、劳动价值理论、虚拟经济理论、成本价格理论、社会再生产理论，与去库存、去产能、去杠杆、降成本、补短板等措施相关联，从而为供给侧结构性改革提供了学理上的论证。周士跃（2017）根据《资本论》的有关论述，认为创新是资本逻辑和市场竞争的自发举措，要实现创新驱动发展战略，就要充分发挥资本与市场的作用，同时为资本主义生产关系提供适宜的制度条件，并坚持发展为了人民的价值取向。

十、 政治经济学学科体系、 学术体系和话语体系研究

政治经济学学科体系、学术体系、话语体系建设是新时代中国哲学社会科学工作者面临的历史使命和时代任务。习近平总书记指出："着力构建中国特色哲学社会科学，在指导思想、学科体系、学术体系、话语体系等方面充分体现中国特色、中国风格、中国气派。""三大体系"建设的深入推进，不仅有助于推动中国特色社会主义向更高阶段的发展，也有利于建成富强民主文明和谐美丽的社会主义现代化强国。

学科体系是学术体系、话语体系的基础。刘灿（2021）提出，对学科的认知包括认识学科内涵、学科性质与任务、学科发展进路等核心问题，关系到如何构建学科体系，是学科建设的重要内容。从深化学科认知的视角，中国特色社会主义政治经济学的学科发展与理论体系构建，要坚持几个重大原则，包括把中国特色社会主义政治经济学建立在历史唯物主义的基础之上；要以生产关系分析为核心来构建中国特色社会主义政治经济学的理论范式；坚持以人民为中心是中国特色社会主义政治经济学的本质属性等。洪银兴（2019）提出，政治经济学有以下三个功能：第一，它要提供一种意识形态，分清社会主义和资本主义；第二，它要提供思想教育教

材，要解决社会主义的制度自信、道路自信、理论自信问题，这是政治经济学的职责；第三，它要批判各种非马克思主义的经济思潮，但不仅仅是当批判家，还要当中国特色社会主义经济的建设者。孟捷、朱宝清（2021）通过 Citespace 软件对不同阶段中国特色社会主义政治经济学的研究主题作了文献计量分析，发现中国特色社会主义政治经济学在各个不同阶段有不同的研究主题。顾海良（2021）认为，马克思主义政治经济学在当代中国的发展，呈现为马克思主义政治经济学中国化的过程：一方面是马克思主义政治经济学基本原理与中国特色社会主义的经济事实和经济关系相结合，分析和解决中国特色社会主义经济的实践和理论问题；另一方面是对这一结合过程中形成的经验和理论，经过理性思维和经济学说的系统化，上升为政治经济学的新概念新思想，丰富和拓展了马克思主义政治经济学理论体系。付文军（2021）总结了新中国成立以来的我国学界关于政治经济学的发文数量、作者群体、研究机构和理论阵地的基本情况。在这段时间里，学者们围绕着中国特色社会主义政治经济学、《资本论》的基础理论、劳动价值论和唯物史观等问题展开了形式多样、内容丰富的研究。

每个学科都要构建成体系的学科理论和概念，成体系的学科理论构成学术体系，学术体系揭示了本学科研究对象的本质和规律。林光彬（2017）、包炜杰（2018）都提出，国家理论应该是政治经济学理论体系的总前提、逻辑起点和理论突破点。杜永峰（2021）认为建构中国特色社会主义政治经济学理论体系，是提炼和总结我国社会主义经济建设实践经验和规律性成果的历史逻辑，也是提升中国特色经济学科解释力、影响力和话语权的内在诉求。并提出遵循马克思主义政治经济学的基本理论和根本方法，直面中国特色社会主义政治经济学理论体系建构的诸多重大理论与现实问题，应以学理维度为本、以术语维度为用、以方法维度为基、以时代维度为实和以创新维度为魂，不断开拓中国特色社会主义政治经济学新境界。孟捷（2021）探讨了中国特色社会主义政治经济学的研究对象、叙述方法和体系结构，提出《资本论》与中国特色社会主义政治经济学在研究对象上存在显著差异，现有教科书采用板块型叙述结构有其合理性。进一步完善教科书的编纂，需要利用并改进这种板块型叙述结构，以更好地呈现中国特色社会主义政治经济学的理论内容，同时也要最大限度地借鉴和运用《资本论》的范畴和原理，以充实这一内容，推进中国特色社会主义政治经济学的学理化。刘伟（2021）提出，习近平"中国特色社会主义政治经济学"开拓了当代中国马克思主义政治经济学新境界。一方面，这一学说是对中国特色社会主义实践的系统总结，是中国特色社会主义理论的重要组成部分和最新理论结晶；另一方面，又是对中国特色社会主义进入新时代面临的新问题作出的历史回应，是对马克思主义广义的政治经济学的重要发展。

话语体系是理论和知识的语词表达，是学术体系的表现形式和语言载体，一个学科的话语体系只有准确、充分地表达了本学科的学术体系才是成熟的话语体系。刘雅君（2018）提出，话语权问题是一门学科得以立足和获得发展的关键。新时代中国特色社会主义政治经济学要在中国和世界产生广泛影响，就必须建构属于自己的话语权。陈弘（2021）认为，改革开放进程中马克思主义政治经济学与西方经济学话语权之争是理论经济学学界的重要事件。这样的话语权变迁需要以辩证的思维审视：社会主义政治经济学面对社会主义市场经济的理论准备不足、西方经济学对市场分析的适应是话语权变迁的起始原因。杜永峰（2018）提出中国特色社会主义政治经济学为波澜壮阔的当代中国经济建设提供强大理论指导，同时也要通过构建和创新其学术话语体系来进一步推动其创新发展，然而中国特色社会主义政治经济学学术话语体系面临学术失语、发展滞后、话语权之争等现实困境。周绍东（2021）与孟捷（2018）都认为，中国共产党的经济政策话语是中国特色社会主义政治经济学话语体系的重要组成部分。孟捷强调，中国特色社会主义政治经济学的话语体系，是由"政策—制度话语"

和"学术—理论话语"共同构成的，前者集中体现于党和政府的各种文件和报告所揭示的路线、方针、政策，后者则体现为学术生产的成果，两种话语虽有交集，但在类型上存在明确的差别，各自具有其相对独立性和自主性。李增刚（2019）提出，现代经济学或政治经济学基本上是在西方语境下发展起来的。中国改革开放和社会主义现代化建设所取得的伟大成就为构建中国特色社会主义政治经济学创造了条件、提供了基础。周文（2021）提出，破除"西方中心论"和阐释好中国道路是中国特色社会主义政治经济学理论体系的内在诉求。中国特色社会主义政治经济学理论体系在本质上是中国道路的理论表达和话语镜像，只有用中国理论和中国话语，才能向世界阐明中国道路何以能够成功及对世界的意义。

十一、 政治经济学方法论研究

如何深入、透彻地理解并运用政治经济学，重点就在于构建起政治经济学的方法论。正确地理解、科学地运用政治经济学方法论，对我们认识经济运动过程、把握社会经济发展规律、提高驾驭社会主义市场经济能力具有及其重要的意义。学术界对政治经济学方法论的研究大致从两个层面来进行：一是对政治经济学方法论本身即政治经济学方法论的内涵、逻辑、架构等方面的研究；二是对适应当代中国国情和时代特点的政治经济学即中国特色社会主义政治经济学方法论的探究与考查。

从政治经济学方法论来看，唯物史观是马克思进行政治经济学研究的重要方法论基础，唯物辩证法是马克思从事政治经济学研究的基本方法论应用。《资本论》作为马克思主义政治经济学的经典著作，最为成熟地体现了马克思主义政治经济学的方法论原则。夏永林、李昕（2021）提出，《资本论》集中体现了政治经济学的内容和方法。在《资本论》的研究与写作中，马克思在对前人的政治经济学理论体系及方法论梳理和总结后，提出了从抽象到具体的经济学研究方法和道路。许光伟（2019）认为，《资本论》中知识生产的安排体现了"思维学与逻辑学的统一"。可以说，"思维学和逻辑学的统一"是研究方法与叙述方法关系的深层构境，可据此指导科学知识生产。李秀辉（2021）认为，在现实世界中，逻辑与历史、抽象与具体、自然属性与社会属性是在鲜活的实践过程中相统一的。马克思的二重性思想不仅仅是一种经济分析方法，而且是一种哲学理念。吴凡波（2021）将《国富论》与《1844年经济学哲学手稿》进行了比较，并提出，《1844年经济学哲学手稿》中建构出来的"异化劳动"这一学说体系，是马克思在辩证法的应用下，通过科学抽象法从概念、判断等逻辑形式上规定出来的一个核心概念。宫敬才（2019）提出，马克思政治经济学具有哲学性质是客观事实，从不同角度看这一事实会呈现不同的结果，在元经济哲学角度呈现出来的是政治经济学逻辑前提论、经济哲学本体论、经济哲学价值论、经济哲学历史观和经济哲学方法论。

近年来，学界对中国特色社会主义政治经济学方法论的研究，主要是其对马克思主义政治经济学方法论的继承借鉴以及其自身创新发展。

关于中国特色社会主义政治经济学方法论对马克思主义政治经济学方法论的继承。赵磊（2018）提出，发展中国特色社会主义政治经济学，必须坚持马克思主义方法论，而不是仅仅坚持马克思主义政治经济学的某个结论或某个观点。王圆圆（2021）提出，马克思"资本—劳动"关系思想是马克思主义政治经济学批判的核心理论，表征为对资本主义社会经济生产的彻底审视与批判。这一关系是发展中国特色社会主义政治经济学的方法论支撑。刘灵（2021）提出，政治经济学在应对、批判资本的过程中诞生、发展与进步，而"完善"于马克思的"政治经济学批判"。中国特色社会主义事业建设的成功与否，关键在于能否探明资本的当代逻辑，进而成功利用资本推动中国的现代化进程、驾驭资本实现中国特色社会主义事业建设的伟大目标。简新华（2021）认为，创新和发展当代中国特色社会主义政治经济学，必须以坚持和创新发展马克思主义政治经济学的经典理论和立场观点方法为基准，逐步形成和完善中国特色社会主义政治经济学。

关于中国特色社会主义政治经济学方法论自身的发展创新。丁堡骏（2021）提出，马克思主义政治经济学必须随着中国社会主义经济建设的实践发展而与时俱进，我们究竟应该用一套什么样的理论范畴、以什么方式解释新中国的成立以及随之而取得的 70 多年经济社会发展的巨大成就，这是 21 世纪中国马克思主义政治经济学和中国特色社会主义政治经济学所必须要突破的理论难题。何自力（2021）认为，中国特色社会主义政治经济学的价值取向是以人民为中心，这一根本立场决定了中国特色社会主义政治经济学是为人民服务的经济学，以人民为中心是中国特色社会主义政治经济学的逻辑主线。谭苑苑（2021）提出，历史唯物主义、唯物辩证法以及实践认识论是马克思主义政治经济学研究的三大重要方法论构成，而习近平的中国特色社会主义政治经济学思想则实现了对上述方法论指导的坚持、发展与创造性运用。丘艳娟（2021）认为，马克思政治经济学在对西方经济学数量分析的批判和深化基础上，将数量分析上升到质与量的分析高度，对社会主义政治经济学的创新具有启示作用，因此，可从数量分析视域下研究社会主义政治经济学的创新路径。程恩富（2021）总结了中国特色社会主义政治经济学研究需把握十大要义：一是以马列主义及其中国化经济理论为研究导引；二是以初级社会主义物质和文化领域的经济关系或经济制度为研究对象；三是以唯物史观和唯物辩证法为研究要法；四是以揭示初级社会主义社会不同的经济规律为研究任务；五是以公私商品及其内部矛盾运动为研究起点；六是以劳动为研究元概念、以公有剩余价值理论为研究主线；七是以主体性公有资本与自由联合劳动的关系为研究轴心；八是以维护工人阶级和劳动人民利益为研究立场；九是以不断满足全体人民日益增长的美好生活需要为研究目的；十是以完善初级社会主义经济关系促进生产力和上层建筑现代化发展为研究方针。

十二、 所有制理论研究

所有制是指经济主体对客观生产条件的占有关系，体现在生产、分配、交换和消费过程中。所有制理论是马克思主义政治经济学分析的基础性理论之一。中国特色社会主义实行以公有制为主体、多种所有制共同发展的基本经济制度，在新时代实现经济高质量发展，要重视生产资料所有制改革，以适应经济发展的需要。

所有制理论的发展，需要回顾经典文本，寻找理论来源，实现时代创新。吴宣恭（2017）提出，运用《资本论》的所有制理论，有助于正确认识中国特色社会主义的基本特点，即生产资料所有制二重化导致存在两种生产关系。杨文圣（2017）基于《政治经济学批判（1857—1858 年手稿）》，提出三种所有制原始形式有相同有不同，是同一历史时期并列的三种所有制原始形式，是人类社会发展的"第一个历史阶段"。李永杰、靳书君（2018）以《共产党宣言》汉译为线索，阐发了马克思主义所有制术语的汉译与概念生成。白雪秋、余志利（2019），黄学胜（2020）认为资本主义私有制是社会不平等和经济危机的根源，社会主义公有制是人类社会发展的必然选择，马克思"重新建立个人所有制"是未来社会公有制的有效实现形式，并强调要遵循人类社会发展客观规律、深化国有企业改革、坚持以人民为中心。

新时代条件下我国所有制理论不断发展创新，要求从实际出发推动形成有利于我国社会生产力发展的、具有中国特色的所有制结构。葛扬、尹紫翔（2019），谢地、郑丽芳（2021）回顾了新中国成立七十多年来、建党百年来所有制改革的实践历程和理论基础，强调我国混合所有制改革与西方国家的混合经济不同，在发展过程中必须始终坚持公有制的主体地位，以保证社会主义性质。王竹泉、权锡鉴（2018），卢江（2018）补充道，混合所有制是所有企业的共同特征，多种形态资本的所有者共同享有企业所有权才是企业混合所有制的真正要义，混合所有制改革是市场经济建设的重大内容，是进一步发展生产力的必要之举。洪银兴（2018），杨春学（2017），胡家勇（2018），方敏（2020）提出，所有制理论的突破和发展是中国特色社会主义政治经济学的重要组成部分，所有制理论的第一大突破是所有制结构理论，包括社会主义初级阶段基本经济制度理论和混合所有制实现形式理论；第二大突破是公有制理论，包括公有制主体含义、公有制实现形式理论、现代产权制度理论和国企改革理论。胡若痴、武靖州、武靖国（2018）认为，马克思所认为的公有制基本逻辑，是在商品经济条件下实现了物质极大丰富之后，自由人之间逐渐实现生产资料的产权联合，而改革开放后中国经验成功的重要原因就在于契合这一基本逻辑。在所有制属性问题上，王强（2018）认为，只有运用"对立统一""不同而和"的辩证思维，坚持"公效合一"的新型公平观，才能彻底打破公私对立的传统所有制（及产权）理论思维，构建起"公私合一"的新所有制分析框架和新产权话语体系。简新华（2019），周文、包炜杰（2019），张嘉昕、王庆琦（2019）强调，"所有制中性论"否定所有制的内涵和特征，违背马克思主义政治经济学基本原理，淡化国有企业的所有制属性，从"竞争中性原则"得不出"所有制中性论"，两者都不是市场经济规律，要坚持两个毫不动摇，实现新时代经济高质量发展。何召鹏（2019）从马克思所有制理论出发，提出要认清"取消所有制分类"等错误观点的本质，厘清国有企业深化改革的方向和思路，使国有企业真正做强做优做大。

随着中国经济进入新常态，所有制理论的发展需要结合新的实际回答新的时代问题。何干强（2021）基于全国经济普查数据的分析，厘清当今我国第一、二、三产业生产资料所有制的基本结构，强调私有制比重加大势必导致全社会收入差距明显拉大，要坚持基本经济制度，确保社会主义公有制的主体地位，振兴公有制经济，尤其是发挥国有经济在国民经济中的主导作用。谢富胜、王松（2020）提出，在供给侧结构性改革过程中，要增强国有企业综合实力，增进各类所有制企业的产业链协同，推进企业生产方式变革，实现供给体系升级，推动公有制经济与非公有制经济共同发展。在数字经济问题上，徐偲骕、张岩松（2019）认为，具有抽象劳动特征的用户上网行为所产生的"一般数据"应被理解为平台资本主义的"生产资料"，基于劳动权的"数据公有制"天然具有合法性，应由用户来收回数据控制权，制衡巨头权力。张玉明、王越凤（2018）认为，共享经济的所有权与使用权分离、使生产资料的私人占有变为社会公众使用、人人参与共建共享、实现非人格交易等产权属性与马克思主义所有制理论的重构个人所有制、生产资料归社会公有、私有制导致生产过剩和实现人的解放与全面发展的观点是基本一致的，是新经济情境下马克思主义所有制的融合、创新与发展。

此外，学术界聚焦"三农"问题，重点考察了农村土地所有制形式。刘刚（2019）回顾了新中国成立以来农地承包权制度的演化历程，总结了历史与逻辑相统一、规律性与目的性相统一、诱致性与强制性相统一、当代中国特殊性与市场经济一般性相统一、以农民权益为中心与国家利益实现相统一的五大演化规律。张敏娜、陆卫明、王军（2019）提出，以"资源变资产、资金变股金、农民变股东"为主要内容的农村"三变"改革在农民增收、农业发展和农村建设中取得显著成效，体现了以人民为中心的根本立场。张建刚（2018），张广辉、张建（2021）认为，"三权分置"是农村基本经营制度的自我完善，有利于明晰土地产权关系，促进土地资源合理利用，更好维护农民集体、承包农户、经营主体的权益，将加速促进农业"第二个飞跃"的实现。姜军松、陈红（2021）补充道，新时代农村混合制所有经济要着力优化社会主义农地占有关系、发展农地公有权和使用权两个市场、扩充农地公有占有权及处分权能、赋予农地公有单位优先流转受让权。最后，周绍东（2018）强调，农村土地制度和经营体制改革可以明确土地股份合作制发展方向，着力改变目前农地集体所有权的"空置"状况，恢复和增强集体土地所有权的收益功能，引导发展大中型农地股份合作社、中小型农地股份合作社和农地股份公司。

十三、 经济高质量发展的政治经济学研究

党的十九大报告提出"我国经济已由高速增长阶段转向高质量发展阶段"。推动经济高质量发展是适应经济发展新常态、贯彻新发展理念、适应我国社会主要矛盾变化和建设现代化经济体系的必然选择和必由之路。在恰逢"两个一百年"奋斗目标历史交汇之时的 2021 年，习近平总书记接连强调"高质量发展"，意义重大。从中国特色社会主义政治经济学的视角来系统地、科学地研究经济高质量发展，有利于深入贯彻新发展理念，加快构建新发展格局，为全面建设社会主义现代化国家开好局、起好步。

理解经济高质量发展的要义，首先要探究其内涵机理：经济发展的本质是财富增长还是人的发展？评估和衡量经济发展水平用多维指标还是用单一指标？经济发展的内生动力是经济规律的作用还是简单的要素驱动？经济增长的主要源泉是劳动还是资本？朱方明、刘丸源（2019）对这一系列相关问题进行了回答，并得出结论，中国经济改革开放以来40年的高速增长并不能简单地归因于要素驱动。无论是劳动力、资本、自然资源还是科技进步，都是中国当政者适时根据社会生产力的发展调整生产关系和上层建筑的结果，即应当归因于改革开放，归因于中国共产党和政府以马克思主义理论为指导，对中国经济发展规律的认识并顺应经济规律所采取的行动。张存刚、王传智（2021）从马克思主义政治经济学的视角出发对经济高质量发展进行了分析，认为经济高质量发展是依靠科技创新的发展，区域协调的发展，人与自然和谐的发展，深化改革开放的发展和以人民为中心的共享发展。因此，经济发展必须树立新发展理念，坚持供给侧结构

性改革，贯彻乡村振兴战略，优化现代产业体系，以质量变革、效率变革、动力变革为着力点，实现我国经济高质量发展。李帮喜、赵奕菡、冯志轩（2019）与杨仁发、李娜娜（2019）等学者都从马克思经济学原理出发，分别从剩余产品生产与再生产结构和产业结构变迁两个角度研究了中国经济增长，并结合马克思经济学的分析工具对经济高质量发展的机理进行了探究。

当前，我国经济从高速增长转向高质量发展还面临许多挑战。卢映西、陈乐毅（2018）提出，我国虚拟经济发展迅速，在为经济增长作贡献的同时，也积累了不少问题和风险，经济脱实向虚倾向日益明显，已引起中央高度重视。从理论上说，虚拟经济的产生和发展是实体经济利润率趋向下降导致的规律性现象，对经济增长有"双刃剑"效应，应当因势利导、扬长避短。任保平、何苗（2020）认为，在新一轮的科技产业革命浪潮中推动云计算、大数据、人工智能等新经济不断发展，对促进中国新经济的高质量发展具有重要意义。但目前我国数字经济发展面临着融合困境、融资困境、创新困境、就业困境和基础环境困境。针对这些困境，我国新经济高质量发展需要鼓励创新驱动，大力培育新动能，处理好传统经济与新经济的融合等问题。张慧、王会宗（2020）提出，在过去依靠生产要素大规模投入的粗放型增长方式之下，我国经济发展虽然取得了举世瞩目的成就，但也出现了不少问题。如何协调实体经济与虚拟经济的发展与融合，如何创造良好的制度环境和监督体制来有效促进市场的健康发展，如何有效利用各种生产要素，这都是当下我国经济实现高质量发展要回答的问题。

基于当前我国推动高质量发展所面对的问题和挑战，如何立足于中国现代化建设的实际推动经济高质量发展成为当前学术界研究的热点。易淼（2021）提出，随着流域经济进入新的发展阶段，传统经济发展方式导致流域经济发展不平衡不充分问题凸显，高质量发展成为新时代流域经济发展的内在诉求。在此背景下，应系统梳理马克思主义流域经济思想，并在其指导下坚持以系统论方法为遵循，推进流域治理体系和治理能力现代化。董志勇、蒋少翔、梁银鹤（2020）提出，非公经济高质量发展，是我国实现共同富裕的重要力量、促进创新发展的微观动力、助力国内经济大循环构建的生力军。但当前，非公经济高质量发展仍存在不少体制机制障碍，应多途径进行优化。肖潇、张雪娇（2021）认为，"地摊经济"作为一种特殊的经济形式，在我国市场经济发展历程中不但始终未曾消失，而且不断得到进化。在本次抗击新冠肺炎疫情的背景下，一定程度上激活"地摊经济"又是特殊时期经济治理的现实需要。为了实现我国经济高质量发展，我们必须找准"地摊经济"的发展定位，推动其提质升级，积极转变其历史使命。贺大兴、王静（2020）采用多角度、宽领域的指标刻画经济发展质量，使用世界银行、FraserInstitute 和 PolityIV2000 – 2017 年的营商环境和经济发展数据，综合运用固定效应估计、动态面板估计、面板工具变量估计等方法，研究营商环境对经济发展质量的影响。并得出结果：经济体的营商环境优化可以提高 FDI 比例、改善产业结构、促进产权保护、降低碳排放量、增加金融信贷供给、改善女性就业并刺激经济增长。黄志亮（2021）提出，价值维度是审视中国经济发展道路的重要维度，他以两个百年的纵深，从价值维度切入，重点论证并原创性提出了高质量发展阶段中国社会主义经济发展道路应有的价值总体的目标路径同向认知体系与实践行动体系有机统一的经济发展系统。王伟辰（2021）总结认为，要推进我国经济高质量发展，需要我们深刻认识和把握新时代中国特色社会主义政治经济学提出的创新、协调、绿色、开放、共享五大发展理念的理论。我国区域经济的高质量发展应当坚持正确的指导思想和树立新发展理念，以理论、科技、制度和体制创新为驱动，坚持供给侧改革为主线，加快生态文明建设，推进更高层次的开放等路径来实现。

十四、 国有企业改革的政治经济学研究

国有企业是中国特色社会主义的重要物质基础和政治基础，是党执政兴国的重要支柱和依靠力量。国有企业改革是中央实施做强做大国有企业方针的重大战略步骤，是中央推动与地方实践上下结合的产物，本质上是生产力与生产关系的相互作用，符合建设社会主义市场经济的客观需要。党的十九大以来，以习近平同志为核心的党中央从社会主义与市场经济结合的高度，围绕国有企业改革和发展的一系列基本问题展开了积极探索，政治经济学也从其学科角度出发进行了一系列深入研究。

推进国有企业改革，首先应明确理论支撑。张喜亮（2020）提出，总结国有企业发展和改革经验教训，我们有必要用马克思主义政治经济学的观点思考国有企业的理论，用以指导国有企业深化改革的实践。包炜杰（2021）认为，在对新时代国有企业改革基本经验和理论热点的梳理总结中发现，至少存在三大理论问题有待进一步分析和阐明。第一，"分类改革"是新时代国有企业改革区别于以往的一个亮点；第二，"只要国有资本而不要国有企业"是一种典型的错误观点；第三，以"党的领导"重构"中国特色现代国有企业制度"是新时代国有企业改革的新方向。新时代国有企业深化改革从实践层面进一步丰富和发展了马克思主义所有制理论。周曦曦（2019）尝试从西方经济学"委托代理理论"视角出发，结合马克思主义政治经济学的基本思想，剖析习近平总书记关于国有企业治理的重要论述的理论逻辑，讨论建立健全中国特色现代国有企业治理机制的理论价值。范玉仙（2021）认为，作为社会主义经济的基本组成部分，国有经济必须而且能够在高质量发展中发挥引领和示范作用。并着重分析了坚持国有经济主导地位不动摇的价值逻辑，认为社会主义国有经济的生产经营活动以提高经济效益为手段，以满足民生需求和民生改善为宗旨，与私营经济追求剩余价值的动机有本质区别。

积极发展混合所有制经济是增强国有经济活力、控制力、影响力的有效途径，有利于国有资本放大功能、保值增值、提高竞争力。何瑛、杨琳（2021）认为，改革开放以来，国有企业混合所有制改革作为我国经济体制改革的重要组成部分，沿袭"探索酝酿—成长跨越—调整完善—深化加速"的演进脉络，经历"形式"混合、"资本"混合、"产权"混合阶段后进入"机制"混合阶段，整体取得了积极进步与显著成效，但囿于现实问题，仍存在诸多深层次矛盾与不足。陈福中、蒋国海（2021）提出，随着经济发展重心、产业结构和需求结构的改变，国有企业混合所有制改革总体呈现出规模不断扩大、涉及领域不断拓宽、体制框架和政策体系不断完善等特点，但仍存在引入社会资本力度不够、配套措施不健全及动力不足等问题。因此，应健全引入社会资本的机制，完善相关的政策配套体系，结合供给侧结构性改革使其适应市场规律，加大竞争性产业领域的改革力度，调整国家在国有企业中的角色定位。王婷、李政（2020）提出，混合所有制改革是当前我国推进国有企业改革的主要途径，并以新时代中国特色社会主义国有企业混合所有制改革的相关理论和实践为背景，从国有企业混合所有制改革的背景与内涵、必要性与意义、遵循的基本原则、面临的主要问题和改革的主要途径五个方面，系统梳理十八届三中全会以来国有企业混合所有制改革等的相关研究成果，为进一步推进国有企业混合所有制改革实践奠定理论基础。李井林（2021）从"质"与"量"的双重视角考察了国有企业混合所有制改革对企业投资效率的影响效应和作用机制，对新时期国有企业进一步推进混合所有制改革以完善公司治理水平和提升企业投资效率提供了经验借鉴。杨红丽、郭舒（2021）着重研究了混合所有制改革对国有企业绩效的影响及作用机制，他们以中国制造业中的国有企业为样本，考察了混合所有制改革对国有企业绩效的影响。

推进国有企业改革，面临着许多问题和挑战，学术界针对这些问题开展了深入研究，并提出了一系列可行之策。王珺、韩旭、丛林（2020）提出，目前我国经济不断发展，国有企业面临着越来越多的困难，归根结底都涉及国有企业产权制度变革的问题，如果不解决变革过程中政治经济学方面的相关矛盾，将直接影响国有企业的进一步发展。高岭、卢荻、唐昱茵（2021）等学者评述了国有企业转型的两种改革思路。第一种是市场控制导向的改革思路，第二种是组织控制导向的改革思路。并认为这两种改革思路都存在不足，"淡马锡模式"在中国行不通，借鉴美国的养老金管理模式会更贴切。李政、周希祺（2020）认为，党的十九届四中全会首次提出增强国有经济创新力，是中国特色社会主义政治经济学的又一理论创新，对当前国有企业改革发展具有重大理论和现实意义。肖红军（2021）提出，现有对国有经济产业布局优化和结构调整的基本导向可以归纳为功能导向、效率导向、目标导向、需求导向和政策导向，这些方法逻辑均具有一定程度的合理性和贡献性，但尚不能有效刻画国有经济产业布局优化和结构调整的完整"画像"。针对国有经济产业布局优化和结构调整的六大核心问题，可以从整合性方法论中选择适宜的方法逻辑组合予以回答。陈福中（2021）重点分析了分类改革阶段国有企业改革中的政企不分、政资不分以及委托代理问题等改革痼疾，认为进一步深化国有企业改革，应以制度创新为抓手，深入推进分类改革，实现对国有企业功能的精准定位；重新定位政府与市场的关系，实现国有资产管理从"管企业"到"管资本"转变；结合中国国情推进国有企业改革的制度创新，统筹兼顾国内外两个大局，在提升国有企业发展质量的同时，使国有企业改革真正惠及民生。金晓燕、任广乾、罗新新（2021）等学者认为，国有企业高质量发展受制于市场环境和制度环境的完善程度，而市场环境和制度环境又根植于宏观经济发展模式。双循环新发展格局塑造着新的市场环境和制度环境，并影响着国有企业的高质量发展。应从外部市场环境和内部治理结构两个方面消除国有企业高质量发展面临的障碍，最终使国有企业高质量发展在多方面得到优化。

十五、 新发展理念的政治经济学研究

以"创新、协调、绿色、开放、共享"为内容的新发展理念，深刻总结了国内外发展经验教训，回答了中国共产党社会主义建设中道路、模式等重大问题，集中反映了我们党对经济社会发展规律认识的深化，是马克思主义政治经济学基本原理与中国经济社会发展实际相结合的最新成果。坚持新发展理念，是新时代坚持和发展中国特色社会主义的基本方略之一。深入理解、准确把握新发展理念的科学内涵和实践要求，对我国社会主义建设实践具有重要指导意义。

从新发展理念的理论和实践价值来看，贾利军、陈恒烜（2021）围绕党的发展理念的三个历史主题，即从"站起来""富起来"到"强起来"，分析了建党百年以来党的发展理念的历史演进、逻辑与启示。他们提出，新发展理念一方面是在深刻总结时代大势、国内外发展的历史经验教训中提出来的，传承了党的发展理念，科学回答了新时代实现什么样的发展、怎样实现发展的问题，成为我国进入新发展阶段、构建新发展格局的战略指引。另一方面，新发展理念更加鲜明地强调生产力发展的时代特征，紧扣新时代我国社会主要矛盾的变化，更加鲜明地强调不断调整生产关系以适应生产力发展。叶敬忠、张明皓（2020）则认为我国发展理念经历了从发展、发展主义、到新发展理念的变迁，认为从"发展主义"到"新发展理念"是一场"如何更好发展"的自我调整，并提出"创新、协调、绿色、开放、共享"的发展理念是内在联系的集合体，要统一贯彻，不能顾此失彼，也不能相互替代。韩喜平、李建楠（2019）阐释了新发展理念的实践意义，认为新发展理念体现了党对我国经济社会发展规律认识的深化，是破解发展难题的战略选择和实现高质量发展的行动纲领。

创新是现代化建设的强大引擎，是引领发展的第一动力。马艳、李皎

（2021）从创新、协调、绿色、开放、共享五个维度分析新发展理念的实践意义，在创新维度，他们从经典马克思主义理论体系出发阐释创新发展理念的科学性，同时着眼于现实问题分析创新发展理念的必要性。他们认为创新作为发展的动力体现在马克思关于科技创新推动生产力的发展和生产力与生产关系的矛盾运动推动社会变革这两方面的论述中。孙宁华、洪银兴（2017）则认为创新是发展的基点，对其他四个发展理念起到引领作用。以对绿色和开放发展理念的作用为例，他们提出绿色发展需要有创新的技术支持，开放发展则需要与创新结合，对外贸易中的竞争优势源于创新，攀升全球价值链的中高端也要靠创新。

协调发展理念是经济持续健康发展的内在要求。杨继瑞（2017）基于社会主义基本经济规律的视角，认为协调发展理念是实现社会主义生产目的的手段体系之一。他提出，协调发展既是发展手段又是发展目标，是发展平衡和不平衡的统一，是发展短板和潜力的统一。有效精准的协调，才能使供给侧与需求侧准确衔接，才能有效地弥补市场失灵、妥善解决发展问题和化解发展中的矛盾，消减其负面影响，从而才能更好地满足人民群众日益增长的物质和文化生活的需要。孙宁华、洪银兴（2017）则认为马克思的社会再生产理论可以归结为协调发展理论，是马克思主义政治经济学的重要组成部分，进而提出我国发展过程中的一系列战略布局都体现出对协调发展认识的不断深化，体现了唯物辩证法在解决我国发展问题上的方法论意义。

绿色发展理念要求发展的同时也要正确处理人与自然的关系，对保护环境、节约能源等问题意义重大，是我国现代化建设持续稳定推进的必要条件，反映出人民群众对美好生活的向往。张峰（2017）从马克思主义理论和现实要求出发，阐明了绿色发展理念与供给侧结构性改革的关系，他指出生产的无节制扩张不仅带来生产的过剩，而且造成严重的污染，生态的破坏。树立绿色发展理念，对解决生产过剩问题具有重要意义。洪银兴

（2017）提出绿色发展理念推动财富理论的创新，推动形成绿色发展方式和生活方式。人类的生产生活方式以最适宜的文明方式影响和介入自然，可以换取自然对生产力的最佳反馈。这正是改善生态环境就是发展生产力理念的体现，较可持续发展理论更进了一步。常庆欣、邹欣欣（2021）则从具体问题出发，研究了新发展理念对抢抓碳达峰窗口期的引领效应，认为新发展理念的理论思维有利于引导破除有关碳达峰、碳中和认知误区；新发展理念的问题意识推动对碳达峰突出挑战的准确识别；新发展理念的系统观念指引抢抓碳达峰主动权的路径。

开放发展理念是提高我国对外开放水平、促进国家繁荣的必由之路。魏志奇（2020）从新时代背景出发，阐释了新时代作为重大方略的意义与践行，认为作为新发展理念的出发点和落脚点，共享发展能有效回应"坚持以人民为中心""实现共同富裕""适应社会主要矛盾变化""全面建成小康社会"等"发展起来以后"新时代的发展命题和历史使命。任保平、宋雪纯（2020）着重分析了制约五大发展理念的因素，在开放发展理念方面，制约因素主要有两方面：一是当前国际格局发生较大变化、各国对国际规则制定的主导权争夺激烈；二是我国对外贸易相关的金融体制、法律制度、人才管理制度等与新的开放格局还不相匹配，难以支撑更高层次和更高水平的开放发展。

共享发展理念是对马克思主义经典理论和我国治国理政经典理论的继承和发展，体现了以人民为中心的发展思想。陈雪、王永贵（2020）多维度分析了共享发展理念的理论内涵和创新向度，提出共享发展理念，是以马克思主义经典作家关于未来理想社会的科学预想为理论依据，以新中国成立以来的发展经验为实践基础，为实现"两个一百年"奋斗目标而提出的科学理念。共享发展理念处于不断丰富的更新状态，研究的理论是文本的，但是研究的指向是现实的，在新时代下探析共享发展理念，把握共享发展理念的理与路，具有重要的现实意义。魏志奇（2020）在准确定位时代条件的基础上具体阐述了共享理念作为新时代重大方略的意义。他认为共享发展是以人民为中心发展思想的根本体现，是逐步实现共同富裕的根本要求，是社会主要矛盾变化的应对方略，也是全面决胜建成小康社会的重要保证。

十六、 现代化经济体系的政治经济学研究

现代化经济体系是由社会经济活动各个环节、各个层面、各个领域的相互关系和内在联系构成的一个有机整体。建设现代化经济体系是党中央从党和国家事业全局出发，着眼于实现"两个一百年"奋斗目标，顺应中国特色社会主义进入新时代的新要求作出的重大决策部署。建设现代化经济体系是我国发展的战略目标，也是转变经济发展方式、优化经济结构、转换经济增长动力的迫切要求。

建设现代化经济体系为马克思主义政治经济学注入了新的理论内涵，是指导中国特色社会主义经济建设的重要理论，对于提高经济发展效率、转变经济发展方式意义重大。张俊山（2018）以马克思主义理论和习近平新时代中国特色社会主义思想为指导，阐释了现代化经济体系在中国特色社会主义发展中的时代内涵。他提出，现代化经济体系是一个有着时代内涵的事物，新时代中国特色社会主义现代化经济体系的时代内涵体现着中国国情和中国人民在现代化建设上的历史经验。周绍东、王立胜（2019）从四个角度解读构建现代化经济体系的重要意义，认为建设现代化经济体系是社会主义经济体系发展的必然结果、完善社会主义市场经济体制的必经路径、适应社会主要矛盾变化的客观要求、提升国际经济话语权的现实需要。

构建现代化经济体系，首先应明晰其内涵。李怡乐（2020）参照《资本论》分析资本运动及扩大再生产的文本结构，提出建设现代化经济体系

是从生产、流通、分配、再生产等层次推动社会主义市场经济条件下技术创新、空间平衡和制度优化三方面的有机互动。高培勇、杜创（2019）等人以经济体系为核心概念，综合运用政治经济学、微观经济学与宏观经济学方法，建立了一个逻辑框架，阐述现代化经济体系建设的理论逻辑，强调了现代化经济体系的内部运行机制和经济体系转型的内生机制。周绍东、王立胜（2019）从生产力、生产方式与生产关系三者的关系出发，整体把握了现代化经济体系的丰富内涵。他们认为，从生产力层面来看，建设现代化经济体系就是要从生产力的构成要素出发，切实提高劳动者素质和生产资料质量。从生产方式层面来看，建设现代化经济体系就是要从生产资料与劳动者的结合方式出发，优化产业结构、统筹城乡关系、协调区域发展、推动全面开放。从生产关系层面来看，建设现代化经济体系就是要继续坚持社会主义基本经济制度不动摇，毫不动摇巩固发展公有制经济，毫不动摇鼓励、支持、引导非公有制经济发展。石建勋、张凯文等人（2018）从微观、中观和宏观三个层面解读现代化经济体系，认为微观层面上要素现代化是现代化经济体系的基础、中观层面上产业体系现代化是建设现代化经济体系的主要目标、宏观层面上经济体制现代化是建设现代化经济体系的制度保障。

建设现代化体系应直面当前经济问题，解决好难点问题。张月友、董启昌等人（2018）分析了我国经济发展"结构性减速"的原因，认为导致此轮经济增长动力衰减的产业成因在工业，因此，应正确认识服务业的行业性质，及时从发展基于全球价值链下的制造业全球化转向嵌入全球创新链的服务业全球化；以创新促改革，着力解决我国生产性服务业发展不足的问题。国家发展改革委经济研究所课题组（2019）认为，构建现代化经济体系是基本目标，推动经济高质量发展是实现经济体系现代化的必经之路，而当前实现经济体系现代化还面临着诸多难题和严峻挑战，主要表现有：适应经济高质量发展的观念转变不到位，处理好诸多"两难""多难"

问题的挑战巨大，科技创新的瓶颈突破面临很大困难和挑战，国际环境更趋复杂多变可能影响高质量发展进程，治理体系和治理能力不适应高质量发展的要求。简新华（2018）提出了对现代化经济体系主要内容和特征的新看法，认为当前经济体系的问题集中表现在发展不平衡不充分，化解当前经济体系问题的根本途径是全面深化改革，完善所有制、土地制度、财产和收入分配制度、市场经济制度、政府调控制度、企业制度、农业经营制度、金融制度、财政制度、投资制度、就业制度、教育制度、科学技术保护制度、促进制度、户籍制度、社会保障制度、资源环境保护制度等。

建设现代化经济体系，要积极探索实现路径。蔡万焕（2021）认为从唯物史观视域下考察经济体系应将生产力和生产关系相结合，因此审视当前现代化经济体系建设，需要高度重视生产关系对经济发展的能动作用；需要遵循社会主义方向，坚持公有制经济的主体地位；需要建立科学的宏观调控体系，以及处理好政府与市场、实体经济与金融、国内国际双循环的关系，坚持走共同富裕道路。周绍东、潘敬萍（2020）从马克思主义政治经济学的角度解读现代化经济体系，认为现代产业体系是实体经济、科技创新、现代金融和人力资源四位协同的有机整体。构建现代产业体系既是建设现代化经济体系的重中之重，也是实现高质量发展的关键所在。贾康（2018）在详细分析现代化经济体系的时代背景和内涵的基础上提出以供给侧结构性改革作为着力化解社会矛盾主线的必要性和可行性，进而论证对于实现经济体系现代化的作用。郭威、杨弘业等人（2019）通过中西现代化经验的比较分析和借鉴吸收，结合建设现代化经济体系的战略安排，探索现代化经济体系的实现路径。周文、包炜杰（2018）认为实现现代化经济体系应从三方面入手：在发展导向上，凸显新时代中国特色社会主义的国家主体性；在经济体制上，基于政府与市场的辩证关系强化有效国家建构；在产业体系上，大力发展以制造业为核心的实体经济。荆文君、孙宝文（2019）提出，要关注基于互联网及相应新兴技术产生的数字经济，从宏观和微观两个层面探讨了数字经济促进经济发展的微观机理和宏观逻辑，论证了数字经济的快速发展可以为我国现代化经济体系建设提供更好的匹配机制与创新激励。

十七、 以人民为中心的发展思想研究

坚持以人民为中心的发展思想是中国特色社会主义政治经济学的根本立场。作为指导我国经济社会建设的重要思想，以人民为中心充分反映了共产党执政规律、社会主义建设规律、人类社会发展规律的客观规律要求。学习贯彻以人民为中心的发展思想对指导中国特色社会主义事业的建设具有重要意义。

坚持以人民为中心的发展思想，必须准确把握其科学内涵。王丰（2020）从马克思主义政治经济学基本原理出发，梳理了以人民为中心发展思想的价值构建过程，认为习近平新时代中国特色社会主义经济思想提出了"人民逻辑"的思想主线，初构了中国特色社会主义政治经济学的逻辑主线，应以此作为立论依据，在劳动价值理论的基础上，确立中国特色社会主义"为人民的劳动""为人民的商品""为人民的价值"的概念，最终构建中国特色社会主义政治经济学"以人民为中心"的价值范畴。朱文琦（2020）从理论基因、系统蕴含和实践指向三个角度解读以人民为中心发展思想的内涵，认为作为马克思主义发展观在新时代的话语表达，以人民为中心发展思想继承了马克思主义经典作家运用系统方法论述发展问题的优秀基因，同时，又被赋予新的内涵，在发展理念、发展布局、发展举措、发展过程等不同层面，清晰展现了中国共产党人发展思想的整体性、关联性、结构性、动态平衡性、开放性等特征。邹佰峰、李龙文（2020）从马克思恩格斯唯物史观的生成逻辑角度分析以人民为中心发展思想，认为"以人民为中心"从作为"现实的人"出发点和立足点的人民群众、作为

"现实的人"价值追求的"人民共享"以及作为"现实的人"实现途径的"人民奋斗"三个维度继承和发展了马克思恩格斯"现实的人"思想,是马克思恩格斯"现实的人"思想在新时代的集中体现。张存刚、王晶(2019)分析了以人民为中心发展思想的政治经济学内涵的新认识,认为以人民为中心的内涵包含三个层面,即在经济制度和分配方式上体现出人民的主体地位;发挥人民群众的建设作用,坚持可持续发展;落实共享发展理念,提高人民消费水平。于景洋(2018)提出,"以人民为中心"的思想是习近平新时代中国特色社会主义思想的核心要义,阐释了以人民为中心发展思想的时代背景和内核,并与中国特色社会主义建设的发展战略相结合解读以人民为中心的发展理念。

贯彻以人民为中心的发展思想具有重要的理论和实践价值。赵笑蕾(2020)认为,以人民为中心的发展思想从理论上开辟了马克思主义发展思想的新视野、从实践上为发展中国家走向现代化提供了新经验。常庆欣、张旭(2020)洞察了当前对以人民为中心发展思想研究的不足,从微观层面探讨以人民为中心的发展思想和马克思有关现实的人的思想之间存在的运用、发展与创新关系,认为以人民为中心的发展思想成为马克思主义理论创新的重要成果和经济社会建设的基本指南的原因在于以人民为中心现实响应了对人的需要和能力的发展、创造性运用了"关系的"人和"历史的"人、鲜活实践了新时代对人的全面发展思想、深化和丰富了新时代对人的历史主体地位内涵。景维民、赵爽(2021)按照提出、分析、解决问题的思路分析了贯彻以人民为中心的发展思想对构建中国特色社会主义国家治理模式的意义,论证了以人民为中心是中国共产党的领导的内在逻辑和运行机理,并提出,中国共产党的领导体现了以人民为中心的内在逻辑,贯彻了以人民为中心的发展思想,这样的现代国家治理模式在中国改革开放实践中显示出强大的生命力和活力。朱成全、李东杨(2018)详细论述了以人民为中心对社会发展的指导意义,认为以人民为中心的发展的内涵是发展为了人民、依靠人民、满足人民美好生活需要，这一发展理念重新定位了经济发展过程中人与物、人与人，以及生产与分配的相互关系，提高了人民群众的获得感和幸福感，最终得出了以人民为中心的发展集中体现了分配正义的结论。

围绕如何践行以人民为中心的发展思想，学界展开讨论并取得一系列成果。李送龄（2020）阐释了践行以人民为中心思想理念的制度安排，认为要实现以人民为中心，需要作出的制度安排主要有两个方面：一是建立和完善依靠人民创造历史伟业，提供丰富的物质财富、精神财富和生态财富的制度安排；二是建立和完善收入分配的制度安排，保障人民平等地共享改革开放以来的经济、政治、文化、社会和生态各方面的建设成就，满足人民日益增长的美好生活需要。郭璐璐、刘学军（2019）论述了以人民为中心发展思想从"应然"转化为"实然"，从"价值"转化为"现实"的必要性和可行性，认为可以从不断提高党的执政能力和领导水平、坚持保障和改善民生、健全人民当家作主的制度体系、充分发挥协商民主的作用四个方面实现以人民为中心。胡莹、郑礼肖（2019）基于以人民为中心发展思想的视角分析了改革开放以来我国劳动报酬的变动，提出坚持以人民为中心发展思想的基本要求是提高劳动报酬的绝对值与比重，基于此，为贯彻落实以人民为中心的发展思想需要处理好经济增长与劳动报酬、劳动生产率与劳动报酬、资本所得与劳动报酬之间的关系，实现经济增长与居民收入的同步增长、劳动生产率与劳动报酬的同步提高。燕连福、夏珍珍（2018）在阐释以人民为中心发展思想的形成背景和理论渊源基础上提出贯彻以人民为中心发展思想的实践要求，即既需要打好三大攻坚战，缩小两大差距，提升五大文明，又要稳步迈进全体人民共同富裕，促进人民生活幸福安康。

十八、 社会主义社会主要矛盾研究

中国特色社会主义进入了新时代，我国社会主要矛盾已经转化为人民日益增长的美好生活需要和不平衡不充分的发展之间的矛盾。对新时代社会主要矛盾的科学判断和准确把握对决胜全面小康、实现社会主义现代化、全面建设社会主义现代化强国和实现中华民族伟大复兴意义重大。学界围绕新时代主要矛盾转化的背景、内涵、意义等问题展开研究，取得一系列研究成果。

科学认识社会主要矛盾变化，首先要正确把握其理论内涵。魏志奇（2021）提出要科学理解社会主要矛盾转化及其基本规律并适应其要求，他认为，社会主要矛盾的转化是生产力和生产关系矛盾运动的必然结果，是供给侧与需求侧矛盾运动的必然结果。艾四林、康沛竹（2018）从马克思主义矛盾理论及其中国化、正确判断和认识社会主要矛盾是中国共产党的重要经验、新时代关于社会主要矛盾认识的新飞跃三个重要命题切入分析了中国社会主要矛盾转化的理论与实践逻辑。他们认为，党的十九大对社会主要矛盾转化的新概括，是对五年来中国发展历史性成就和变革的深刻总结，是对改革开放 40 年来发展成果的真实反映。刘希刚、史献芝（2018）从唯物辩证法视域下探析新时代社会主要矛盾的变化，从时代价值维度、思想内涵维度、工作方法维度解读新时代矛盾变化的丰富内涵，认为社会主要矛盾变化是主观辩证法与客观辩证法互动的历史性结论，内涵着唯物辩证法意蕴，是新时代标志、丰富内涵与创新性工作要求的有机统一。赵中源（2018）基于新的实践要求，解读新时代社会主要矛盾的本质属性与形态特征，认为新时代主要矛盾其基本内涵与矛盾的主要方面都发生了改变，更加强调生产方式的转型升级和发展的质量与效益，更加强调生活方式与生产方式的内在统一，更加注重新时代人民生活的内涵、品质与价值。

科学认识新时代主要矛盾变化具有重要的理论与实践意义。栾亚丽、宋则宸（2018）基于新时代中国社会主要矛盾转化的依据与特征阐释了主要矛盾转化的深远意义，他们认为，科学认识与准确把握新时代中国社会主要矛盾转化的理论基础和现实依据及其主要矛盾转化所彰显出的时代特征，不仅将对党和国家从全局视角聚焦时代发展的根本问题、全面谋划治国理政战略任务及其价值取向产生深远影响，还将为其他国家破解现代化进程中的问题提供中国方案而产生重大影响。张恒赫（2018）提出新时代我国社会主要矛盾变化揭示了其深厚的历史底蕴和实践价值，实践价值主要表现在以下两方面：新时代我国社会主要矛盾变化体现了党积极满足人民的全面发展和社会的全面进步的新要求；新时代我国社会主要矛盾变化是对"社会主义初级阶段这个最大实际"所作判断的坚持和发展。杨生平（2017）在阐述"主要矛盾"基本理论和党在不同时期关于主要矛盾的论述基础上解读了新时代主要矛盾转化的意义，认为新时代基本矛盾转化有利于立足社会主义初级阶段这个实际，把发展当成头等要务；有利于立足新时代特点，认真落实新发展观和新发展理念；有利于以经济发展为龙头，带动社会各方面综合发展。徐茂华、李晓雯（2017）认为习近平总书记关于新时代中国社会主要矛盾的阐释具有重要的理论价值和重大的现实意义，主要表现在以下三方面：丰富和发展了马克思主义关于社会基本矛盾和矛盾的主要方面的理论；为科学制定新时代中国特色社会主义建设的大政方针提供了基本遵循；为世界发展贡献了中国智慧和中国方案。陈跃（2017）提出党的十九大报告作出了中国特色社会主义进入了新时代，我国社会的主要矛盾发生了新变化的科学论断，深化了中国特色社会主义发展规律的认识，创新了马克思主义中国化的理论成果。

关于解决新时代社会主要矛盾的路径与措施，学界对此展开了激烈讨论并取得一系列成果。陈灿芬（2018）在分析了新时代主要矛盾变化的依据和意义后提出新时代社会主要矛盾变化对党和国家的工作提出了新要求，认为贯彻新发展理念、构建现代化经济体系、贯彻以人民为中心的发展理念是解决新时代主要矛盾的着力点。刘须宽（2017）基于新时代主要矛盾变化的原因提出应对新时代主要矛盾转化的措施，认为应对这种转化，要避免美好生活需要的单向索取，要抵制低俗、引导高雅需求，谨防政治破坏和非理性诉求，把握好"变"与"不变"的辩证关系。解决新的社会主要矛盾，必须坚守历史唯物主义立场，坚持以人民为中心的发展理念；引导先富起来的地区反哺欠发达地区；化解城乡二元结构难题，推动城乡基本公共服务均等化；更好地满足人民立体化、多元化的需求；积极发展个性化定制服务。刘同舫（2017）基于主要矛盾转化的现实必然与理论必然提出化解新时代的主要矛盾，必须以解决贫富差距问题为着力点，通过在生产关系领域推行分配正义来解决不平衡不充分的发展问题，满足人们对美好生活的需要，认为分配正义是化解主要矛盾的阶段性必然要求。

十九、 经济新常态的政治经济学研究

经济新常态理论是以习近平同志为核心的党中央在深刻认识中国特色社会主义发展实践基础上，运用马克思主义政治经济学基本原理，对中国特色社会主义政治经济学的重大理论创新。学术界围绕经济新常态的内容、特征及意义进行深入研究，并取得了一系列研究成果。

关于经济新常态理论提出的背景，汪连杰（2017）认为经济新常态理论的经济背景主要表现为中国经济在高速增长的同时，积累了很多结构性问题、经济结构中供给侧与需求侧相脱节、创新创业成为经济增长的新动能三个方面。张建刚（2018）则从市场饱和、资源瓶颈、成本上升、产业升级乏力和技术差距缩小五个方面来分析经济新常态理论提出的背景。权衡（2017）则对增长速度、结构支撑、增长动力以及我国经济发展外部环

境进行了详细地分析和研究，为其提供了全面的形成背景。彭迪云（2017）提出经济全球化深入发展、人口结构变化和要素成本上升等客观条件的变化，倒逼中国经济发展进入新常态。

正确认识经济新常态理论的内容及其特征，是把握经济新常态理论的前提。陈守东、孙彦林、毛志方（2017）认为中国经济新常态本质上是新兴与传统经济增长动力的阶段转换，即现有的经济体制及市场机制难以匹配经济继续增长的现实需求，导致经济增长动力不足。彭迪云（2017）认为新常态包含着新的战略方针、制度条件、思想方法和工作理念以及新时期"变"和"动"的常态化，创新驱动、绿色发展、结构升级、均衡共享、风险释放等积极内容，是一个全面、持久、深刻变化的时期。方凤玲、白暴力（2018）从经济新常态下的经济发展周期、增长动力转换、转变发展方式、供给侧结构性改革和市场决定资源配置五方面深入分析经济新常态理论的内容。刘金全、刘子玉（2019）从经济周期驱动因素转换的视角出发，综合分析本轮经济周期拖平尾部平面的形成机理，提出新常态时期是中国经济周期的过渡期、转型期和调和期。经济周期的主体位置、形态表征和期限结构都将在新常态阶段发生根本性改变。刘志彪（2017）从供给与需求、实体经济与虚拟经济和新动能与旧动能三对主要矛盾来分析新常态下经济运行的特征和规律。张占斌（2017）将中国新常态的基本特征和演变态势概括为：增长速度正从高速增长转向中高速增长；发展方式正从规模速度型粗放增长转向质量效率型集约增长；经济结构正从增量扩能为主转向调整存量、做优增量的深度调整；发展动力正从要素投入驱动转向创新驱动增长。周星、马建峰（2019）提出，中国的经济新常态不同于其他国家，主要表现为中国经济增长的速度出现放缓的迹象，但是经济发展的实际增量仍然处于较高水平；中国经济增长出现放缓迹象，但是将具有更为多样化的增长动力；中国经济结构将更加优化，产业升级更加深入。

经济新常态理论的提出对中国特色社会主义政治经济学的发展具有重

大的理论意义。方凤玲、白暴力（2018）认为，经济新常态理论是以习近平同志为核心的党中央在深刻认识中国特色社会主义发展实践基础上，对马克思主义经济周期理论、经济增长要素理论、经济发展方式理论、供求关系理论、市场配置资源理论和宏观运行理论的丰富与发展，是中国特色社会主义政治经济学理论的重大创新。郭如才（2017）提出，以习近平同志为核心的党中央作出经济发展进入新常态的重大判断，形成以新发展理念为指导、以供给侧结构性改革为主线的政策框架，贯彻稳中求进的工作总基调，深刻回答了新形势下我国经济发展怎么看、怎么干的重大问题，开拓了当代中国马克思主义政治经济学的新境界。

经济新常态理论能够为实现中国经济持续增长提供科学的指导。田利涛（2018）提出，在经济新常态背景下我国存在着经济发展质量不高、经济发展不平衡、区域发展矛盾、低端产能过剩、需求端刺激下产业难以进行自主升级等一系列经济发展中结构性失衡问题。周星、马建峰（2019）从深化制度改革、新型城镇建设、多边合作及自主创新四个方面阐述中国在经济新常态背景下实现经济持续增长宏伟目标的可行路径。毛亚男（2019）提出在新常态下我国改革的路径是加强中国特色社会主义建设，立足国情，坚持新的发展理念，通过供给侧结构性改革降成本提效率，从而成功跨越中等收入陷阱，把我国建成富强、民主、文明、和谐、美丽的社会主义现代化强国。周文、陈跃（2017）认为实现新常态突围，必须坚持用深化改革的办法破解经济发展中的体制性、结构性矛盾，推进重点领域和关键环节改革，使市场在资源配置中起决定性作用，同时更好地发挥政府的作用。郭俊华、卫玲、边卫军（2018）通过分析中国产业结构发展现状以及转型升级面临的问题，探索新时代新常态下中国产业发展优化的路径、产业转型升级的方向及全球价值链层次的提升，并结合相关数据从优化产能、提升高技术产业创新能力、促进产业转型与保障就业和产业内结构调整等方面提出新时代新常态下中国产业结构转型升级的对策建议。杨承训（2017）从五大发展理念分析，提出崇尚创新应当认识和驾驭科技主导的经济发展规律，实施创新驱动战略、牵住"牛鼻子"的一系列方略，创新生产方式和经济业态，深化科技体制改革，使中国成为创新强国，从发挥后发优势嬗变到先发优势，推动综合国力全面提升。汪连杰（2017）提出，经济增速放缓，发展"新经济"、培育新的经济增长点，成为今后政府经济发展的主要任务，政府应该不断深化理论创新，继续推进供给侧结构性改革和"互联网＋"战略，注重互联网时代的网络信息安全建设，加快实施创新驱动发展战略，为"新经济"发展提供新引擎。

二十、　收入分配的政治经济学研究

收入分配问题是马克思主义政治经济学的基本问题，也是中国特色社会主义理论和实践探索历史进程中需要解决的重要问题。在社会主义初级阶段，我国实施的是以按劳分配为主体、多种分配方式并存的收入分配制度。党的十九大报告进一步提出"坚持按劳分配原则，完善按要素分配的体制机制，促进收入分配更合理、更有序"。近年来，学术界围绕收入分配相关问题进行了深入研究，并取得一系列的研究成果。

马克思主义政治经济学是中国特色社会主义收入分配理论的理论基础。刘伟（2018）提出，中国特色社会主义社会的个人收入分配理论深刻总结了我国社会主义革命和建设的实践经验教训，特别是深刻总结了改革开放以来的理论与实践探索，推动了马克思主义政治经济学发展。王朝明、王彦西（2017）基于《资本论》的逻辑视角，提出马克思的"劳动二重性"理论、劳动价值论以及剩余价值理论和资本积累理论等重大理论构造，形成了马克思收入分配理论的逻辑起点和理论支点，成为其原创性基础。蔡继明（2018）认为，以劳动价值论为基础的传统政治经济学难以解释经济体制的变革，必须从价值理论的创新入手，构建中国特色社会主义政治经济学体系，才能为进一步巩固和完善社会主义基本经济制度和分配制度提供有力的理论支撑。

收入分配理论立足于中国特色社会主义伟大实践，蕴含着丰富的实践基础。严金强、李波（2019）从我国社会的所有制结构、资源配置方式以及技术条件的变化分析，得出单一的公有制经济结构被多种所有制结构所替代、资源配置方式由计划转向市场、新信息网络技术变革的共同作用是我国收入分配关系转变的现实基础。于树一、李木子（2019）认为我国分配制度理论上的争论和实践上的不能形成合力为新时代背景下基本经济制度和分配制度的发展提出了新的任务。陈宗胜、康健（2019）探析了当下我国"葫芦型"收入分配格局形成的原因：受到各种各样城乡差别的影响，处于低收入主众数组的农村居民上升为中等收入群体的阻力远远大于处于中等收入次众数组的城镇居民。熊晓琳、任瑞娇（2019）分析了共享视域下我国收入分配制度改革所面临的挑战，提出深化收入分配制度改革要坚持公有制和按劳分配的主体地位不动摇，坚持机会平等、"最少受惠者"的分配原则。

正确认识收入分配的内容和特征，是把握收入分配理论的前提。王朝明、张海浪、王彦西（2019）将中国特色社会主义收入分配理论集中概括为四个方面：一是以马克思劳动价值论的分析范式为基础，深入探讨社会主义市场经济条件下按要素贡献分配与按劳分配的关系；二是深入探讨效率与公平关系，研究初次分配与再分配的关系；三是持续关注收入差距扩大问题；四是加强收入差距的治理、规范收入分配秩序、注重收入分配政策的研究。权衡（2018）认为中国收入分配改革的鲜明特点是收入分配的理论创新与实践发展相统一、分配制度的顶层设计与基层实践创新相结合、分配制度的渐进式改革与经济增长激励性内在动力相结合、分配制度改革坚持历史唯物主义和辩证唯物主义的科学方法。刘伟（2018）总结了十九大以来新时代中国特色社会主义收入分配思想的突出特点：坚持了马克思主义生产决定分配、生产关系决定分配关系的基本辩证历史唯物主义的立场和方法；强调社会主义经济发展根本宗旨是以人民为中心；对发展和分配的关系作出了深刻的辩证历史唯物主义的阐释。

现阶段我国的收入分配仍存在许多问题，不利于共同富裕目标的实现。陈宗胜、康健（2019）基于人力资本投资的两期交叠模型，认为在二元经济制度条件下，主、次众数组在发展中逐步脱离，必然形成颇具中国特色的"葫芦型"分配格局，但是目前距离"橄榄型"分配格局还较远，并且中长期停滞于"葫芦型"也不利于后者的形成。韩文龙、谢璐（2018）从初次分配、再分配和三次分配三个方面阐述收入分配领域存在的主要问题：第一，初次分配领域中劳动者报酬收入占比仍显偏低且多种分配矛盾并存；第二，再分配领域中税收、转移支付和社会保障制度等的调节功能未能充分发挥作用；第三，三次分配相关制度建设滞后导致其发挥作用有限。熊晓琳、任瑞姣（2019）从共享的内容、主体、过程和结果四个方面阐述收入分配制度改革面临的挑战：第一，我国收入分配制度改革面临着缩小收入差距，增进民众获得感的挑战；第二，我国收入分配制度改革面临着贫困人口基数庞大且集中分布，中等收入群体发展不足的挑战；第三，我国收入分配制度改革面临着推动实现经济增长与居民收入同步增长、劳动生产率提高与劳动报酬同步提高的挑战；第四，我国收入分配制度改革面临着消除分配不公，实现社会公平正义的挑战。李军林，许艺煊（2021）提出，自改革开放以来，我国居民收入分配格局由"纺锤形"转变为"金字塔形"，我国行业收入差距虽有波动但整体呈现扩大的趋势，以不变价衡量的全国行业最高工资与最低工资的差距扩大了约33倍。

此外，针对我国收入差距日益扩大，收入分配格局不合理，收入分配秩序紊乱的现状，王艺明（2017）通过构建了一个理论模型，提出要解决我国在当前发展阶段存在的收入和财富分配不均等现象，必须充分发挥社会主义制度的优越性。一方面要以资本税替代劳动税，通过合理税制来实现马克思视角下的收入和财富分配均等；另一方面，要坚持做大做强国有企业，使国企确实起到压缩贫富差距的作用。熊晓琳、任瑞姣（2019）基于共享发展视域理论，认为收入分配制度改革必须要坚持公有制和按劳分配的主体地位不动摇；要坚持机会平等的分配原则，构建实现共享的长效机制；要坚持"最少受惠者"的分配原则，形成实现共享的有效保障。韩喜平、何况（2021）认为，收入分配制度改革应当坚持按劳分配基本原则，实现共同富裕目标；实行按劳分配为主体、多种分配方式并存，保障效率和公平的统一；发挥再次分配、三次分配作用，缩小收入分配差距。

二十一、 供给侧结构性改革的政治经济学研究

供给侧结构性改革立足于我国经济发展实践，以马克思主义政治经济学理论为指导，是中国特色社会主义政治经济学的最新成果。因此，开展供给侧结构性改革研究必须以马克思政治经济学为指导，研究如何实现供需双侧发力从而推动经济发展。供给侧结构性改革的提出引起学术界的广泛关注，理论界关于供给侧结构性改革的探讨主要涉及其背景、理论基础、内涵与路径选择等方面。

供给侧结构性改革的提出以我国经济发展的新情况、新问题、新矛盾为背景。谢富胜、高岭、谢佩瑜（2019）从经济全球化进程考察中国经济发展的阶段性特征，提出其背景为外需萎缩后，面对内需的细分市场，我国的大规模生产方式无能为力导致了普遍的产能过剩。在大规模生产方式无法转变的情况下，生产成本的比较优势和产业链优势的双重削弱导致制造业利润率下降，从而引致国内生产性投资不足和外资流出。陶启智、冯青琛、刘铭（2017）则是从宏观经济、中观产业和微观居民生活三个层面来分析我国不断涌现出新的结构性矛盾，为其构建了一个较为详细全面的背景。

　　自供给侧结构性改革提出以来，国内理论界做了大量研究，目前理论界基本上达成了较为一致的看法：供给侧结构性改革不是以 20 世纪 70、80 年代的西方盛行的"供给学派""撒切尔主义""里根经济学"等为基础的，而是以马克思政治经济学为基础的。方福前（2017）在区分理论源头与理论依据的基础上，提出供给侧结构性改革的理论源头可以追溯到英法古典经济学，而马克思的生产（供给）结构和产品（收入）分配结构取决于生产关系的性质和结构等思想论述是我国供给侧结构性改革取得成功的重要理论依据。陶启智、冯青琛、刘铭（2017）则提出，深化供给侧结构性改革的理论依据来源于马克思主义政治经济学，其根本立场是坚持"以人为中心"的发展思想，通过解放和发展生产力，拉动经济的增长，并提出社会总供给和总需求理论、资本循环周转理论、现代企业管理制度都是供给侧结构性改革的理论依据。而丁任重、李标（2017）则在制度基础、政府与市场的关系、经济背景以及政策着力点等方面上，将我国提出的供给侧结构性改革与西方供给学派对比分析，从而得出党中央提出的供给侧结构性改革是以马克思主义供给与需求理论为基础的结论。蓝庆新、姜峰（2017）认为马克思主义的物质资料生产理论是统领，社会资本再生产的总量和结构平衡理论是目标，创新发展与生态文明理论是发展方式，劳动价值论是保障，它们相互作用，动态优化，为供给侧结构性改革提供理论指导。韩保江（2018）提出，供给侧结构性改革与供给学派的"实践前提"和"逻辑前提"根本不同，经济新常态是供给侧结构性改革的逻辑前提，新发展理念是供给侧结构性改革的价值引领。

　　关于供给侧结构性改革的内涵。金碚（2017）以价值论为主线、以供求论为辅线的学术范式，将供给侧定义为：提供效用的实质供给、提供有用产品的实际供给、提供以使用价值为前提而以货币单位计量的交换价值名义供给，以及以信用货币标示的无使用价值之物的虚拟供给。方敏（2018）对供给侧结构性改革的三个基本理论问题进行了阐释：第一，生产首要性：生产与消费在社会再生产中的有机联系，而不是供求在交换中的表面联系，是理解供给侧结构性改革的根本出发点；第二，结构性矛盾是社会再生产的内在矛盾，结构问题不能被唯一地归结为市场失灵导致的比例失调，它和生产的制度结构、生产的目的与性质密切相关；第三，政治经济学关于虚拟资本的基本原理是我们区别实体经济与虚拟经济的理论依据。王朝明、张海浪（2018）从价值生产与创造、价值流通与实现以及价值分配三个方面分析供给侧结构性改革，指出供给侧结构性改革既关注短期经济问题，又重视经济的长期发展问题，更加注重经济发展中的质量问题，其最终目的是全体人民的共同富裕。盖凯程、冉梨（2019）从再生产理论和两大部类均衡结构角度出发进行分析提出，劳动力供给、企业创新能力、政府降成本措施、市场资源配置导致第Ⅰ部类的生产无法满足两大部类的总需求，城镇化与劳动力转移不足、房地产库存积压、产业结构不合理导致了第Ⅱ部类生产的消费资料小于可变资本总需求。杨继国、朱东波（2018）基于马克思社会资本再生产理论，构建四部类结构均衡理论，并以此比较分析西方三次产业升级理论与马克思产业结构升级理论，再结合中国供给侧存在的主要问题，阐明供给侧结构性改革的本质。

关于供给侧结构性改革的路径选择。刘凤义、曲佳宝（2019）基于马克思主义政治经济学关于供求关系分析方法，强调供给侧结构性改革必须遵守"质量法则"，要深入生产领域的生产端，但又不能忽视需求侧。蔡万焕（2017）认为，对产业结构即社会生产分工比例进行调整，宏观调控政策要对收入分配关系进行调整。谢春玲、费利群（2017）提出，供给侧结构性改革指向是处理好政府与市场的关系问题，发挥市场在资源配置中的决定性作用，更好地发挥政府作用。突破口应该是深化以转变政府职能为核心的行政体制改革，在理顺中央政府与地方政府财权事权关系的同时，实现地方政府收入体系的重构。谢富胜、高岭、谢佩瑜（2019）把我国经济成长过程置于全球生产网络的分工体系中进行考察，提出要利用乡村振兴战略化解过剩产能，提高资源利用效率；建设关键部件开发平台，突破关键部件创新；构建国内企业生产网络、适应需求结构动态多样性的路径选择。王炫、邢雷（2017）从供给侧与需求侧的结构性失衡问题出发，认为供给侧与需求侧改革需并重，供给侧结构性改革最重要的应该是补短板，而需求侧改革最主要的是改革收入分配制度，缩小收入差距，努力提高低收入阶层的需求能力。

二十二、　乡村振兴和精准扶贫的政治经济学研究

党的十九大报告紧扣我国社会主要矛盾变化，明确提出要坚定实施乡村振兴战略、坚决打好精准脱贫攻坚战，使全面建成小康社会得到人民认可、经得起历史检验。乡村振兴和精准扶贫战略是立足中国国情并以马克思主义政治经济学为指导的伟大战略，是新时代对城乡关系的新认识和农村发展战略的新定位，具有鲜明的方法论特色。自党的十九大提出实施乡村振兴战略、打好精准脱贫攻坚战以来，中国政治经济学界围绕党中央关于乡村振兴和精准扶贫战略的顶层设计及其实施过程中的相关理论和实践问题展开了多角度的探索研究，取得了丰富的成果。

关于乡村振兴战略的理论内涵与主要内容。张元洁、田云刚（2020）提出党的十九大报告提出的乡村振兴战略，是马克思主义中国化的重要成果，是马克思主义理论在解决中国的城乡差距问题，实现中国农业农村的现代化，补齐中国经济社会发展的最大短板，全面实现中华民族伟大复兴中的深入展开和具体运用。王亚华、苏毅清（2017）认为，乡村振兴战略既涵盖了以往历史时期党的农村战略思想精华，也顺应国情变化赋予了农村发展以健全乡村治理体系、实现农村现代化、促进城乡融合发展、打造"一懂两爱"的"三农"工作队伍等新内涵。张扬、程恩富（2018）研究了邓小平"第二次飞跃"论与习近平"统"的思想之间的深刻联系，提出

中国集体经济的发展与实现乡村振兴战略亟须重温"第二次飞跃"论的战略思想以及习近平"统"的思想。黄祖辉（2018）提出准确把握乡村振兴战略的科学内涵，首先要准确把握乡村振兴战略和城市化战略的关系，其次要准确把握中国乡村形态及其变化趋势。张军（2018）认为乡村振兴的主要内容包括经济建设、文化建设、生态建设、福祉建设和政治建设五个方面。魏后凯（2018）提出在人民日益向往美好生活的新时代，我们所需要的乡村振兴不单纯是某一领域、某一方面的振兴，而是既包括经济、社会和文化振兴，也包括治理体系创新和生态文明进步在内的全面振兴。刘儒、刘江、王舒弘（2020）从理论逻辑视角提出乡村振兴战略依循了马克思主义乡村发展和城乡关系的思想，是马克思主义乡村发展、城乡融合思想中国化的最新成果，是中国特色社会主义乡村振兴道路的伟大实践。

在乡村振兴的推进路径方面，刘儒、刘江、王舒弘（2020）提出实施乡村振兴战略要坚持党对农村工作的领导，全面深化农村改革，促进城乡融合发展，健全"三治结合"的乡村治理体系，加快新型职业农民队伍建设。张元洁、田云刚（2020）基于马克思产业理论，提出要建立适应生态产业发展的新型生产方式、发展农业股份制企业、培育新型乡村劳动者。此外，学界较一致地提出城乡融合发展是乡村振兴的必由之路。其中，王立胜等人（2018）提出，新时代我国社会主要矛盾在农村的特殊表现是城乡发展不平衡，要解决这一矛盾，就必须重新定位城乡关系，确立城乡融合理念，要经历城乡融合发展来破解"三农"难题这一必经过程。卓玛草（2019）认为可以把"统筹融合式、共生可持续、包容一体化、高效高质量"作为构建新时代乡村振兴与新型城镇化融合发展的实现路径。廖彩荣、陈美球（2017）提出实施乡村振兴战略，需坚持顶层设计，科学制定乡村振兴规划；需强化制度供给，统筹推进乡村"五位一体"建设；需推进农业供给侧结构性改革，加快实现农业农村现代化；需坚持人民主体地位，紧紧依靠和为了广大农民需抓住"人""地""钱"的关键要素，推动战略行稳致远。张军（2018）提出为了保障乡村振兴的实施和可持续发展，调动全社会广泛参与乡村振兴，在国家层面上要制定"乡村振兴法"，编制乡村振兴规划，设置乡村振兴机构，采取主要领导负责制；在制度层面上要以市场经济为基础，以彻底破除城乡二元结构为突破口，创新乡村振兴体制机制。

关于习近平乡村振兴和精准扶贫战略思想内涵。陈健（2018）认为，习近平新时代精准扶贫思想的形成主要是基于全面建成小康社会、破解发展不平衡不充分短板等现实需要。这一思想的形成不仅是现实的选择，也是对中国特色社会主义政治经济学的创新与发展，其形成有着深厚的理论基石与现实逻辑。理解习近平扶贫思想可以从产业扶贫、生态扶贫、教育扶贫、社会保障兜底扶贫四个实践角度出发。邓金钱（2019）提出习近平乡村振兴发展理论内涵丰富，包括乡村振兴之基、乡村振兴之本、乡村振兴之魂、乡村振兴之擎、乡村振兴之核五个方面的内容，蕴含着重要的理论贡献、实践和政策价值。陈健（2018）提出了如何践行习近平新时代精准扶贫思想：一是要大力推进产业扶贫，筑牢精准脱贫的长效动力机制；二是要着力推进生态扶贫，构筑精准脱贫的绿色可持续发展机制；三要是深入实施教育扶贫，培育精准脱贫的内生动力；四是要精准实施社会保障兜底扶贫，筑牢精准脱贫的社会保障安全网。

2020 年是全面建成小康社会目标的实现之年，也是全面打赢脱贫攻坚战的收官之年，农村绝对贫困问题将从根本上得到解决，但这并不意味着扶贫工作的终结，而是要聚焦新时期发展不平衡、不充分的相对贫困问题，着力巩固脱贫攻坚成果，探索构建解决相对贫困的长效机制。蒋永穆（2020）提出建立解决相对贫困的长效机制，应把握好三个方面的关键问题：把握贫困的动态变化，建立解决相对贫困的长效识别机制；把握贫困的多维表现，建立解决相对贫困的长效保障机制；把握贫困的深层原由，建立解决相对贫困的长效动力机制。邓金钱（2020）着眼于财政扶贫，提出要始终坚持"以人民为中心"的财政扶贫价值取向，确保现有财政扶贫政策的稳定性和连续性，持续提升财政扶贫资金运用的精准性，发展农村集体经济壮大脱贫内生动力，创新解决相对贫困的财政治理方式。郑继承（2021）立足于相对贫困所具有的隐蔽性、差异性、长期性、动态性等特征，提出要始终坚持党对相对贫困治理的全面领导，充分发挥制度创新在相对贫困治理中的绝对优势，合理设定绝对贫困转轨相对贫困的过渡阶段，正确处理好政府、市场和社会在相对贫困治理中的协同关系，科学推进相对贫困治理与乡村振兴战略的有效衔接。张婉、李包庚（2020）提出建立解决相对贫困长效机制，要持续跟踪和监测高风险返贫人群状况，要保障收入持续稳定增加。同时，发挥教育在解决相对贫困中的重要作用，将教育作为阻断贫困代际传递的治本之策。

二十三、 经济全球化和 "一带一路" 倡议的政治经济学研究

经济全球化是指商品、生产要素和信息通过市场交换行为在世界市场上远距离流动的过程，是人类社会发展的必然趋势。近年来，经济全球化遭受到了前所未有的挑战，西方发达国家的"逆全球化"思潮兴起，贸易保护主义盛行。"一带一路"倡议是以马克思主义政治经济学为基础，结合我国发展新情况及全球化发展趋势而践行的，有助于破解经济全球化发展的现实困境。近年来，学术界围绕着经济全球化和"一带一路"倡议开展了广泛而深入的研究，取得了较为丰富的研究成果。

经济全球化是社会生产力发展到一定阶段，是人们之间的交往日益频繁的表现和结果。苏立军、葛浩阳（2017）认为，经济全球化是世界各国由于要素和商品的广泛流动而相互开放、联系、依赖的一体化趋势，是不可逆的世界潮流。周文、包炜杰（2019）认为，反思全球化进程中富国更富、穷国更穷的现实困境，首先要破除经济全球化等于西方化的错误认知；

其次，经济全球化不是去工业化，基于比较优势的国际贸易理论过于强调贸易而陷入"贸易原教旨主义"，忽视了生产的重要性；再者，经济全球化不是完全市场化，新自由主义过于强调市场化而违背了市场的跨国性与政府的国界性是全球化的一组悖论。

2008 年国际金融危机之后，经济全球化的深入发展面临的挑战日益严峻，"逆全球化"思潮涌现，贸易保护主义再次抬头。任晓聪、和军（2019）基于马克思经济全球化理论对经济全球化的现象、形成机制和产生原因进行分析，发现逆经济全球化的本质上是资本主义国家的政策制定者维护自身利益的措施，其根源是资本主义发展弊端，是最大限度地提高资本增殖的方式。杨圣明、王茜（2018）基于马克思世界市场理论反思"逆全球化"现象中存在的问题，认为美英等发达资本主义国家尚未认清危机爆发的根本原因，因此错误地以为通过贸易保护、推行"逆全球化"，就可以解决危机爆发带来的一系列经济、社会问题。佟家栋、刘程（2018），鲁明川（2021）通过对人类经历的三次全球化与逆全球化浪潮进行研究，前者提出了经济全球化的不可能三角，即一国（地区）政府仅能同时选取全球化、政策主权和民主政体三个政策目标中的任意两个，放弃第三个；后者得出了全球化伴随近代资本主义发展而发展，西方资本主义国家自由贸易与国家利益失衡是导致逆全球化的直接诱因，而资本主义的基本矛盾则是导致逆全球化的深层根源。

面对逆全球化思潮，中国作为最大的发展中国家，应有所作为，积极推动新一轮经济全球化与构建公正合理的国际政治经济新秩序。周文、冯文韬（2021）从国际贸易与国家发展的政治经济学视角出发，强调以竞争优势替代比较优势以促进国际贸易与产业发展，通过政府与市场的有机结合为经济打造创新驱动的发展引擎，最终实现全球化从外延型向内涵型增长方式的转变。戴翔、张二震（2018）提出，为了有效防范"逆全球化"浪潮兴起所带来的不利冲击，中国需要秉持"全球增长共赢链"开放发展理念，走出一条与世界互利共赢、和谐发展的开放格局新道路。黄惠（2020）认为面对"逆全球化"浪潮的冲击和影响，中国应该主动积极参与和推动经济全球化进程，构建基于人类命运共同体的"新全球化"方略，推动共商共建共享"一带一路"的建设，推动构建新型世界政治经济新秩序和新型大国关系，继续推进开放发展和高质量经济建设，以"中国方案"参与新一轮全球化规则构建与治理。胡鞍钢、王蔚（2017）分析了当前的"逆全球化"以及我国提出的"新全球化"体系，提出中国应当在"天时""地利""国和"的背景下，积极转变为参与者、贡献者、引领者，全面参与全球治理，形成"四个全面"基础之上的"五个全面"战略布局，为国际社会提供更多公共产品，与世界各国共享发展红利、机会红利、方案红利、开放红利。

"一带一路"倡议蕴含着丰富的理论内涵与战略意义，是新型全球化的重要推力，是对"逆全球化"的有力回击。佟家栋（2017）强调"一带一路"倡议是经济全球化理念下的新地缘政治经济思想，它超越了传统的地缘政治经济学，其最大的特点是超越一国或国家集团控制的假设，是实现各民族和谐、共荣的"利益共同体"理论。杨静、徐曼（2017）通过对全球价值链的空间拓展机理探究，提出"一带一路"倡议正是构建公平开放、利益共享的全球价值链的重要契机，是在"权力三角"的推动下，面向国家、面向全球的重要合作平台。陈伟光、黄亮雄、程永林、韩永辉（2017）提出，"一带一路"倡议对于"一带一路"建设的有序推进、中国发展模式的经验推广以及中国学术话语权的提升具有重大现实意义和历史意义。宗良、黄雪菲（2017）提出，"一带一路"改变了过去中国对外开放更加偏向与发达国家互动的格局，是中国打造包容性全球化、推进贸易自由化和投资便利化的重要战略，既着眼于国内发展，输出优势产能，也放眼于沿线国家的贸易往来与经济增长。权衡（2017）提出中国提出的"一带一路"倡议，有助于加快经济全球化发展的自我修复和调节，有助于应对经济全球化发展的现实困境，有助于推动经济全球化发展朝着更加公平、更加包容、更加普惠、更加平衡和更加开放的世界经济方向继续前进。苏立君、葛浩阳（2017）认为，"一带一路"倡议是由中国引领的创新、开放、联动和包容为理念的经济全球化新方案的重要组成部分，有助于推动全球经济的复苏。白永秀、王泽润（2017）认为"一带一路"倡议主张协同发展，能够提升沿线发展中国家的经济活力和整体实力，增强它们参与全球经济治理的诉求和能力，有助于缓解以往全球化中的失衡问题，有助于世界秩序朝着平衡、公正、包容的方向发展，进而有助于推动新型全球化。

二十四、　当代资本主义的政治经济学研究

资本主义社会形态经历了从自由资本主义到私人垄断资本主义，再到国家垄断资本主义的若干发展阶段。在国际环境日趋复杂、国际政治经济秩序变化的背景下，如何理解当代资本主义的发展阶段，如何认识当代资本主义的新特征，如何看待当代资本主义的危机，以及当代资本主义研究对于推进中国特色社会主义事业建设的重要意义等问题，亟待我国政治经济学界进行研究与回应。近年来，学界围绕当代资本主义的相关问题展开讨论，取得了一系列研究成果。

准确把握当代资本主义的发展阶段，科学预测当代资本主义的发展趋势，是学界深入研究当代资本主义的应有之义。当前学界普遍认为垄断资本的发展仍然主导当前资本主义发展进程，并呈现出新帝国主义等新样态与一系列新特征。朱安东、孙洁民（2020）认为，新自由主义与资本主义的未来取决于垄断资本与无产阶级和政治上层建筑之间的博弈，新冠肺炎疫情在一定程度上既是世界资本主义系统性制度性危机的结果，又促进了危机的进一步加深。刘儒、王换（2019）认为，以发达国家为主导的经济全球化不可能建立公正合理和包容发展的国际经济新秩序，不可能实现垄

断资本的国际化发展，当代资本主义仍处于国家垄断资本主义阶段。张乾元、朱倩倩（2019）认为，《帝国主义是资本主义的最高阶段》揭示了帝国主义的垄断本质，作出帝国主义是垄断的、寄生腐朽的、垂死的资本主义的科学论断，不仅把马克思主义对资本主义的认识推进到一个新的阶段，而且对于正确认识当代资本主义的新变化及其本质，具有重大的现实意义。张猛、张扬、张敏（2019）认为，2008 年全球金融危机爆发以来，国际上新自由主义观念已经破产，但既成体系并未消亡，利益格局仍在延续，在新的思想获得主导地位之前，新自由主义进入"超卖"期。

当代资本主义统治与剥削具有多样性和隐蔽性等特征，这既体现在金融化逐渐成为资本主义进行剥削与统治的主要工具，又体现在科技进步与互联网技术发展下，资本主义剥削更具有隐蔽性。欧阳彬（2018）认为，当代资本主义金融化的一个显著特征是日常生活金融化。日常生活金融化实质上是当代金融垄断资本解决自身积累的危机与矛盾、实现资本增殖的另一种新的"修复—增长"机制。日常生活金融化并不能解决资本积累困境，反而以新的方式激化了资本主义基本矛盾。段雨晨、田佳禾（2021）认为，为了保持经济增长，以美国为代表的一些西方发达资本主义国家采取了放松金融管制、鼓励低收入家庭扩大债务来支撑消费的措施，最终引发了金融危机，并且通过外贸渠道和金融渠道将危机扩散至全球。赵敏、王金秋（2020）认为，智能化生产技术本质仍然是资本无偿占有劳动者所生产的剩余价值，智能化生产方式在为资本提供更有效的剥削手段的同时，也不断侵蚀作为资本主义生产方式基础的价值生产体系。蔡万焕（2018）提出，伴随持续的技术创新与知识经济相结合成为资本主义的重要特征，可以从"认知资本主义"这一概念研究此阶段的资本主义：在认知资本主义阶段，资本积累方式、生产方式、对劳动的剥削方式以及社会阶级结构均发生了重大变化。周文、方茜（2017）认为，全球化、自由化和金融化在满足了资本主义剥削和逐利的同时，三者效应叠加，导致了资本主义危机升级，也导致了资本主义危机的多样化、复杂化和系统化。朱安东、王娜（2017）认为，新自由主义进入了一个新的、更加残酷的阶段，这使得资本主义的内在矛盾进一步发展，经济陷入困境，政治和文化的危机也在不断深化，世界资本主义越来越深地陷入了制度性的系统性危机当中。朱安东（2019）认为，新自由主义的泛滥激化了世界资本主义体系内部的各种矛盾，形成了资本主义的系统性制度性危机，导致了民粹主义的兴起。但民粹主义解决不了资本主义的基础性矛盾，其危机极有可能进一步深化，为法西斯主义兴起提供了越来越充分的条件。徐志向（2021）提出，资本主义生产方式的内在矛盾决定了经济危机产生的必然，而技术的资本主义应用则形成了经济危机演变的逻辑起点。

当代资本主义出现的新变化对于推进中国特色社会主义事业建设具有重要意义。周建锋、岑子悦（2021）认为，资本主义经济危机发生的机理对新时代坚持和发展中国特色社会主义具有重要启示意义：我国必须大力发展和解放生产力，必须积极推进共同富裕的实现，必须坚持公有制主体地位不动摇的底线。马慎萧、田佳禾、黄德威、区铭彦（2021）提出，一方面，中国要持续深化金融供给侧结构性改革，提升对外开放水平；另一方面，要持续推进防范化解重大金融风险攻坚战，在支撑经济稳增长的基础上，严守风险底线。立足这样的实践要求和共识，政治经济学界就货币金融问题的理论难点、西方资本主义国家的实践以及中国特色社会主义的实践展开了重点研究，以期为中国未来的货币金融实践提供启示和借鉴。蔡万焕（2018）认为，认知资本主义理论为我们认识当前资本主义及其发展趋势提供了新的视角，对中国经济的改革和发展具有积极启示意义，但其理论也存在一些需要继续深化之处，需要我们进行批判地借鉴。丁大尉、张寒、李正风（2020）认为，基于科学技术与社会（STS）视角的分析可以看出：马克思的工业革命思想从一般历史规律出发，深入分析了工业化对经济社会发展的影响，为我国正在实施的新型工业化道路和创新驱动发展战略提供了坚实的理论支撑和思想指导。

二十五、 国际经济危机和金融危机的政治经济学研究

当今世界正处于资本主导的全球化时代，世界经济依然没有跳出周期性经济危机和金融危机的规律。如何认识与应对当前国际经济危机和金融危机，保障国家经济安全并促进我国经济长远健康发展，呼唤着中国政治经济学学界作出细致而深刻的研究。近年来，国内学者从不同角度对国际经济危机和金融危机进行了探究，取得了一系列研究成果。

学界基于世界形势变化与已有研究成果，对马克思主义经济危机理论体系进行了阐明与拓展。胡岳岷、胡慧欣、吴薇（2020）点明了马克思经济危机理论的创新：科学区分经济危机的可能性与现实性，是马克思危机理论的逻辑起点；明确指认危机的周期性与必然性，是对资本主义经济危机事实本身的确认。卢江（2019）提出，马克思在资本主义私有制生产方式必然消逝的危机消极性作用基础上，增加了经济危机作为资源重配和恢复正常利润率的必要强制手段新见解，同时提出系统性危机出现的可能性和必然性，深刻揭露了资本主义制度必然产生危机、又不得不借助危机进行自我变革的发展规律。王中保、程恩富（2018）详细论述了马克思主义经济危机理论体系的内容，认为社会生产的无计划论、社会再生产的比例失调论、有支付能力的消费不足论、固定资本的更新论和资本的过度积累论等，与经济危机的资本主义生产资料私有制根源论的内核一起构成理论体系的主体架构。资本家的贪婪、政府监管不力、虚拟金融过度发展、经济金融风险低估、市场信息不对称等经济危机诱因，则是理论体系的枝节和节点，并与内核和外围理论一起构成了丰富的马克思主义经济危机理论体系。

学界就造成当代国际经济危机和金融危机的原因进行了深入研究与探

索。刘晓欣、田恒（2021）从马克思剩余价值理论出发，提出实体经济是虚拟经济的运行基础，但虚拟经济具有脱离实体经济独立运行的内在趋势，其过度膨胀破坏实体经济发展，易于引发金融危机。李翀（2019）提出资本融通与资本积累是社会资本扩张的方式，它导致了经济的虚拟化，产生了庞大的金融资本，追逐利润的金融资本与内在不稳定的金融市场的结合使金融危机的爆发成为必然。朱富强（2017）基于马克思经济学视角对传导机制进行考察，认为现代经济危机仍然根源于收入差距，同时对现代经济危机的信用和债务危机、现代经济危机的利润率上升现象进行了分析。杨乔乔（2020）提出，马克思从资本逻辑的内在矛盾本身出发，探究了经济危机产生的原因。在马克思看来，经济危机产生的原因在于资本价值增殖过程受到了限制。任传普、程恩富（2021）则关注当下，分析了新冠肺炎疫情下的美国财政赤字货币化与金融危机，提出造成这种危机的原因是多方面的，主要表现为金融垄断寡头控制下的货币制度、寡头控制下的财政制度、不合理的经济结构、国家债务的大量增加、全球扩张主义政策、新冠肺炎疫情引发的经济衰退等方面。

国际经济与金融危机对资本主义国家乃至世界进程产生了深刻影响。宋朝龙、吴迪曼（2020）基于政治经济学的分析视角，提出在危机的冲击下，世界头号资本主义国家美国这一金融资本帝国日益依靠政治冒险、军事讹诈和民粹主义蛊惑等方式来维持其信用，而这种信用维持的方式本身又不可避免地会把美国金融资本帝国带入更深的信用危机之中，使得美国金融资本帝国走上了信用滥用和信用危机相互加强的恶性循环之中。马慎萧、兰楠（2020）考察了2008年国际金融危机后美国政府的系列"再工业化"政策、新自由主义持续强劲的势头、新形势下美国经济的新矛盾与新变化，认为危机后美国经济金融化趋势尚未逆转，新型积累模式尚不可得，其实质是资本主义内部的经济调节机制无法解决其持续激化的基本矛盾，而矛盾的激化酝酿着新的变革。贾中海、程晓辰（2020）围绕2008年的金融危机与世界社会主义运动发展进行分析，提出应深入反思世界社会主义高潮未如期而至的原因，各国共产党要不断创新发展当代马克思主义，制定正确战略；确立新型政党关系原则，正确处理各国共产党内部分歧；制定多元的政治力量发展战略，建立最广泛的统一战线；牢牢把握工人阶级的领导权，充分发挥马克思主义政党的革命先锋作用。

国际经济危机和金融危机对我国经济社会发展来说是一把双刃剑，党和政府要积极应对国际经济金融危机，促进我国经济社会机体的巩固发展。张成思（2019）提出，我国要正确认识和理解金融化的深层次逻辑并包容资本的逐利天性，合理运用金融化理念推进多元化和市场化金融体系发展，进而实现"好的金融"服务于实体经济和国计民生的目标。杨斌（2016）聚焦于泡沫经济，要求发展马克思主义新市场失灵理论，用中国特色社会主义政治经济学指导社会主义市场经济中的股市改革实践，使各种金融股市改革服务于广大民众。王守义（2018）基于拓展的马克思生产关系思想史分析框架对美国经济金融化趋向的特征进行考察，提出我国应积极推动实体经济发展，进一步明确金融服务于实体经济发展的目标与方向，协调金融与实体经济发展之间的关系，加快独立自主科技创新，夯实实体经济发展基础。姬旭辉（2019）认为中国发展社会主义市场经济，要充分利用和发挥金融体系的作用，调节资本流通，提高资金使用效率，同时也要吸取西方资本主义国家过度金融化的教训增强防范金融风险的意识，提高金融业的竞争力和抗风险能力，保障国家经济安全，引导金融真正服务于现代化经济体系的建设。

二十六、 新发展格局的政治经济学研究

面对当今世界百年未有之大变局，加快构建以国内大循环为主体、国内国际双循环相互促进的新发展格局已经成为中国应对新发展阶段的机遇

和挑战。新发展格局的提出，是以习近平同志为核心的党中央根据我国新发展阶段、新历史任务、新环境条件作出的重大战略决策，是习近平新时代中国特色社会主义经济思想的重要理论成果。研究和阐释这一丰硕成果，是发展中国特色社会主义政治经济学的关键课题。

全面准确把握"双循环"新发展格局逻辑内涵，是推动构建"双循环"新发展格局的前提。裴长洪、刘洪愧（2021）提出"以国内大循环为主体"既揭示了中国经济发展的基本特征，也指明了中国发展的未来趋势；"国内国际双循环相互促进"既是中国与世界经济互动的历史实践总结，否定了西方主流国际经济学中的片面性理论观点，又揭示了中国与开放型世界经济在多元平衡基础上动态平衡的客观规律。逄锦聚（2020）提出从三个维度把握新发展格局：第一，从"实现"的视角拓展理解新发展格局，其创新了马克思的循环、周转和社会再生产理论；第二，从世界大变局视野加强对国际循环的开拓，既要看到世界环境变化的挑战，又要看到世界环境的机遇和我国开放的坚实基础；第三，从新时代新阶段高度加强对国内循环为主的把握，国际环境变化没有改变我国国民经济进入高质量发展阶段的事实。贾根良（2020）认为，贸易平衡是认识新发展格局的基本出发点，贸易平衡或略有逆差的发展模式对中国发展更加有利，而在从国际大循环向国内大循环的战略大转型中，财政赤字发挥着关键性作用。胡博成、朱忆天（2020）认为，《资本论》中蕴含的以资本和空间为轴心的空间生产理论为构建双循环新发展格局提供了重要理论支撑，双循环新发展格局的深层本质是为新时代开掘经济发展空间服务的战略决策。具体到有关国内大循环和国际循环之间关系的认识方面，蒲清平、杨聪林（2020）提出，新发展格局表现在"双循环"不是"单循环"，"双循环"以"内循环"为主，"双循环"是量与质并重的循环，产业链和供应链为"双循环"的核心，科技创新是"双循环"的动力源五个方面。董志勇、李成明（2020）认为，畅通国内大循环是掌握主动实现国际大循环的前提，而畅通国际大循环是加快实现国内大循环的保障，国内大循环是中长期的工作重心，双循环是新时代中国对外开放的主动选择。

关于新发展格局的建构路径与政策导向，洪银兴、杨玉珍（2021）提出转向新发展格局的三大路径：一是需求侧的推动，培育完整的内需体系，在突出消费环节基础性作用的同时提出分配和流通环节对消费需求具有支撑和市场实现作用，从而构成内需体系；二是供给侧的推动，产业链和创新链要深度融合，建立自主可控的现代产业体系，围绕产业链部署创新链，推动科技创新和产业创新的融合；三是外循环转向，实施创新导向的开放发展战略，重组产业链国际布局。程恩富、张峰（2021）提出构建新发展格局要以新发展理念为指针，坚持加快产业升级原则，提升产业链现代化水平；坚持科技领先原则，提升新型举国体制效能；坚持民生导向原则，提升扩大内需战略功效；坚持加快流通原则，提升整体资源配置效率；坚持劳动主体分配原则，提升缩差共富的分配体系；坚持自力主导开放原则，提升经济全球化公正发展状态。简新华、程杨洋（2021）提出要构建新发展格局、实现国民经济的良性循环，必须坚持实行供给侧结构性改革、扩大内需、自立自强、对外开放这四大战略和供给侧结构性改革与扩大内需有机结合、自立自强与对外开放有机结合这两个有机结合。蒋永穆、祝林林（2021）提出构建新发展格局的生成逻辑可以从理论逻辑、历史逻辑以及实践逻辑三方面着手：马克思主义政治经济学、中国优秀传统文化，以及西方经济学的有益成果构成其理论逻辑；新中国成立以来经济实践中的艰辛探索和不懈努力构成其历史逻辑；新时代的国情和世情构成其实践逻辑。柳思维、陈薇、张俊英（2020）提出，可以重点从三方面着手：第一，突出扩大内需战略基点，强化双循环相互促进的市场动力；第二，突出强化有效供给创新，夯实双循环相互促进的物质基础；第三，突出完善现代流通体系，畅通双循环相互促进的关键环节。蒲清平、杨聪林（2020）提出，要打通供需两个端口，耦合产业链、供应链、创新链三个链条，循环劳动力、土地、资本、技术四大要素，练好新理念、新科技、新经济、新基建、新机制五大内功。许光建等人（2020）提出，面对国际经济环境不确定性、产业链供应链和需求链存在断点薄弱点、城乡区域循环不够畅通等问题的挑战，要构建完整的终端商品内需体系，坚持高水平对外开放，在各地区发展上结合当地实际，对不同市场主体应当在双循环上做到各有侧重。李帮喜等人（2021）提出，一是要实现供给和需求的高水平动态平衡、构建新发展格局根本上有赖于供给侧结构性改革；二是需要让分配结构适应技术结构的调整，使二者构建合理的需求结构；三是构建适应新发展格局的生产结构。鲁保林、王朝科（2021）认为，当前，要围绕国民经济重大比例关系和生产力空间布局，采取有针对性的措施疏通国民经济各环节、各行业、各产业、各部门、各地区之间的堵点淤点，使社会生产和再生产的循环更多地依托国内市场，从而加快形成以国内大循环为主体、国内国际双循环相互促进的新发展格局。

面对复杂多变的国际国内形势，构建以国内大循环为主体、国内国际双循环相互促进的新发展格局具有重要意义。周文、刘少阳（2021）提出，新发展格局理论是中国特色社会主义政治经济学的最新成果，这既为我国在新发展阶段有效应对世界百年未有之大变局、向第二个百年奋斗目标前进提供了行动指南，也为世界经济复苏增添新动力，为发展中国家崛起提供发展新借鉴。杨承训（2020）认为，新发展格局的时代课题开拓了中国特色社会主义政治经济学新境界，将社会再生产四大环节和五大发展理念链接为纵向经济运行轨道，以螺旋式增长、协调提升经济质量揭示新时代我国经济运行的新特点新规律，作出了以往马克思主义经典作家所没有来得及详加论述的理论研究，创新形成了社会主义经济循环系统论。张任远（2020）提出，"构建双循环新发展格局"具有其时代性和创新性，是对马克思经济思想新的丰富和运用，对市场资源配置理论新的发展和推进，能够带来广阔市场空间、高质量发展的新动力，将加速我国社会主义现代化的步伐。蒲清平、杨聪林（2020）提出在世界百年未有之大变局的历史条件下构建"双循环"新发展格局具有重要的时代价值，将为破解中国经济发展新困境提供新思路，为中国特色社会主义经济持续发展指明新方向，为世界新一轮经济复苏注入新动力。

二十七、 数字经济和平台经济的政治经济学研究

21 世纪以来，随着互联网、大数据、人工智能等新兴技术的进步，全球数字经济和平台经济呈现出飞跃式发展。当前，中国已成为全球第二大数字经济体。如何认识数字经济和平台经济的本质及其发展逻辑，促进我国经济健康长远发展，既是当前政治经济学学界研究的重要任务，同时也为新时代我国现代化经济体系建设提供重要决策依据。

全面准确把握数字经济与平台经济的内涵及逻辑是开展相关研究的基础。裴长洪、倪江飞、李越（2018）从生产手段所采用技术属性的自然科学意义角度定义数字经济，即强调数据信息及其传送是一种决定生产率的技术手段，是先进生产力的代表，具有规模经济、范围经济、交易成本下降、创造性毁灭的特征。王璐、李晨阳（2021）从生产角度对平台经济一般生产过程和现实中不同平台的具体生产过程进行了细致剖析，不仅提出平台经济一般生产过程与资本主义一般生产过程的重要区别，而且指明资本家构建平台模式获取剩余价值的主要原因。张鹏（2019）认为，数字经济是一个历史范畴，在技术、组织和制度相互作用的过程中，基于技术进行资源配置优化为导向的人类经济活动的高度协调互动所塑造的新生产组织方式的不断演化，构成了数字经济的本质。蓝江（2018）认为，数字资本是资本的第三种样态，占据着产业资本、金融资本和数字资本构成的金字塔的塔尖位置，数字异化成为我们在数字资本主义时代的存在方式。韩文龙、刘璐（2020）将数字劳动过程划分为传统雇佣经济领域下的数字劳

动过程、互联网平台零工经济中的数字劳动过程、数字资本公司技术工人的数字劳动过程、非雇佣形式的产销者的数字劳动过程四种类型，并对数字劳动过程中的价值形成、剩余价值、异化与剥削作出了阐释。黄再胜（2020）提出，数据商品是数据垄断资本主义价值运动的新具象，数字劳动是数据垄断资本主义价值创造的新源泉，数据资本是数据垄断资本主义资本积累的新途径。

关于数字经济与平台经济的积极影响。周文、韩文龙（2021）提出平台经济加速生产与流通及消费的有效对接，提高生产效率，缩短流通时间，促进社会生产力的大发展。谢莉娟、庄逸群（2019）提出，依托互联网数字经济的零售业实现了互联网长尾需求的极大显现和"拉"式产销逻辑的转化，形成了高度适应需求动态的柔性生产，成为零售深度媒介供需的新机制，发挥了其作为关键"交换"要素的"媒介供需"功能。张新春、董长瑞（2019）则认为，人工智能技术经济范式下劳动主体与分工、劳动内涵与社会功能、劳动生产率的深刻变化，为技术革命中停滞过剩人口向"完整的人"过渡提供了条件，催生了促进人全面发展的劳动机遇。裴长洪、倪江飞、李越（2018）提出数字经济是一种继农业经济和工业经济之后更高级的经济形态，在资源配置、渗透融合、协同等方面的能力空前提升，促进了全要素生产率的提升，已成为推进产业结构调整和实现经济可持续发展的强大力量。

关于数字经济与平台经济的负面影响。胡莹（2020）提出，数字经济时代的资本主义劳动过程出现了社会总体劳动资料作用强化和单个劳动者活劳动的作用弱化并存、劳动和闲暇的边界越来越模糊、劳动力相对过剩和资本有机构成提高的趋势加强的新特点。刘皓琰（2020）认为，"中心—散点"结构是数字资本主义时代典型的生产结构，其存在依赖于数字技术打造的"社会矿场"。数字技术的资本主义应用使得剥削程度进一步深化，一种基于"中心—散点"结构的跨国数字资本主义积累体系也开始出现。

谢富胜、吴越、王生升（2019）、乔晓楠、郗艳萍（2019）都提出在数字经济时代，资本逻辑渗入劳动力再生产过程中，资本主义基本矛盾仍然在数字资本主义中发挥决定性作用。

如何规范数字经济与平台经济的发展，营造良好的数字生态，是当前学界关注的热点问题。谢莉娟、王晓东（2020）围绕数字经济与零售业，提出要防范拜物教意识陷阱和科技异化，警惕平台化垄断和数字化泡沫，依托流通技术创新和完善国内市场，避免发达资本主义国家的全球价值链剥削。周文、韩文龙（2021）提出，中国作为世界第二大数字经济体，其社会主义国家治理体系和治理能力的现代化，亟待"加强信息技术领域立法，及时跟进研究数字经济、互联网金融、人工智能、大数据、云计算等相关法律制度，抓紧补齐短板"。王姝楠、陈江生（2019）提出，中国要抢抓数字经济范式带来的发展机遇，在关键要素方面，加强政府部门监管，鼓励市场主体数据共享，加强执法惩戒力度；在技术创新方面，建立系统完备的政策制度来确保自主创新的有序推进，发挥社会主义制度的效率优势。李政、周希禛（2020）聚焦于数据层面，提出要进一步健全由数据要素市场决定的数据所有者和开发者报酬机制，发挥好政府的调控与监管作用，注意数据的权属与分类、数据利用和保护、数据交易机制等问题。戚聿东等人（2021）提出要构建数字经济时代新职业发展与新型劳动关系。具体而言，政府应完善相关政策，设立发展专项资金，加大培训力度，加快认证体系建设；工会和行业协会应吸纳新职业从业者加入工会组织，制定相关行业技术和工时标准、工资指导、监督奖惩方式等行业规范；企业应强化自身责任，兜牢新职业从业者的劳动报酬、劳动时间、劳动安全、社会保障等权益底线；劳动者应增强法律意识，积极学习新技能，不断增强核心竞争力。

二十八、 全面建成小康社会的政治经济学研究

经过全党全国各族人民持续奋斗，我们实现了第一个百年奋斗目标，在中华大地上全面建成了小康社会，历史性地解决了绝对贫困问题，正在意气风发向着全面建成社会主义现代化强国的第二个百年奋斗目标迈进。全面建成小康社会，标志着近代以来久经磨难的中华民族实现了从站起来、富起来到强起来的历史性飞跃，是"实现中华民族伟大复兴中国梦的关键一步"，是中国共产党百年奋斗的伟大成功，是中国特色社会主义的伟大胜利，极大创新和发展了马克思主义。

打赢脱贫攻坚战，解决绝对贫困问题，是全面建成小康社会的重要内容和必然要求。张建军（2017）梳理了西部 12 省农村扶贫发展现状及现有扶贫政策措施，从供给与需求的视角进行比较分析，提出了以新型城镇化与新型工业化联动发展为主线，以户籍制度改革和土地制度改革为动力，整合扶贫资源管理机制，完善农村人力资本开发机制和市场化扶贫项目选择机制，加强西部扶贫监管网络建设和生态环境建设为支撑的创新型扶贫长效机制及其新模式。贾益民、张灯（2018）提出，习近平脱贫攻坚思想是决胜全面建成小康社会的科学指南，要求我们：立足国情，发展经济，提高脱贫攻坚战艰巨性的认识；注重公平，发挥制度优势，强化政府精准主导；扶志扶智，激发内生动力，加强精准扶贫开发；规范制度，创新治理，化解精神贫困。王怡、周晓唯（2018）考察了全面建成小康社会中的扶贫经验，认为反贫困工作要短期与长期相结合。在短期内要通过精准测量跟踪贫困状态来巩固扶贫成果，重点加强短板指标来突破贫困陷阱；从长期看要通过绩效评估与措施预防来指引最优政策等各项措施来保障精准脱贫，建成一个长期可持续发展的全面小康社会。

梳理全面建成小康社会中存在的问题和短板，对于我国进一步的改革

发展具有重要意义。李周（2017）论述了全面建成小康社会决胜阶段农村发展面临的突出问题：国内农产品缺乏国际竞争力；改革经验的局限性；干群合作意识薄弱；农村社会分化；农村非点源污染等。周绍东（2020）基于五大发展理念，定量测度了 2012 年以来我国全面小康社会建设状况。结论表明：2012 年以来，全面小康社会建设实践中的各方面都得到了大幅提升，绿色发展水平有一定提高，而协调发展水平则出现了较大幅度的下降。总体来看，我国将顺利完成全面建成小康社会的历史任务，但在协调发展、绿色发展等方面仍然具有很大的改善空间。李繁荣（2020）也认为我国生态短板仍然突出。因此在后小康社会时期，对标社会主要矛盾变化、人与自然和谐共生的现代化要求、政府治理现代化要求，必须通过政策引导继续推进绿色发展，补齐全面建成小康社会的生态短板，推动生态文明制度体系的完善。孙荣臻（2021）提出，中国在协调发展、均衡发展等方面仍然具有很大的改善空间。建议政府这只"有形之手"在制定区域经济发展政策时，应顺应市场这只"无形之手"，通过改善落后地区的营商环境和放开发达地区的落户限制，促进资本和劳动要素双向流动。

如何总结全面建成小康社会的实践经验和启示，助力 2035 年远景目标的实现，成为学界研究的重点。尹成杰（2019）提出，加强党的领导、深化农村改革、加快农业农村现代化建设、提高农民收入水平、扶贫脱贫攻坚、动员全社会力量参与是农村全面建设小康社会的基本经验。秦宣、林啸（2020）总结了全面建成小康社会的经验：始终坚持中国共产党的集中统一领导，强化组织保证；始终坚持以人民为中心的根本立场；始终坚持实事求是这条根本思想路线；始终坚持社会的全面发展和实现全体人民的共同利益；始终坚持独立自主、自力更生的原则；始终坚持以改革为动力，用发展的办法解决发展中的问题。武星星、卢黎歌（2021）回顾了中国 40 年小康社会的建设历程，认为其基本经验是：一切从实际出发，循序渐进地推进是基本遵循；党的大布局优势与集中力量办大事的制度优势是重要抓手；关照"中国体验"，提升人民群众获得感、幸福感和安全感是价值旨归。贺志勇、殷石龙（2021）梳理了全面建成小康社会的启示：在全面坚持党的领导下，妥善处理"改革、发展、稳定"的关系；坚持人民中心发展路线不动摇；用市场化手段推进改革发展的同时严防资本泛化、社会资本化；以"有效市场"与"有为政府"融合为抓手，推进治理体系和治理能力现代化。

全面建成小康社会后，如何进一步推进社会主义现代化建设成为学界的关注焦点。尹成杰（2019）提出，在后农村全面建成小康社会时代，要着力应对和解决逆全球化与单边主义、粮食安全风险、农村产业发展慢、农业资源紧缺、农村人口老龄化与养老供给不足以及农村生态环境短板弱项等问题和挑战，同时应制定农村建成小康社会的评价指标体系。张占斌（2020）提出，全面建成小康社会之后的"十四五"时期，我们要坚持用新发展理念引领经济社会发展全局，要集中重点领域深化经济社会改革，形成经济高质量发展的体制机制，提高经济社会治理体系和治理能力的现代化水平，努力实现社会主义现代化强国新征程良好开局，为到 2035 年基本实现现代化奠定坚实基础。唐忠、钟晓萍（2020）提出，全面建成小康社会以后，我国经济发展面临的主要挑战是居民收入分配差距比较大，发展不平衡不充分的矛盾突出，表现为城乡间基本公共服务均等化还有差距，地区之间发展还不平衡。因此，在今后的发展中，应更加注重解决收入分配问题，加大对高收入群体的收入调节力度，持续推动公共服务均等化，进一步缩小城乡差距和区域差距，为实现全体人民共同富裕的目标努力奋斗。

二十九、 中国式现代化道路的政治经济学研究

中国式现代化道路，是中国特色社会主义现代化建设和发展道路，既

是中国共产党人持续探索与实践的奋斗目标，也是实现中华民族伟大复兴的重要基础，彰显了中国特色社会主义制度的强大生命力和巨大优越性。回顾中国共产党百年历史，中国共产党在现代化建设道路上不断探索，成功走出了一条适合我国国情的中国特色社会主义现代化的新道路。在中国式现代化道路研究中，就其蕴含的理论内涵和实践基础、具体的经济层面、人类文明新形态和世界历史意义等政治经济学领域，取得了一系列研究成果。

中国式现代化道路蕴含着深厚的理论内涵和实践基础。赵英红（2021）提出，中国现代化道路不仅将马克思东方社会发展理论引向现实，也在实践中不断解决发展难题，完成了对马克思东方社会发展理论的方法性继承和创新性发展。中国现代化道路是一个历史实践问题，不是抽象的理论分析问题，在实践层面实现了对人类现代化道路的三重性超越，证明了社会形态跨越论的科学性和社会发展道路的多样性。张占斌、王学凯（2021）认为，中国共产党推进社会主义现代化建设的实践逻辑体现在从被动现代化走向主动现代化、从外源式现代化走向内生性现代化、从单一现代化走向全面高质量现代化。李龙强、罗文东（2021）认为，中国式现代化坚持人民主体、实现共同富裕；坚持独立自主、适合中国国情；坚持开放合作、维护世界和平；坚持绿色发展、保护生态环境，具有欧美资本主义现代化无可比拟的本质特征和显著优势。韩喜平、郝婧智（2021）认为，中国式现代化道路落实以人民为中心的发展思想，探索人类的自由解放，从人与自身、人与人、人与社会、人与自然、人与世界关系等多种角度，不仅实现了人口规模最大的现代化，而且以共同富裕、两个文明、绿色发展、和平道路等根本特质，赋予人类文明新形态。

中国式经济现代化道路是中国式现代化道路在经济层面的具体体现。张兴祥、王艺明（2020）提出，中国正处于百年未有之大变局，思想大解放才能促进开放大发展，封闭主义必然成为中国向现代化之路迈进的障碍，成为中国经济学现代化发展道路的绊脚石。徐康宁（2018）认为，持续的经济增长是一个国家通向现代化道路上的必要条件，中国可以实现更长久的持续增长，不会落入中等收入陷阱。王丰（2018）提出，新时代中国特色农业现代化，是在"五期同至"新的历史阶段，把农民对美好生活的向往作为奋斗目标，探索集体经济发展的各种形式，努力实现"第二次飞跃"，以推动乡村振兴，有效应对新时代中国特色农业现代化进程中的"三重挑战"。赵晓峰（2020）提出，农业现代化的发展，为农业社会学的学科发展提供了新的生长空间，开辟了新的理论议题，带来了新的发展机遇。蒋永穆、张晓磊（2017）提出，在坚持技术进步与制度创新相结合的基础上，要不断探索与国情农情相适应的技术进步路线，持续推进与农民利益需求相符合的制度创新。

中国式现代化道路是立足于人类文明演进和社会发展，不断提升到人类文明新形态的高度，是对中国特色社会主义伟大成就的最新概括。方世南、马珊珊（2021）认为，中国共产党团结带领人民创造的中国式现代化新道路和人类文明新形态，是我国物质文明、政治文明、精神文明、社会文明、生态文明协调发展的必然结果。在实践中，坚持和发展中国特色社会主义，促进"五位一体"的文明协调发展，以及创造中国式现代化新道路、人类文明新形态之间具有内在的紧密联系。张波（2021）提出，中国道路不仅明确了社会主义现代化的文明走向，也通过对资本主义文明的反思与重构，为破解现代化难题贡献了中国方案，展现出全面现代化的人类文明新形态，为广大发展中国家的现代化建设提供了借鉴，这是人类文明视阈下中国道路自信的根本所在。

中国式现代化道路是适应中国国情和发展阶段的现代化道路，为人类对现代化道路的探索作出了新的贡献，具有重大的世界历史意义。段妍（2021）认为，中国式现代化道路区别于西方的现代化模式，是具有中国特色、适合自身发展的社会主义现代化道路。从世界现代化发展的历史进程看，中国式现代化道路的成功开辟，超越了以往各种现代化发展模式，为人类对现代化道路的探索作出了新贡献，为解决人类发展问题贡献了中国智慧和中国力量。鲁明川（2021）提出，中国式现代化道路的开创，对尚在进行现代化探索甚至深陷现代化陷阱中的国家、世界社会主义发展以及人类文明转型与发展具有重要的理论和现实意义。殷德生（2021）提出，我们党领导人民成功走出中国式现代化道路，创造了人类文明新形态，拓展了发展中国家走向现代化的途径。胡鞍钢（2021）认为，中国特色社会主义现代化是适应中国国情、适应发展阶段的现代化，也为发展中国家现代化开辟新道路提供了宝贵经验，具有重大的历史意义。袁航（2021）提出，中国现代化道路的世界意义远高于一概而论的某种"模式"，它是人类历史上发展中国家走不同于西方的现代化道路的一次成功探索和伟大实践。刘勇、杨彬彬（2020）提出，中国特色社会主义道路所蕴含的价值，不仅推动了中华民族从站起来到富起来再到强起来的伟大飞跃，而且为广大的第三世界国家独立自主实现自身的现代化提供了新图景、新途径、新经验。

三十、 共同富裕的政治经济学研究

共同富裕是社会主义的本质要求，是中国式现代化的重要特征。在社会主义建设过程中，中国共产党人始终站在人民的立场上，致力于提高全体人民的生活水平。随着中国特色社会主义进入新时代，物质生活资料得到了极大丰富，实现共同富裕的条件愈发成熟，共同富裕思想也因此得到了新的发展。习近平指出，共同富裕是全体人民的富裕，是人民群众物质和精神都富裕，不是少数人的富裕，也不是整齐划一的平均主义，要分阶段促进共同富裕。围绕新时代共同富裕思想，学界探讨了其中的政治经济学意蕴，并将其升华为理论，用以指导中国特色社会主义经济建设的实践。

厘清共同富裕这一概念的内涵和外延是讨论的前提。何自力（2019）

认为，共同富裕指的是在"生产力高度发达和物质财富十分充裕的基础上，所有社会成员在物质生活上达到普遍富裕"。赵晓燕（2018）认为，共同富裕包括两个层面的内容：其一是创造足够的社会财富，即所谓的"做好蛋糕"；其二是在社会财富的分配中兼顾效率与公平，而非平均主义的"一刀切"，即所谓的"分好蛋糕"。侯为民（2021）提出，共同富裕首先是建立在社会主义经济制度的基础之上的，同时包含两个方面的内涵：一是生产力发展基础上的物质富裕；二是生产资料公共占有基础上的成果共享，其中财富的共享与社会成员的劳动成果挂钩，而非单一的平均主义。吴文新、程恩富（2021）分别从共享发展理念、协调发展理念、社会矛盾及其运动相关方面、公平与效率的关系、社会主义市场经济的价值目标这五个层面审视了共同富裕的内涵，认为共同富裕是财富的共创与共享、区域之间的先富与后富、社会主义生产力与生产方式、效率与公平、市场经济与社会主义目的这五方面内容的有机统一。赵磊（2021）用辩证统一的眼光，通过两组范畴概括了"共同富裕"的内涵。他认为，社会主义"共同富裕"是物质层面与精神层面的统一，是公有制基础与"差别"的统一。张春敏、吴欢（2021），韩文龙（2021）认为，"共同富裕"的主体是全体人民，共同富裕是全体人民的富裕。刘利峰、伍旭中（2021）根据马克思和恩格斯的有关论述提出，共同富裕是人的一种发展状态，它包含两重维度，其中个体维度指的是人的经验生活成为人的本质，社会维度则指的是国家成为普遍利益的代表，将人从市民社会中那种人与人之间的对立状态中解放出来。

共同富裕的实现路径是学界重点探讨的问题。刘利峰、伍旭中（2021）认为，要实现共同富裕，应从生产着手，在坚持社会主义基本经济制度的前提下大力发展生产力；不断推进混合所有制改革，使生产目的从资本增殖逐渐转向劳动力增殖；构建共同富裕的分配格局，在经济全过程中贯彻以人民为中心的发展思想。侯为民（2021）分别从思想原则和具体措施两个角度给出了建议。在思想原则方面，他认为应客观分析共同富裕目标涉及的新要素，坚持社会主义公有制，坚持按劳分配为主体，并在共同富裕目标中注入更多民生建设内涵。就具体措施而言，他认为应当普遍提高劳动收入水平，强化就业优先政策；实施积极消费政策，在更高水平上构建国内经济循环体系；增强国家对国民收入再分配的调节作用，完善社会保障体系等。韩文龙、祝顺莲（2018）认为，实现共同富裕，需要集中力量解决发展不平衡不充分的问题，以解决社会主要矛盾为突破口，重点解决地区和城乡发展不平衡、收入差距扩大和绝对贫困等问题。张春敏、吴欢（2020）认为，当前要实现共同富裕，可以运用五大发展理念，通过创新、协调、绿色、开放、共享的发展，解决动力、平衡、生态保障和环境可持续性、外部条件和公平的问题。王生升（2021）认为，要实现共同富裕，需要处理好生产与分配、过程与目标、局部与全局的辩证统一关系。具体言之，要坚持生产资料公有制和按劳分配的主体地位，推动共享原则贯彻于初次分配、再分配和三次分配的全过程；不断调整优化社会再生产体系的空间布局；扩大中等收入群体规模，促进农民农村共同富裕。韩文龙（2021）认为，实现共同富裕，应当贯彻新发展理念，为经济社会高质量发展提供根本指引；完善以初次分配、再分配和三次分配为主要内容的基本分配制度，统筹兼顾效率与公平；建立健全先富带动后富的实现机制，如高收入群体对低收入群体、发达地区对欠发达地区的帮扶机制，健全城乡之间的联动和融合机制等。

新时代共同富裕思想具有重要的理论意义和实践意义。张春敏、吴欢（2020）认为，新时代共同富裕思想灵活地运用了马克思主义生产力与生产关系辩证统一视角，贯彻了个体与总体相统一的理论逻辑，拓展了共同富裕的主体外延，为解决人类问题贡献了中国智慧和中国方案，使共同富裕具有了深刻的时代特征和世界价值。白永秀（2021）梳理了国际共产主义运动史和中国共产党党史的历史逻辑，提出共同富裕不仅是对马克思、恩格斯在《共产党宣言》中对共产党的历史使命和科学社会主义原则的传承，也是贯串中国共产党的经济理论和经济建设实践的逻辑主线。陈伯庚（2017）认为，在政治经济学视角下，共同富裕是中国特色社会主义政治经济学理论体系的基本经济范畴，是中国特色社会主义经济运行的轴心，体现着中国特色社会主义基本经济规律的主要要求，因而应当成为构筑中国特色社会主义政治经济学科学体系的核心。庞庆明（2019）和赵晓燕（2018）也认为，追求共同富裕是社会主义的基本原则，是中国特色社会主义的核心指向，是社会主义与资本主义的本质区别，对中国特色社会主义经济建设具有重要的指导意义。

图书在版编目（CIP）数据

中国政治经济学学术影响力评价报告. 2022／王立胜，程恩富，周绍东主编. —济南：济南出版社，2022.9

ISBN 978 – 7 – 5488 – 5210 – 0

Ⅰ.①中… Ⅱ.①王… ②程… ③周… Ⅲ.①中国特色社会主义—社会主义政治经济学—学术评议—研究报告—2022 Ⅳ.①F120.2

中国版本图书馆 CIP 数据核字（2022）第 164633 号

出 版 人	田俊林
责任编辑	郑 敏 周 彤 陈玉凤
装帧设计	侯文英

出版发行	济南出版社
地 址	山东省济南市二环南路 1 号（250002）
编辑热线	0531 – 82056181
发行热线	0531 – 86131728 86922073 86131701
印 刷	济南新科印务有限公司
版 次	2022 年 9 月第 1 版
印 次	2022 年 9 月第 1 次印刷
成品尺寸	170mm × 240mm 16 开
印 张	16. 75
字 数	300 千
定 价	89. 00 元

（济南版图书，如有印装错误，请与出版社联系调换。联系电话:0531 – 86131736）